국가 철도공단

최종모의고사 7회분

시대에듀

2025 최신판 시대에듀 All-New 국가철도공단
NCS 최종모의고사 7회분 + 무료NCS특강

Always **with you**

사람의 인연은 길에서 우연하게 만나거나 함께 살아가는 것만을 의미하지는 않습니다.
책을 펴내는 출판사와 그 책을 읽는 독자의 만남도 소중한 인연입니다.
시대에듀는 항상 독자의 마음을 헤아리기 위해 노력하고 있습니다. 늘 독자와 함께하겠습니다.

머리말 PREFACE

빠르고 안전하고 쾌적한 철도로 국민 행복을 실현하는 국가철도공단은 2025년에 신입직원을 채용할 예정이다. 국가철도공단의 채용절차는 「입사 지원서 접수 → 서류전형 → 필기전형 → 면접전형 → 임용」 순서로 진행되며, 필기전형은 직업기초능력평가와 직무수행능력평가를 평가한다. 그중 직업기초능력평가의 경우 공통으로 의사소통능력, 수리능력, 문제해결능력, 자원관리능력을 평가하고, 사무직은 조직이해능력을 평가하며, 기술직은 기술능력을 평가한다. 직무수행능력평가의 경우 직무분야별로 출제과목이 다르므로 반드시 확정된 채용공고를 확인해야 한다. 또한, 필기전형 고득점자 순으로 채용예정인원의 2배수에게 면접전형 응시 기회가 주어지므로 다양한 유형에 대한 폭넓은 학습과 문제풀이능력을 높이는 등 철저한 준비가 필요하다.

국가철도공단 필기전형 합격을 위해 시대에듀에서는 국가철도공단 판매량 1위의 출간경험을 토대로 다음과 같은 특징을 가진 도서를 출간하였다.

도서의 특징

❶ **합격으로 이끌 가이드를 통한 채용 흐름 확인!**
- 국가철도공단 소개와 최신 시험 분석을 수록하여 채용 흐름을 파악하는 데 도움이 될 수 있도록 하였다.

❷ **최종모의고사를 통한 완벽한 실전 대비!**
- 철저한 분석을 통해 실제 시험과 유사한 최종모의고사를 수록하여 자신의 실력을 점검할 수 있도록 하였다.

❸ **다양한 콘텐츠로 최종 합격까지!**
- 모바일 OMR 답안채점/성적분석 서비스를 통해 자동으로 점수를 채점하고 확인할 수 있도록 하였다.
- 온라인 모의고사를 무료로 제공하여 필기전형을 준비하는 데 부족함이 없도록 하였다.

끝으로 본 도서를 통해 국가철도공단 채용을 준비하는 모든 수험생 여러분이 합격의 기쁨을 누리기를 진심으로 기원한다.

SDC(Sidae Data Center) 씀

국가철도공단 기업분석 INTRODUCE

◇ 미션

빠르고 안전하고 쾌적한 철도로 국민 행복을 실현하겠습니다.

◇ 비전

국민을 위한 철도, 세계를 여는 KR

◇ 핵심가치

S	안전	Safe Railways
A	소통	Active Communication
F	공정	Fair Management
E	혁신	Endless Innovation

◇ 2035 전략목표

빠르고 쾌적한 국가 철도	• 철도 총연장 5,581.8km • 열차 총 운행횟수 4,091회/1일
고객이 행복한 안전 철도	• 철도시설 사고율 0.072%
민간과 협력하는 동행 철도	• 민간협력 사업 매출액 2,693억 원
미래를 선도하는 융합 철도	• 융합기술 적용률 96.0% • 지하화사업 적기 추진 2032년 착공
지속 가능한 혁신 조직	• 지속 가능 경영지수 97.2점

◇ 인재상

전문인재	**Learner** 안전을 우선하며, KR만의 업무지식과 경험을 활용하여 현장의 문제를 원활히 해결하며, 지속적으로 학습하는 프로의식이 강한 인재
혁신인재	**Innovator** 급변하는 기술 및 사업 환경 변화를 통찰하고 융합하여 업무 네트워크를 강화하며, 새로운 사업 영역에 도전하는 인재
소통인재	**Networker** 사회적 가치를 중시하며, 열린 마음으로 협력하며 원활하게 업무를 처리하여 상생의 가치를 창출하는 인재
열정인재	**Enthusiast** 주어진 일에 열정으로 최선을 다하여 자신의 일을 완수하며, 더불어 함께 KR 공동체 발전을 위해 적극적으로 노력하는 인재

신입 채용 안내 INFORMATION

◇ 지원자격(일반)

❶ 국가철도공단 인사규정 제12조의 결격사유가 없는 자

❷ 사무(일반) : 제한 없음
토목/건축/전기/통신/기계 : 해당 분야 산업기사 이상 자격증 보유자

◇ 필기전형

구분	직렬	내용
직업기초능력평가 (50%)	사무직	의사소통능력, 수리능력, 문제해결능력, 자원관리능력, 조직이해능력
	기술직	의사소통능력, 수리능력, 문제해결능력, 자원관리능력, 기술능력
직무수행능력평가 (50%)	사무직(일반)	경영, 법정 시험분야 중 택 1, 출제과목 통합시험
	기술직	해당 직렬(직무)별 출제과목 통합시험
	[고졸] 사무직(IT), 기술직	난이도를 고려하여 고졸 수준으로 출제

◇ 면접전형

구분	내용
직업기초능력 면접 (60%)	• 인성 등 직업인이 갖추어야 할 기초능력 평가 • 평가항목 : 의사소통능력, 직업윤리, 조직적응력, 자기개발능력, 문제해결능력 등
직무수행능력 면접 (40%)	• 직무수행에 요구되는 지식, 기술, 태도 평가 • 평가항목 : 직렬별 필요지식, 기술, 태도 등

❖ 위 채용 안내는 2024년 채용공고를 기준으로 작성하였으므로 세부사항은 확정된 채용공고를 확인하기 바랍니다.

2024년 기출분석 ANALYSIS

총평

국가철도공단 필기전형은 모듈형 비중이 높은 피듈형으로 출제되었으며, 난이도는 평이했지만 시간은 다소 부족했다는 후기가 많았다. 특히 의사소통능력의 경우 지문의 길이가 긴 문제가 출제되었으므로 지문을 빠르게 읽는 연습을 해두는 것이 좋으며, 수리능력의 경우 단순 계산이 필요한 응용 수리 문제가 많이 나왔으므로 여러 공식을 암기해두고 꼼꼼하게 계산하여 문제를 풀도록 해야 한다. 또한, 문제해결능력, 자원관리능력, 조직이해능력, 기술능력에서 개념이나 이론을 묻는 문제가 많이 출제되었으니 모듈 이론을 확실하게 학습하는 것이 필요하다.

◇ 영역별 출제 비중

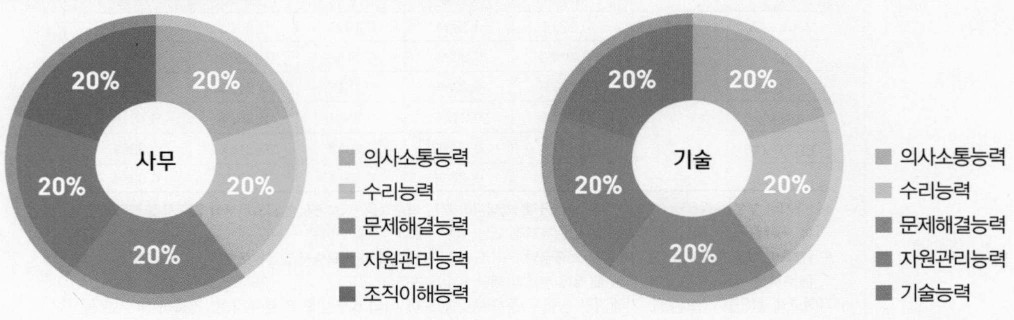

구분	출제 특징	출제 키워드
의사소통능력	• 지문이 긴 문제가 출제됨	• 경청, 공감 등
수리능력	• 단순 계산 문제가 출제됨 • 수열 문제가 출제됨	• 할인율, 속력, 직원 수 등
문제해결능력	• SWOT 분석 문제가 출제됨	• 달력, 조건 등
자원관리능력	• 모듈 이론 문제가 출제됨 • 시간 관리 문제가 출제됨	• 직접비용, 간접비용, 시간 관리 순서 등
조직이해능력(사무)	• 모듈 이론 문제가 출제됨 • 국제 동향 문제가 출제됨	• 국제 매너, 비즈니스 매너, 나라별 악수 예절 등
기술능력(기술)	• 모듈 이론 문제가 출제됨 • 기술 이전 문제가 출제됨	• 벤치마킹, 적재적소, 능력주의 등

PSAT형

| 수리능력

04 다음은 신용등급에 따른 아파트 보증률에 대한 사항이다. 자료와 상황에 근거할 때, 갑(甲)과 을(乙)의 보증료의 차이는 얼마인가?(단, 두 명 모두 대지비 보증금액은 5억 원, 건축비 보증금액은 3억 원이며, 보증서 발급일로부터 입주자 모집공고 안에 기재된 입주 예정 월의 다음 달 말일까지의 해당 일수는 365일이다)

• (신용등급별 보증료)=(대지비 부분 보증료)+(건축비 부분 보증료)
• 신용평가 등급별 보증료율

구분	대지비 부분	건축비 부분				
		1등급	2등급	3등급	4등급	5등급
AAA, AA	0.138%	0.178%	0.185%	0.192%	0.203%	0.221%
A^+		0.194%	0.208%	0.215%	0.226%	0.236%
A^-, BBB^+		0.216%	0.225%	0.231%	0.242%	0.261%
BBB^-		0.232%	0.247%	0.255%	0.267%	0.301%
BB^+ ~ CC		0.254%	0.276%	0.296%	0.314%	0.335%
C, D		0.404%	0.427%	0.461%	0.495%	0.531%

※ (대지비 부분 보증료)=(대지비 부분 보증금액)×(대지비 부분 보증료율)×(보증서 발급일로부터 입주자 모집공고 안에 기재된 입주 예정 월의 다음 달 말일까지의 해당 일수)÷365
※ (건축비 부분 보증료)=(건축비 부분 보증금액)×(건축비 부분 보증료율)×(보증서 발급일로부터 입주자 모집공고 안에 기재된 입주 예정 월의 다음 달 말일까지의 해당 일수)÷365

• 기여고객 할인율 : 보증료, 거래기간 등을 기준으로 기여도에 따라 6개 군으로 분류하며, 건축비 부분 요율에서 할인 가능

구분	1군	2군	3군	4군	5군	6군
차감률	0.058%	0.050%	0.042%	0.033%	0.025%	0.017%

〈상황〉

• 갑 : 신용등급은 A^+이며, 3등급 아파트 보증금을 내야 한다. 기여고객 할인율에서는 2군으로 선정되었다.
• 을 : 신용등급은 C이며, 1등급 아파트 보증금을 내야 한다. 기여고객 할인율은 3군으로 선정되었다.

① 554,000원
② 566,000원
③ 582,000원
④ 591,000원
⑤ 623,000원

특징
▸ 대부분 의사소통능력, 수리능력, 문제해결능력을 중심으로 출제(일부 기업의 경우 자원관리능력, 조직이해능력을 출제)
▸ 자료에 대한 추론 및 해석 능력을 요구

대행사
▸ 엑스퍼트컨설팅, 커리어넷, 태드솔루션, 한국행동과학연구소(행과연), 휴노 등

모듈형

| 문제해결능력

41 문제해결절차의 문제 도출 단계는 (가)와 (나)의 절차를 거쳐 수행된다. 다음 중 (가)에 대한 설명으로 적절하지 않은 것은?

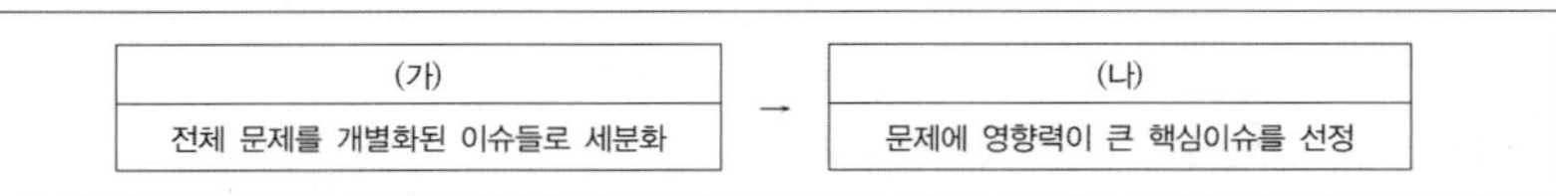
(가)
전체 문제를 개별화된 이슈들로 세분화
→
(나)
문제에 영향력이 큰 핵심이슈를 선정

① 문제의 내용 및 영향 등을 파악하여 문제의 구조를 도출한다.
② 본래 문제가 발생한 배경이나 문제를 일으키는 메커니즘을 분명히 해야 한다.
③ 현상에 얽매이지 말고 문제의 본질과 실제를 봐야 한다.
④ 눈앞의 결과를 중심으로 문제를 바라봐야 한다.
⑤ 문제 구조 파악을 위해서 Logic Tree 방법이 주로 사용된다.

특징
- 이론 및 개념을 활용하여 푸는 유형
- 채용 기업 및 직무에 따라 NCS 직업기초능력평가 10개 영역 중 선발하여 출제
- 기업의 특성을 고려한 직무 관련 문제를 출제
- 주어진 상황에 대한 판단 및 이론 적용을 요구

대행사
- 인트로맨, 휴스테이션, ORP연구소 등

피듈형(PSAT형 + 모듈형)

| 자원관리능력

07 다음 자료를 근거로 판단할 때, 연구모임 A ~ E 중 세 번째로 많은 지원금을 받는 모임은?

〈지원계획〉

- 지원을 받기 위해서는 한 모임당 5명 이상 9명 미만으로 구성되어야 한다.
- 기본지원금은 모임당 1,500천 원을 기본으로 지원한다. 단, 상품개발을 위한 모임의 경우는 2,000천 원을 지원한다.
- 추가지원금

등급	상	중	하
추가지원금(천 원/명)	120	100	70

※ 추가지원금은 연구 계획 사전평가결과에 따라 달라진다.

- 협업 장려를 위해 협업이 인정되는 모임에는 위의 두 지원금을 합한 금액의 30%를 별도로 지원한다.

〈연구모임 현황 및 평가결과〉

특징
- 기초 및 응용 모듈을 구분하여 푸는 유형
- 기초인지모듈과 응용업무모듈로 구분하여 출제
- PSAT형보다 난도가 낮은 편
- 유형이 정형화되어 있고, 유사한 유형의 문제를 세트로 출제

대행사
- 사람인, 스카우트, 인크루트, 커리어케어, 트리피, 한국사회능력개발원 등

주요 공기업 적중 문제 TEST CHECK

국가철도공단

맞춤법 ▸ 유형

01 다음 중 밑줄 친 부분의 맞춤법이 옳은 것은?

① 그는 손가락으로 북쪽을 가르켰다.
② 뚝배기에 담겨 나와서 시간이 지나도 식지 않았다.
③ 열심히 하는 것은 좋은데 촛점이 틀렸다.
④ 몸이 너무 약해서 보약을 다려 먹어야겠다.

직접비 / 간접비 ▸ 키워드

32 다음은 직접비와 간접비에 대한 설명이다. 이를 참고할 때 〈보기〉의 인건비와 성격이 가장 유사한 것은?

어떤 활동이나 사업의 비용을 추정하거나 예산을 잡을 때에는 추정해야 할 많은 유형의 비용이 존재한다. 그중 대표적인 것이 직접비와 간접비이다. 직접비란 간접비용에 상대되는 용어로서, 제품 생산 또는 서비스를 창출하기 위해 직접 소비된 것으로 여겨지는 비용을 말한다. 이와 반대로 간접비란 제품을 생산하거나 서비스를 창출하기 위해 소비된 비용 중에서 직접비용을 제외한 비용으로, 제품 생산에 직접 관련되지 않은 비용을 말하는데, 이는 매우 다양하기 때문에 많은 사람들이 간접비용을 정확하게 예측하지 못해 어려움을 겪는 경우가 많다.

보기

인건비란 제품 생산 또는 서비스 창출을 위한 업무를 수행하는 사람들에게 지급되는 비용으로, 계약에 의해 고용된 외부 인력에 대한 비용도 인건비에 포함된다. 이러한 인건비는 일반적으로 전체 비용 중 가장 큰 비중을 차지하게 된다.

① 통신비
② 출장비
③ 광고비
④ 보험료

코레일 한국철도공사

농도 ▶ 유형

02 농도가 10%인 소금물 200g에 농도가 15%인 소금물을 섞어서 13%인 소금물을 만들려고 한다. 이때, 농도가 15%인 소금물은 몇 g이 필요한가?

① 150g
② 200g
③ 250g
④ 300g
⑤ 350g

SWOT 분석 ▶ 유형

01 다음은 K섬유회사에 대한 SWOT 분석 자료이다. 분석에 따른 대응 전략으로 적절한 것을 〈보기〉에서 모두 고르면?

S 강점	W 약점
• 첨단 신소재 관련 특허 다수 보유	• 신규 생산 설비 투자 미흡 • 브랜드의 인지도 부족
O 기회	**T 위협**
• 고기능성 제품에 대한 수요 증가 • 정부 주도의 문화 콘텐츠 사업 지원	• 중저가 의류용 제품의 공급 과잉 • 저임금의 개발도상국과 경쟁 심화

보기

ㄱ. SO전략으로 첨단 신소재를 적용한 고기능성 제품을 개발한다.
ㄴ. ST전략으로 첨단 신소재 관련 특허를 개발도상국의 경쟁업체에 무상 이전한다.
ㄷ. WO전략으로 문화 콘텐츠와 디자인을 접목한 신규 브랜드 개발을 통해 적극적으로 마케팅 한다.
ㄹ. WT전략으로 기존 설비에 대한 재투자를 통해 대량생산 체제로 전환한다.

① ㄱ, ㄷ
② ㄱ, ㄹ
③ ㄴ, ㄷ
④ ㄴ, ㄹ
⑤ ㄷ, ㄹ

한국도로공사

참거짓 ▶ 유형

06 A～D는 한 판의 가위바위보를 한 후 그 결과에 대해 각각 두 가지의 진술을 하였다. 두 가지의 진술 중 하나는 반드시 참이고, 하나는 반드시 거짓이라고 할 때, 다음 중 항상 참인 것은?

> A : C는 B를 이길 수 있는 것을 냈고, B는 가위를 냈다.
> B : A는 C와 같은 것을 냈지만, A가 편 손가락의 수는 나보다 적었다.
> C : B는 바위를 냈고, 그 누구도 같은 것을 내지 않았다.
> D : A, B, C 모두 참 또는 거짓을 말한 순서가 동일하다. 이 판은 승자가 나온 판이었다.

① B와 같은 것을 낸 사람이 있다.
② 보를 낸 사람은 1명이다.
③ D는 혼자 가위를 냈다.
④ B가 기권했다면 가위를 낸 사람이 지는 판이다.

매출액 ▶ 키워드

18 다음 표는 D회사 구내식당의 월별 이용자 수 및 매출액에 대한 자료이고, 보고서는 D회사 구내식당 가격인상에 대한 내부검토 자료이다. 이를 토대로 '2024년 1월의 이용자 수 예측'에 대한 그래프로 옳은 것은?

〈2023년 D회사 구내식당의 월별 이용자 수 및 매출액〉

(단위 : 명, 천 원)

구분	특선식		일반식		총매출액
	이용자 수	매출액	이용자 수	매출액	
7월	901	5,406	1,292	5,168	10,574
8월	885	5,310	1,324	5,296	10,606
9월	914	5,484	1,284	5,136	10,620
10월	979	5,874	1,244	4,976	10,850
11월	974	5,844	1,196	4,784	10,628
12월	952	5,712	1,210	4,840	10,552

※ 총매출액은 특선식 매출액과 일반식 매출액의 합이다.

〈보고서〉

2023년 12월 D회사 구내식당은 특선식(6,000원)과 일반식(4,000원)의 두 가지 메뉴를 판매하고 있다. 2023년 11월부터 구내식당 총매출액이 감소하고 있어 지난 2년 동안 동결되었던 특선식과 일반식 중 한 가지 메뉴의 가격을 2024년 1월부터 1,000원 인상할지를 검토하였다.
메뉴 가격에 변동이 없을 경우, 일반식 이용자와 특선식 이용자의 수가 모두 2023년 12월에 비해 감소하여 2024년 1월의 총매출액은 2023년 12월보다 감소할 것으로 예측된다.
특선식 가격만을 1,000원 인상하여 7,000원으로 할 경우, 특선식 이용자 수는 2023년 7월 이후 최저치 이하로 감소하지만, 가격 인상의 영향 등으로 총매출액은 2023년 10월 이상으로 증가할 것으로 예측된다.
일반식 가격만을 1,000원 인상하여 5,000원으로 할 경우, 일반식 이용자 수는 2023년 12월 대비 10% 이상 감소하며, 특선식 이용자 수는 2023년 10월보다 증가하지는 않으리라 예측된다.

한국수자원공사

경우의 수 ▶ 유형

20 영희는 과일을 주문하려 인터넷 쇼핑몰에 들어갔다. 쇼핑몰에서는 사과, 수박, 감, 귤, 바나나, 자두, 포도, 딸기 총 8개의 과일 중에서 최대 4개의 과일을 주문할 수 있다. 영희가 감, 귤, 포도, 딸기 4개 과일 중에서 최대 두 종류까지만 선택을 하고, 총 세 종류의 과일을 주문한다고 할 때, 영희가 주문할 수 있는 경우의 수는 몇 가지인가?

① 48가지
② 52가지
③ 56가지
④ 60가지

문단 나열 ▶ 유형

01 다음 문단을 논리적 순서대로 바르게 나열한 것은?

(가) 그뿐 아니라, 자신을 알아주는 이, 즉 지기자(知己者)를 위해서라면 기꺼이 자신의 전부를 버릴 수 있어야 하며, 더불어 은혜는 은혜대로, 원수는 원수대로 자신이 받은 만큼 되갚기 위해 진력하여야 한다.

(나) 무공이 높다고 하여 반드시 협객으로 인정되지 않는 이유는 바로 이런 원칙에 위배되는 경우가 심심치 않게 발생하기 때문이다. 요컨대 협이란 사생취의(捨生取義)의 정신에 입각하여 살신성명(殺身成名)의 의지를 실천하는 것, 또는 그러한 실천을 기꺼이 감수할 준비가 되어 있는 상태를 뜻한다고 할 수 있다.

(다) 협으로 인정받기 위해서는 무엇보다도 절개와 의리를 숭상하여야 하며, 개인의 존엄을 중시하고 간악함을 제거하기 위해 노력해야만 한다. 신의(信義)를 목숨보다 중히 여길 것도 강조되는데, 여기서의 신의란 상대방을 향한 것인 동시에 스스로에게 해당되는 것이기도 하다.

(라) 무(武)와 더불어 보다 신중하게 다루어야 할 것이 '협(俠)'의 개념이다. 무협 소설에서 문제가 되는 협이란 무덕(武德), 즉 무인으로서의 덕망이나 인격과 관계가 되는 것으로, 이는 곧 무공 사용의 전제가 되는 기준 내지는 원칙이라고 할 수 있다.

① (나) – (다) – (가) – (라)
② (나) – (다) – (라) – (가)
③ (라) – (가) – (다) – (나)
④ (라) – (다) – (가) – (나)

도서 200% 활용하기 STRUCTURES

1 NCS 최종모의고사 + OMR을 활용한 실전 연습

국가철도공단 신입직원 필기전형

제1회 최종모의고사

문항 수 : 50문항
시험시간 : 50분

| 01 | 공통

01 신입사원 A는 입사 후 처음으로 보고서를 작성하게 되었는데, 보고서라는 양식 자체에 대한 이해가 부족하다는 생각이 들어서 인터넷을 통해 보고서에 대해 알아보았다. 다음 중 A사원이 이해한 내용으로 가장 적절한 것은?

① 전문용어는 이해하기 어렵기 때문에 최대한 사용하지 말아야 해.
② 상대의 선택을 받아야 하니까 상대가 요구하는 것이 무엇인지 파악하는 것이 가장 중요해.
③ 이해를 돕기 위해서 관련 자료는 최대한 많이 첨부하는 것이 좋아.
④ 문서와 관련해서 받을 수 있는 질문에 대비해야 해.

02 다음 중 키슬러의 대인관계 의사소통을 참고할 때, P과장에게 해 줄 조언으로 가장 적절한 것은?

A직원 : Z과장님이 본사로 발령 나시면서, 홍보팀에 과장님이 새로 부임하셨다며, 어떠셔? 계속 지방에 출장 중이어서 이번에 처음 뵙는데 궁금하네.
B직원 : P과장님? 음, 되게 능력이 있으시다고 들었어. 회사에서 상당한 연봉을 제시해 직접 스카우트하셨다고 들었거든. 근데, 좀 직원들에게 관심이 너무 많으셔.
C직원 : 맞아. Z과장님은 업무를 지시하시고 나서는 우리가 보고할 때까지 아무 간섭 안 하시고 보고 후에 피드백을 주셔서 일하는 중에는 부담이 덜했잖아. 근데, 새로 온 P과장님은 업무 중간 중간에 어디까지 했냐? 어떻게 처리되었냐? 이렇게 해야 한다. 저렇게 해야 한다. 계속 말씀하셔서 너무 눈치
B직원

① 독단
② 자신
③ 직원
④ 타인

국가철도공단 직업기초능력평가 답안카드

성 명

지원 분야

문제지 형별기재란

( )형 Ⓐ Ⓑ

수 험 번 호

⓪	⓪	⓪	⓪	⓪	⓪	⓪
①	①	①	①	①	①	①
②	②	②	②	②	②	②
③	③	③	③	③	③	③
④	④	④	④	④	④	④
⑤	⑤	⑤	⑤	⑤	⑤	⑤
⑥	⑥	⑥	⑥	⑥	⑥	⑥
⑦	⑦	⑦	⑦	⑦	⑦	⑦
⑧	⑧	⑧	⑧	⑧	⑧	⑧
⑨	⑨	⑨	⑨	⑨	⑨	⑨

감독위원 확인

(인)

1	①	②	③	④	21	①	②	③	④	41	①	②	③	④
2	①	②	③	④	22	①	②	③	④	42	①	②	③	④
3	①	②	③	④	23	①	②	③	④	43	①	②	③	④
4	①	②	③	④	24	①	②	③	④	44	①	②	③	④
5	①	②	③	④	25	①	②	③	④	45	①	②	③	④
6	①	②	③	④	26	①	②	③	④	46	①	②	③	④
7	①	②	③	④	27	①	②	③	④	47	①	②	③	④
8	①	②	③	④	28	①	②	③	④	48	①	②	③	④
9	①	②	③	④	29	①	②	③	④	49	①	②	③	④
10	①	②	③	④	30	①	②	③	④	50	①	②	③	④
11	①	②	③	④	31	①	②	③	④					
12	①	②	③	④	32	①	②	③	④					
13	①	②	③	④	33	①	②	③	④					
14	①	②	③	④	34	①	②	③	④					
15	①	②	③	④	35	①	②	③	④					
16	①	②	③	④	36	①	②	③	④					
17	①	②	③	④	37	①	②	③	④					
18	①	②	③	④	38	①	②	③	④					
19	①	②	③	④	39	①	②	③	④					
20	①	②	③	④	40	①	②	③	④					

※ 본 답안지는 마킹연습용 모의 답안지입니다.

- 국가철도공단 NCS 최종모의고사와 OMR 답안카드를 수록하여 실제로 시험을 보는 것처럼 학습할 수 있도록 하였다.
- 모바일 OMR 답안채점/성적분석 서비스를 통해 필기전형에 완벽히 대비할 수 있도록 하였다.

2 상세한 해설로 정답과 오답을 완벽하게 이해

국가철도공단 신입직원 필기전형

제1회 모의고사 정답 및 해설

| 01 | 공통

01	02	03	04	05	06	07	08	09	10
④	④	②	②	②	④	④	④	④	③
11	12	13	14	15	16	17	18	19	20
③	③	④	③	②	①	④	①	②	②
21	22	23	24	25	26	27	28	29	30
③	②	②	②	②	③	②	③	①	③
31	32	33	34	35	36	37	38	39	40
②	④	③	②	②	④	②	①	②	④

01 정답 ④

어떤 사안에 대한 '보고'를 한다는 것은 그 내용에 대한 충분한 이해가 되었다는 것이다. 즉, 그 내용과 관련해서 어떤 질문을 받아도 답변이 가능해야 한다.

오답분석

① 설명서에 해당하는 설명이다.
② 기획안에 해당하는 설명이다.
③ 이해를 돕기 위한 자료라 해도 양이 너무 많으면 오히려 내용 파악에 방해가 된다.

02 정답 ④

P과장은 직원들에 대한 높은 관심으로 간섭하려는 경향이 있고, 남에게 자신의 업적을 이야기하며 인정받으려 하는 욕구가 강하다. 따라서 P과장은 타인에 대한 높은 관심과 간섭을 자제하고, 지나친 인정욕구에 대한 태도를 성찰할 필요성이 있다.

오답분석

① P과장이 독단적으로 결정했다는 내용은 언급되어 있지 않다.
②·③ 직원들에게 지나친 관심을 보이는 P과장에게는 적절하지 않은 조언 내용이다.

03 정답 ②

ㄱ. 의사소통의 정의는 어떤 개인 혹은 집단이 다른 개인 혹은 집단에 대해서 정보, 감정, 사상, 의견 등을 전달하고 그것을 받아들이는 과정이다.
ㄹ. 조직 구성원 개개인의 사회적 경험과 지위가 상이한 만큼, 이를 바탕으로 동일한 내용이라도 다양하게 이해하고 반응한다.

오답분석

ㄴ. 직업생활에서의 의사소통이란 공식조직 내부에서 이루어지는

07 정답 ④

제시문은 동영상 압축 기술 중 하나인 허프만 코딩 방식의 과정을 예를 들어서 설명하고 있다. 따라서 제시문의 주제로 '허프만 코딩 방식의 과정'이 가장 적절하다.

오답분석

① 데이터의 표현 방법은 언급되지 않았다.
②·③ 해당 내용이 제시문에 언급되었지만 부분적인 내용이므로 주제로 적절하지 않다.

08 정답 ④

ㄱ. 들리세요 → 들르세요
ㄴ. 꺽으면 → 꺾으면
ㄷ. 올바른 → 올바른

09 정답 ④

제시문은 길을 만들기 전 이름을 짓기 위해 고민하는 과정과 그 결과를 차례대로 나열하는 글이다. 따라서 (다) 길을 만들기 전 길의 이름부터 짓기로 결심함 → (라) 구상하는 길의 지향점에 대한 설명 → (나) 길을 만드는 이유를 설명함에도 마땅한 이름이 나오지 않음 → (가) '올레'라는 단어를 제시하는 김진애 선배 → (마) 올레라는 단어와 그 의미에 대한 설명의 순으로 나열해야 한다.

10 정답 ③

ⓒ의 앞에 있는 문장과 ⓒ을 포함한 문장은 여름철 감기 예방법을 설명한다. 따라서 나열의 의미를 나타내는 부사 '또한'이 적절하다. '그러므로'는 인과 관계를 나타내므로 적절하지 않다.

오답분석

① ㉠을 포함한 문단은 여름철 감기에 걸리는 원인을 설명하고 있다. 따라서 ㉠은 문단 내용과 어울리지 않아 통일성을 해치므로 삭제한다.
② ㉡의 '노출되어지다'의 형태소를 분석하면 '노출'이라는 어근에 '-되다'와 '지다'가 결합된 것이다. 여기서 '-되다'는 피동의 뜻을 더하고 동사를 만드는 접미사이다. '지다'는 동사 뒤에서 '-어지다' 구성으로 쓰여 남의 힘에 의해 앞말이 뜻하는 행동을 입음을 나타내는 보조 동사이다. 따라서 피동 표현이 중복된 것이다.
④ ㉣에서 '하다'의 목적어는 '기침'이며, '열'을 목적어로 하는 동사가 없다. '하다'라는 동사 하나에 목적어 두 개가 연결된 것인데, '열을 한다.'는 의미가 성립되지 않는다. 따라서 '열이 나거나'로 고쳐야 한다.

11 정답 ③

어느 지점까지의 거리를 $x$km라고 하자.

왕복하는 데 걸리는 시간은 $\frac{x}{3}+\frac{x}{4}=\frac{7}{12}x$시간이다.

2시간에서 3시간 사이에 왕복할 수 있어야 하므로

$2\le\frac{7}{12}x\le3$

$\rightarrow 24\le7x\le36$

$\rightarrow \frac{24}{7}\le x\le\frac{36}{7}$

$\therefore 3.4\le x\le5.1$

따라서 2시간에서 3시간 사이에 왕복할 수 있는 코스는 Q지점과 R지점이다.

12 정답 ③

배의 속력을 $x$km/h, 강물의 유속을 $y$km/h라 하면 다음과 같은 식이 성립한다.

$5(x-y)=30\cdots$ ㉠

$3(x+y)=30\cdots$ ㉡

㉠, ㉡을 연립하면 $x=8$, $y=2$이다.

따라서 배의 속력은 8km/h이다.

13 정답 ④

10명의 학생 중에서 임의로 2명을 뽑는 경우의 수는 ${}_{10}C_2=45$가지

(ⅰ) 뽑힌 2명의 학생의 혈액형이 모두 A형인 경우의 수는 ${}_2C_2=1$가지

(ⅱ) 뽑힌 2명의 학생의 혈액형이 모두 B형인 경우의 수는 ${}_3C_2=3$가지

(ⅲ) 뽑힌 2명의 학생의 혈액형이 모두 O형인 경우의 수는 ${}_5C_2=10$가지

따라서 뽑은 2명의 학생의 혈액형이 서로 다를 경우의 수는 $45-(1+3+10)=31$가지이다.

14 정답 ③

V지점의 정거장에서 하차한 승객을 x명, 승차한 승객을 y명이라 하면

$53-x+y=41 \rightarrow x-y=12\cdots$ ㉠

$1,050\times x+1,350\times y+1,450\times(53-x)=77,750$

$\rightarrow -8x+27y=18\cdots$ ㉡

㉠과 ㉡을 연립하면 $x=18$, $y=6$

따라서 V지점의 정거장에서 하차한 승객은 18명이다.

▸ 정답과 오답에 대한 상세한 해설을 수록하여 혼자서도 꼼꼼히 학습할 수 있도록 하였다.

이 책의 차례 CONTENTS

문 제 편 국가철도공단 최종모의고사

제1회 NCS 직업기초능력평가 2

제2회 NCS 직업기초능력평가 34

제3회 NCS 직업기초능력평가 66

제4회 NCS 직업기초능력평가 100

해 설 편 정답 및 해설

제1회 NCS 직업기초능력평가 136

제2회 NCS 직업기초능력평가 146

제3회 NCS 직업기초능력평가 154

제4회 NCS 직업기초능력평가 163

OMR 답안카드

제1회 국가철도공단

NCS 직업기초능력평가

〈문항 및 시험시간〉

영역	문항 수	시험시간	모바일 OMR 답안채점 / 성적분석 서비스
[공통] 의사소통능력+수리능력+ 문제해결능력+자원관리능력 [사무직] 조직이해능력 [기술직] 기술능력	50문항	50분	사무직 기술직

국가철도공단 신입직원 필기전형

제1회 최종모의고사

문항 수 : 50문항
시험시간 : 50분

| 01 | 공통

01 신입사원 A는 입사 후 처음으로 보고서를 작성하게 되었는데, 보고서라는 양식 자체에 대한 이해가 부족하다는 생각이 들어서 인터넷을 통해 보고서에 대해 알아보았다. 다음 중 A사원이 이해한 내용으로 가장 적절한 것은?

① 전문용어는 이해하기 어렵기 때문에 최대한 사용하지 말아야 해.
② 상대의 선택을 받아야 하니까 상대가 요구하는 것이 무엇인지 파악하는 것이 가장 중요해.
③ 이해를 돕기 위해서 관련 자료는 최대한 많이 첨부하는 것이 좋아.
④ 문서와 관련해서 받을 수 있는 질문에 대비해야 해.

02 다음 중 키슬러의 대인관계 의사소통을 참고할 때, P과장에게 해 줄 조언으로 가장 적절한 것은?

A직원 : Z과장님이 본사로 발령 나시면서, 홍보팀에 과장님이 새로 부임하셨다며. 어떠셔? 계속 지방에 출장 중이어서 이번에 처음 뵙는데 궁금하네.
B직원 : P과장님? 음, 되게 능력이 있으시다고 들었어. 회사에서 상당한 연봉을 제시해 직접 스카우트하셨다고 들었거든. 근데 좀 직원들에게 관심이 너무 많으셔.
C직원 : 맞아. Z과장님은 업무를 지시하시고 나서는 우리가 보고할 때까지 아무 간섭 안 하시고 보고 후에 피드백을 주셔서 일하는 중에는 부담이 덜했잖아. 근데 새로 온 P과장님은 업무 중간 중간에 어디까지 했냐? 어떻게 처리되었냐? 이렇게 해야 한다. 저렇게 해야 한다. 계속 말씀하셔서 너무 눈치 보여. 물론 바로바로 피드백을 받을 수 있어 수정이 수월하긴 하지만 말이야.
B직원 : 맞아. 그것도 그거지만 나는 회식 때마다 이전 회사에서 했던 프로젝트에 대해 계속 자랑하셔서 이젠 그 대사도 외울 지경이야. 물론 P과장님의 능력이 출중하다는 건 우리도 알기는 하지만 말이야….

① 독단적으로 결정하시면 대인 갈등을 겪으실 수도 있으니 직원들과의 상의가 필요합니다.
② 자신만 생각하지 마시고, 타인에게 관심을 갖고 배려해 주세요.
③ 직원들과 어울리지 않으시고 혼자 있는 것만 선호하시면 대인관계를 유지하기 어려워요.
④ 타인에 대한 높은 관심과 인정받고자 하는 욕구는 낮출 필요성이 있어요.

03 다음 〈보기〉에서 직업생활에서의 의사소통에 대한 설명으로 적절한 것을 모두 고르면?

〈보기〉

ㄱ. 의사소통이란 어떤 개인 혹은 집단이 다른 개인 혹은 집단에 대해서 정보, 감정, 사상, 의견 등을 전달하고 그것을 받아들이는 과정을 의미한다.
ㄴ. 직업생활에서의 의사소통이란 비공식조직 안에서의 의사소통을 의미한다.
ㄷ. 의사소통은 조직 내 공통 목표 달성에 간접적으로 기여한다.
ㄹ. 조직 구성원들은 각자의 경험과 지위를 바탕으로 동일한 내용을 다양하게 이해하고 이에 반응한다.

① ㄱ, ㄴ
② ㄱ, ㄹ
③ ㄴ, ㄷ
④ ㄴ, ㄹ

04 다음 글의 내용으로 적절하지 않은 것은?

세슘은 알칼리 금속에 속하는 화학 원소로 밝은 금색이며 무르고, 실온에서 액체 상태로 존재하는 세 가지 금속 중 하나이다. 세슘은 공기 중에서도 쉽게 산화하며 가루 세슘 또한 자연발화를 하는 데다 물과 폭발적으로 반응하기 때문에 소방법에서는 위험물로 지정하고 있다. 나트륨이나 칼륨은 물에 넣으면 불꽃을 내며 타는데, 세슘의 경우에는 물에 넣었을 때 발생하는 반응열과 수소 기체가 만나 더욱 큰 폭발을 일으킨다. 세슘에는 약 30종의 동위원소가 있고 이중 세슘 – 133만이 안정된 형태이며 나머지는 모두 자연적으로 붕괴한다. 이중 세슘 – 137은 감마선을 만드는데, 1987년에 이 물질에 손을 댄 4명이 죽고 200명 이상이 피폭당한 고이아니아 방사능 유출사고가 있었다.

① 세슘은 실온에서 액체로 존재하는 세 가지 금속 중 하나이다.
② 액체 상태의 세슘은 위험물에서 제외하고 있다.
③ 세슘은 물에 넣었을 때 큰 폭발을 일으킨다.
④ 세슘 – 137을 부주의하게 다룰 경우 생명이 위독할 수 있다.

05 다음 문단을 논리적 순서대로 바르게 나열한 것은?

(가) '단어 연상법'은 프랜시스 골턴이 개발한 것으로서, 지능의 종류를 구분하기 위한 것이었다. 이것은 피실험자에게 일련의 단어들을 또박또박 읽어 주면서 각각의 단어를 듣는 순간 제일 먼저 떠오르는 단어를 말하게 하고, 실험자는 계시기를 들고 응답 시간, 즉 피실험자가 응답하는 데 걸리는 시간을 측정하여 차트에 기록하는 방법으로 진행한다. 실험은 대개 1백 개가량의 단어들로 진행했다. 골턴은 응답 시간을 정확히 재기 위해 온갖 수단을 동원했지만, 그렇게 해서 얻은 정보의 양은 거의 없거나 지능의 수준을 평가하는 데 별로 중요하지 않은 경우가 많았다.

(나) 융이 그린 그래프들은 특정한 단어에 따르는 응답자의 심리 상태를 보여 주었다. 이 결과를 통해 다음과 같은 두 가지 결론을 얻어낼 수 있었다. 첫째, 대답 과정에서 감정이 생겨난다. 둘째, 응답의 지연은 모종의 인식하지 못한 과정에 의해 자연 발생적으로 생겨난다. 하지만 이 기록을 토대로 결론을 내리거나 중요성을 따지기에는 너무 일렀다. 피실험자의 의식적 의도와는 별개로 작동하는 뭔가 알지 못하는 지연 행위가 있음이 분명했다.

(다) 당시에 성행했던 심리학 연구나 심리학을 정신의학에 응용하는 연구는 주로 의식에 초점이 맞춰져 있었다. 따라서 단어 연상법의 심리학에 대한 실험 연구도 의식을 바탕으로 해서 진행되었다. 하지만 융은 의식 또는 의지의 작용을 넘어서는 무엇인가가 있을 것이라고 생각했다. 여기서 그는 콤플렉스라는 개념을 끌어들인다. 융의 정의에 따르면 그것은 특수한 종류의 감정으로 이루어진 무의식 속의 관념 덩어리인데, 이것이 응답 시간을 지연시켰다는 것이다. 이후 여러 차례 실험을 거듭한 결과 그 결론은 사실임이 밝혀졌으며, 콤플렉스와 개인적 속성은 융의 사상 체계에서 핵심적인 요소가 되었다.

(라) 융의 연구 결과 단어 연상의 응답 시간은 피실험자의 정서에 큰 영향을 받으며, 그 실험법은 감춰진 정서를 찾아내는 데 더 유용하다는 점이 입증되었다. 정신적 연상의 연구를 통해 지능의 종류를 판단하고자 했던 단어 연상 실험이 오히려 그와는 다른 방향, 즉 무의식적인 감정이 빚어내는 효과를 드러내는 데 더 유용하다는 사실이 증명된 것이다. 그동안 골턴을 비롯하여 그 실험법을 수천 명의 사람들에게 실시했던 연구자들은 지연된 응답의 배후에 있는 피실험자의 정서에 주목하지 않았으며, 단지 응답의 지연을 피실험자가 반응하지 못한 것으로만 기록했던 것이다.

(마) 그런데 융은 이 실험에서 응답 시간이 늦어질 경우 피실험자에게 왜 응답을 망설이는지 물어보는 과정을 추가하였다. 그러자 놀랍게도 피실험자는 자신의 응답 시간이 늦어지는 것도 알지 못했을 뿐만 아니라, 그에 대해 아무런 설명도 하지 못했다. 융은 거기에 틀림없이 어떤 이유가 있으리라고 생각하고 구체적으로 파고들어갔다. 한번은 말(馬)이라는 단어가 나왔는데 어떤 피실험자의 응답 시간이 무려 1분이 넘었다. 자세히 조사해 보니 그 피실험자는 과거에 사고로 말을 잃었던 아픈 기억을 지니고 있었다. 실험이 있기 전까지는 잊고 있었던 그 기억이 실험 과정에서 되살아난 것이다.

① (가) – (라) – (마) – (다) – (나)
② (가) – (마) – (라) – (나) – (다)
③ (다) – (가) – (마) – (라) – (나)
④ (다) – (나) – (가) – (마) – (라)

06 다음 빈칸에 들어갈 내용으로 가장 적절한 것은?

> 조선왕조에서 최고의 지위를 갖고 있던 왕들의 모습은 현재의 거울처럼 더욱더 생생하게 다가오고 있다. 조선 왕들에 대한 관심은 서적이나 영화, 드라마 등을 통해서도 상당히 표출되었지만, 영화나 드라마보다 더 극적인 상황 전개가 이루어진 정치 현실과 맞물리면서 조선시대 왕의 리더십에 대해서는 더욱 통찰력 있는 분석이 요구되고 있다.
> 조선왕조는 500년 이상 장수한 왕조였고, 27명의 왕이 재위하였다. 각기 다른 개성을 가진 왕들은 체제의 정비가 요구되던 시기를 살기도 했고, 강력한 개혁이 요구되던 시기를 살기도 했다. 태종이나 세조처럼 자신의 집권 정당성을 위해서 강력한 왕권을 확립해야 했던 왕, 세종이나 성종처럼 체제와 문물의 정비에 총력을 쏟았던 왕이 있었고, 광해군이나 선조처럼 개혁이 시대적 요구가 되던 시대를 살아간 왕도 있었다. 선조와 같이 전란을 겪고 수습해야 했던 왕, 인조처럼 적장에게 항복할 수밖에 없었던 왕, 원인은 달랐지만 부왕의 복수와 명예회복을 위해 살아간 효종과 정조도 있었다. 시대의 요구가 달랐고 각기 다른 배경 속에서 즉위한 조선의 왕이었지만, 이들은 모두 성리학 이념으로 무장한 신하들과 학자, 왕의 통치력을 믿고 따르는 백성들과 함께 국가를 합리적으로 이끌어갈 임무를 부여받았다. 왕들은 때로는 과감한 개혁정책을 선보였고, 때로는 왕권에 맞서는 신권에 대응하기도 했으며 조정자의 역할도 하였다. 모두들 백성을 위한 정책을 추진한다고 했지만, 대동법과 균역법처럼 시대의 요청에 부응하는 것들도 있었던 반면, 무리한 토목공사와 천도처럼 실패한 정책들도 있었다. 체제의 안정, 변화와 개혁의 중심에도 왕의 리더십이 있었고, 왕의 리더십은 국가의 성패를 가늠하는 주요한 기준이었기에 왕으로 산다는 것은 그렇게 쉬운 일이 아니었다. 역사는 현재를 비추는 거울이라고 한다. 왕조 시대가 끝나고 국민이 주인이 되는 민주사회가 도래했다고는 하지만, 적절한 정책의 추진, 여론의 존중, 도덕과 청렴성, 소통과 포용의 리더십, 언론의 존중 등 전통사회의 왕들에게 요구되었던 덕목들은 오늘날 여전히 유효하다. ______________________

① 조선의 왕은 고대나 고려의 왕들에 비해 절대적인 권력을 누리지는 못하였다.
② 왕을 견제하는 세력을 두어 왕권과 신권의 적절한 조화가 중요하다.
③ 조선의 왕들은 자신의 정치 역량을 최대한 발휘하는 위치에 서 있었다.
④ 조선의 왕이 보인 리더십을 본받아 현재의 리더가 갖추어야 할 덕목들을 생각해 보아야 한다.

07 다음 글의 주제로 가장 적절한 것은?

> 동영상 압축 기술인 MPEG는 일반적으로 허프만 코딩 방식을 사용한다. 허프만 코딩은 데이터 발생 빈도수에 따라 서로 다른 길이의 부호를 부여하여 데이터를 비트로 압축하는 방식이다. 예를 들어, 데이터 abccdddddd를 허프만 코딩 방식으로 압축하는 경우 먼저 데이터 abccdddddd를 발생빈도와 발생확률에 따라 정리한다. 그리고 발생확률이 0.1로 가장 낮은 문자 a와 b를 합하여 0.2로 만들고, 이것을 S1로 표시한다. 이 S1을 다음으로 발생확률이 낮은 c의 0.2와 합한다. 그리고 이를 S2라고 표시한다. 다시 S2의 발생확률 0.4를 d의 발생확률 0.6과 더하고 그것을 S3이라고 한다.
> 이런 방식으로 만들면 발생확률의 합은 1이 된다. 이와 같은 과정을 이어가며 나타낸 것을 허프만 트리라고 한다. 허프만 트리는 맨 위 S3을 기준으로 왼쪽으로 뻗어나가는 줄기는 0으로 표시하고, 오른쪽으로 뻗어가는 줄기는 1로 표시한다. 이렇게 원래의 데이터를 0과 1의 숫자로 코드화하면 a는 000, b는 001, c는 01, d는 1이 된다. 발생빈도에 따라 데이터의 부호 길이는 달리 표시된다. 이런 과정을 거치면 코딩 이전의 원래 데이터 abccdddddd는 0000010101111111로 표현된다.

① 데이터의 표현 방법
② 허프만 트리의 양상
③ 허프만 코딩 방식의 정의
④ 허프만 코딩 방식의 과정

08 다음 〈보기〉에서 맞춤법이 적절하지 않은 문장을 모두 고르면?

〈보기〉

ㄱ. 시간이 있으면 제 사무실에 들리세요.
ㄴ. 나무를 꺽으면 안 됩니다.
ㄷ. 사람은 누구나 옳바른 행동을 해야 한다.
ㄹ. 좋은 물건을 고르려면 이쪽에서 고르세요.

① ㄱ, ㄴ
② ㄴ, ㄹ
③ ㄷ, ㄹ
④ ㄱ, ㄴ, ㄷ

09 **다음 내용을 논리적 순서대로 바르게 나열한 것은?**

(가) 어느 날 건축가 김진애 선배가 골똘히 생각에 잠겨 있다가 툭, 한마디 던졌다. "제주 올레, 어때?"
(나) 주위 사람들에게 내가 왜 길을 만들려고 하는지, 내가 만들 제주 길에 어떤 풍경들이 펼쳐지는지를 입술이 부르트게 설명했다. 제주 걷는 길, 섬길, 제주 소로길…… 숱한 아이디어가 쏟아졌지만, 맘에 쏙 드는 건 없었다.
(다) 길을 만들기에 앞서서 길 이름부터 짓기로 했다. 이름은 곧 깃발이요 철학이기에, 제주가 지닌 독특한 매력을 반영하면서도 길에 대한 나의 지향점이 오롯이 담긴 이름이어야만 했다.
(라) 내가 구상하는 길은 실용적 목적을 지닌 길이 아니다. 그저 그곳에서 놀멍, 쉬멍, 걸으며 가는 길이다. 지친 영혼에게 세상의 짐을 잠시 부려놓도록 위안과 안식을 주는 길이다. 푸른 하늘과 바다, 싱그러운 바람이 함께 하는 길이다.
(마) 귀가 번쩍 뜨였다. 대부분이 육지 출신이라서 그게 뭔 소리여, 의아한 눈치였지만 '올레'는 제주 출신인 내게는 참으로 친근하고 정겨운 단어였다. 자기 집 마당에서 마을의 거리 길로 들고나는 진입로가 올레다.

① (가) – (마) – (나) – (다) – (라)
② (나) – (다) – (라) – (가) – (마)
③ (다) – (나) – (가) – (마) – (라)
④ (다) – (라) – (나) – (가) – (마)

10 **다음 글에서 밑줄 친 ㉠ ~ ㉣의 수정 방안으로 적절하지 않은 것은?**

일반적으로 감기는 겨울에 걸린다고 생각하지만 의외로 여름에도 감기에 걸린다. 여름에는 찬 음식을 많이 먹거나 냉방기를 과도하게 사용하는 경우가 많은데, 그렇게 되면 체온이 떨어져 면역력이 약해지기 때문이다. ㉠ 감기를 순우리말로 고뿔이라 한다.
여름철 감기를 예방하기 위해서는 찬 음식은 적당히 먹어야 하고 냉방기에 장시간 ㉡ 노출되어지는 것을 피해야 한다. ㉢ 또한 충분한 휴식을 취하고, 집에 돌아온 후에는 손발을 꼭 씻어야 한다.
만약 감기에 걸렸다면 탈수로 인한 탈진을 방지하기 위해 수분을 충분히 섭취해야 한다. 특히 감기로 인해 ㉣ 열이나 기침을 할 때에는 따뜻한 물을 여러 번에 나누어 조금씩 먹는 것이 좋다.

① 글의 통일성을 해치므로 ㉠을 삭제한다.
② 피동 표현이 중복되므로 ㉡을 '노출되는'으로 고친다.
③ 문맥의 자연스러운 흐름을 위해 ㉢을 '그러므로'로 고친다.
④ 호응 관계를 고려하여 ㉣을 '열이 나거나 기침을 할 때'로 고친다.

11 효인이가 속한 부서는 단합대회로 등산을 하러 가기로 하였다. K산 등산 코스를 알아보기 위해 산악 관련 책자를 살펴보니 입구에서 각 지점까지의 거리를 다음과 같이 정리할 수 있었다. 오를 때 시속 3km, 내려올 때 시속 4km로 이동한다고 할 때, 2～3시간 사이에 왕복할 수 있는 코스를 모두 고르면?

구분	P지점	Q지점	R지점
거리	3.2km	4.1km	5.0km

① P지점　② Q지점
③ Q, R지점　④ P, Q지점

12 영채는 배를 타고 길이가 30km인 강을 배를 타고 이동하고자 한다. 강을 거슬러 올라가는 데 걸린 시간이 5시간이고 강물의 흐르는 방향과 같은 방향으로 내려가는 데 걸린 시간이 3시간일 때, 흐르지 않는 물에서의 배의 속력은?(단, 배와 강물의 속력은 일정하다)

① 4km/h　② 6km/h
③ 8km/h　④ 10km/h

13 서울지역 어느 중학교 학생 10명의 혈액형을 조사하였더니 A형, B형, O형인 학생이 각각 2명, 3명, 5명이었다. 이 10명의 학생 중에서 임의로 2명을 뽑을 때, 혈액형이 서로 다를 경우의 수는?

① 19가지　② 23가지
③ 27가지　④ 31가지

14 서울 시내의 M지점에서 D지점까지 운행하는 버스는 도중에 V지점의 정거장에서만 정차한다. 이 버스의 운행요금은 M지점에서 V지점까지는 1,050원, V지점에서 D지점까지는 1,350원, M지점에서 D지점까지는 1,450원이다. 어느 날 이 버스가 승객 53명을 태우고 M지점을 출발하였고, D지점에서 하차한 승객은 41명이었다. 이날 승차권 판매요금이 총 77,750원일 때, V지점의 정거장에서 하차한 승객은 몇 명인가?

① 16명　② 17명
③ 18명　④ 19명

15 한 공장에서는 기계 2대를 운용하고 있다. 이 공장의 전체 작업을 수행할 때, A기계로는 12시간이 걸리며, B기계로는 18시간이 걸린다. 이미 절반의 작업이 수행된 상태에서, A기계로 4시간 동안 작업하다가 이후로는 A, B 두 기계를 모두 동원해 작업을 수행했다면 작업을 완료하는 데 소요되는 총시간은?

① 5시간
② 5시간 12분
③ 5시간 20분
④ 5시간 30분

16 K공단은 야유회에서 4개의 팀으로 나누어서 철봉에 오래 매달리기 시합을 하였다. 팀별 기록에 대한 정보가 다음과 같을 때, A팀 4번 선수와 B팀 2번 선수 기록의 평균은?

〈팀별 철봉 오래 매달리기 기록〉

(단위 : 초)

구분	1번 선수	2번 선수	3번 선수	4번 선수	5번 선수
A팀	32	46	42	( )	42
B팀	48	( )	36	53	55
C팀	51	30	46	45	53
D팀	36	50	40	52	42

※ C팀의 평균은 A팀보다 3초 길다.
※ D팀의 평균은 B팀보다 2초 짧다.

① 43초
② 42초
③ 41초
④ 40초

17 일정한 규칙으로 수를 나열할 때, 빈칸에 들어갈 알맞은 수는?

−4 −1 1 5 12 15 ( )

① 21
② 24
③ 27
④ 30

18 다음은 2023년 9개 국가의 실질세부담률에 대한 자료이다. 〈조건〉에 근거하여 A ~ E에 해당하는 국가를 바르게 나열한 것은?

〈2023년 국가별 실질세부담률〉

국가 \ 구분	독신 가구 실질세부담률(%)			다자녀 가구 실질세부담률(%)	독신 가구와 다자녀 가구의 실질세부담률 차이(%p)
		2013년 대비 증감(%p)	전년 대비 증감(%p)		
A	55.3	−0.20	−0.28	40.5	14.8
일본	32.2	4.49	0.26	26.8	5.4
B	39.0	−2.00	−1.27	38.1	0.9
C	42.1	5.26	0.86	30.7	11.4
한국	21.9	4.59	0.19	19.6	2.3
D	31.6	−0.23	0.05	18.8	12.8
멕시코	19.7	4.98	0.20	19.7	0.0
E	39.6	0.59	−1.16	33.8	5.8
덴마크	36.4	−2.36	0.21	26.0	10.4

〈조건〉

- 2023년 독신 가구와 다자녀 가구의 실질세부담률 차이가 덴마크보다 큰 국가는 캐나다, 벨기에, 포르투갈이다.
- 2023년 독신 가구 실질세부담률이 전년 대비 감소한 국가는 벨기에, 그리스, 스페인이다.
- 스페인의 2023년 독신 가구 실질세부담률은 그리스의 2023년 독신 가구 실질세부담률보다 높다.
- 2013년 대비 2023년 독신 가구 실질세부담률이 가장 큰 폭으로 증가한 국가는 포르투갈이다.

	A	B	C	D	E
①	벨기에	그리스	포르투갈	캐나다	스페인
②	벨기에	스페인	캐나다	포르투갈	그리스
③	캐나다	스페인	포르투갈	벨기에	그리스
④	캐나다	그리스	스페인	포르투갈	벨기에

※ 다음은 이산가족 교류 성사에 대한 자료이다. 이어지는 질문에 답하시오. **[19~20]**

〈이산가족 교류 성사 현황〉

(단위 : 건)

구분	3월	4월	5월	6월	7월	8월
접촉신청	18,193	18,200	18,204	18,205	18,206	18,221
생사확인	11,791	11,793	11,795	11,795	11,795	11,798
상봉	6,432	6,432	6,432	6,432	6,432	6,432
서신교환	12,267	12,272	12,274	12,275	12,276	12,288

19 다음 〈보기〉 중 이산가족 교류 성사 현황에 대한 설명으로 옳은 것을 모두 고르면?

〈보기〉

ㄱ. 접촉신청 건수는 4월부터 7월까지 매월 증가하였다.
ㄴ. 3월부터 8월까지 생사확인 건수와 서신교환 건수의 증감 추세는 동일하다.
ㄷ. 6월 생사확인 건수는 접촉신청 건수의 70% 이하이다.
ㄹ. 5월보다 8월에 상봉 건수 대비 서신교환 건수 비율은 감소하였다.

① ㄱ, ㄴ　② ㄱ, ㄷ
③ ㄴ, ㄷ　④ ㄴ, ㄹ

20 다음은 이산가족 교류 성사 현황을 토대로 작성한 보고서이다. 밑줄 친 부분 중 옳지 않은 것을 모두 고르면?

통일부는 올해 3월부터 8월까지 이산가족 교류 성사 현황을 발표하였다. 발표한 자료에 따르면 ㉠ 3월부터 생사확인 건수는 꾸준히 증가하였다. 그러나 상봉 건수는 남북 간의 조율 결과 매월 일정 수준을 유지하고 있다. ㉡ 서신교환의 경우 3월 대비 8월 증가율은 2% 미만이나, 꾸준한 증가 추세를 보이고 있다. ㉢ 접촉신청 건수는 7월 전월 대비 불변한 것을 제외하면 꾸준히 증가 추세를 보이고 있다. 통일부는 접촉신청, 생사확인, 상봉, 서신교환 외에도 다른 형태의 이산가족 교류를 추진하고 특히 상봉을 확대할 계획이라고 밝혔다. ㉣ 전문가들은 총 이산가족 교류 건수가 증가 추세에 있음을 긍정적으로 평가하고 있다.

① ㉠, ㉡　② ㉠, ㉢
③ ㉡, ㉢　④ ㉡, ㉣

21 **다음과 같은 특징을 가지고 있는 창의적 사고 개발 방법은?**

> 일정한 주제에 대하여 회의를 하고, 참가하는 인원이 자유발언을 통해 아이디어를 제시하는 것으로서 다른 사람의 발언에 비판하지 않는다.

① 스캠퍼 기법
② 여섯 가지 색깔 모자
③ 브레인스토밍
④ TRIZ

22 **다음 기사에 나타난 문제 유형을 바르게 설명한 것은?**

> 도색이 완전히 벗겨진 차선과 지워지기 직전의 흐릿한 차선이 서울 강남의 도로 여기저기서 발견되고 있다. 알고 보니 규격 미달의 불량 도료 때문이었다. 시공 능력이 없는 업체들이 서울시가 발주한 도색 공사를 따낸 뒤, 브로커를 통해 전문 업체에 공사를 넘겼고, 이 과정에서 수수료를 떼인 전문 업체들은 손해를 만회하기 위해 값싼 도료를 사용한 것이다. 차선용 도료에 값싼 일반용 도료를 섞다 보니 야간에 차선이 잘 보이도록 하는 유리알이 제대로 붙어있지 못해 차선 마모는 더욱 심해졌다. 지난 4년간 서울 전역에서는 74건의 부실 시공이 이뤄졌고, 총 공사 대금은 183억 원에 달하는 것으로 밝혀졌다.

① 발생형 문제로, 일탈 문제에 해당한다.
② 발생형 문제로, 미달 문제에 해당한다.
③ 탐색형 문제로, 잠재 문제에 해당한다.
④ 탐색형 문제로, 예측 문제에 해당한다.

23 **다음 사례에서 K사가 문제해결에 사용한 사고방식으로 가장 적절한 것은?**

> 게임 업체인 K사는 2000년대 이후 지속적인 하락세를 보였으나, 최근 AR 기반의 모바일 게임을 통해 변신에 성공했다. K사는 대표이사가 한때 "모바일 게임 시장이 곧 사라질 것"이라고 말했을 정도로 기존에 강세를 보이던 분야인 휴대용 게임만을 고집했었다. 그러나 기존의 관점에서 벗어나 신기술인 AR에 주목했고, 그동안 홀대했던 모바일 게임 분야에 뛰어들었다. 오히려 변화를 자각하고 새로운 기술을 활용하자 좋은 결과가 따른 것이다.

① 전략적 사고
② 발상의 전환
③ 분석적 사고
④ 내・외부자원의 효과적 활용

24 **국제 자선 축구대회에 한국, 일본, 중국, 미국 대표팀이 초청되었다. 각 팀이 〈조건〉에 따라 월요일부터 금요일까지 서울, 수원, 인천, 대전 경기장을 돌아가며 사용한다고 할 때, 다음 중 옳지 않은 것은?**

〈조건〉

- 각 경기장에는 한 팀씩 연습하며 연습을 쉬는 팀은 없다.
- 모든 팀은 모든 구장에서 적어도 한 번 이상 연습을 해야 한다.
- 외국에서 온 팀의 첫 훈련은 공항에서 가까운 수도권 지역에 배정한다.
- 이동거리 최소화를 위해 각 팀은 한 번씩 경기장 한 곳을 두 번 연속해서 사용해야 한다.
- 미국은 월요일과 화요일에 수원에서 연습을 한다.
- 목요일에 인천에서 아시아 팀이 연습을 할 수 없다.
- 금요일에 중국은 서울에서, 미국은 대전에서 연습을 한다.
- 한국은 인천에서 연속으로 연습을 한다.

① 목요일, 금요일에 연속으로 같은 지역에서 연습하는 팀은 없다.
② 수요일에 대전에서는 일본이 연습을 한다.
③ 대전에서는 한국, 중국, 일본, 미국의 순서로 연습을 한다.
④ 한국은 화요일, 수요일에 같은 지역에서 연습을 한다.

25 **다음 SWOT 분석에 대한 설명을 참고하여 추론한 내용으로 가장 적절한 것은?**

SWOT 분석에서 강점(S)은 경쟁기업과 비교하여 소비자로부터 강점으로 인식되는 것이 무엇인지, 약점(W)은 경쟁기업과 비교하여 소비자로부터 약점으로 인식되는 것이 무엇인지, 기회(O)는 외부 환경에서 유리한 기회 요인은 무엇인지, 위협(T)은 외부 환경에서 불리한 위협 요인은 무엇인지를 찾아내는 것이다. SWOT 분석의 가장 큰 장점은 기업의 내부 및 외부 환경의 변화를 동시에 파악할 수 있다는 것이다.

① 제품의 우수한 품질은 SWOT 분석의 기회 요인으로 볼 수 있다.
② 초고령화 사회는 실버산업에 있어 기회 요인으로 볼 수 있다.
③ 기업의 비효율적인 업무 프로세스는 SWOT 분석의 위협으로 볼 수 있다.
④ 살균제 달걀 논란은 빵집에게 있어 약점 요인으로 볼 수 있다.

※ 다음은 K사에 접수된 제품의 체계와 현황에 대한 자료이다. 이어지는 질문에 답하시오. **[26~29]**

〈접수 체계〉

ㄱㄴ	ㅗ	b	01
상품	제조지	제조일	문의내용

상품		제조지		제조일		문의내용			
ㄱㄴ	스마트폰	ㅏ	서울	a	2024년	01	환불	11	수리
ㄷㄹ	TV	ㅔ	경기	b	2023년	02	질문	12	방문
ㅁㅂ	컴퓨터	ㅣ	강원	c	2022년	03	불만	13	반송
ㅅㅇ	냉장고	ㅗ	경북	d	2021년	04	예약	14	설치
ㅈㅊ	가습기	ㅜ	전북	e	2020년	05	교환	15	기타

※ 문의내용은 복수선택이 가능하다.

〈접수 현황〉

ㅅㅇㅔb02	ㄷㄹㅏe15	ㅅㅇㅗc15	ㅁㅂㅣb0511
ㄱㄷㅜa03	ㅅㅇㅣb1214	ㅈㅊㅔa02	ㄱㄴㅗc03
ㄷㄹㅣa0103	ㅁㅂㅔd0405	ㄱㄴㅗd0013	ㅅㅇㅏa14

26 2024년 전북에서 제조된 가습기의 예약과 설치 방법에 대한 문의가 접수되었다. 접수 현황에 추가로 기재할 내용은?

① ㅈㅊㅜa0514　　② ㅈㅊㅗa0414

③ ㅈㅊㅜa0414　　④ ㅈㅊㅜe0414

27 접수 현황을 처리하는 도중 잘못 접수된 내용들이 발견되었다. 잘못된 접수는 모두 몇 개인가?

① 1개　　② 2개

③ 3개　　④ 4개

28 27번 문제의 잘못된 접수를 제외하고 정리했을 때 2번 이상 접수된 문의내용은 몇 개인가?

① 3개　　② 4개

③ 5개　　④ 6개

29 접수 현황에 순서대로 나열되어 있지 않은 'ㅔ', '11', 'b', '02', 'ㄷㄹ', '05' 메모가 추가로 발견되었다. 이 접수 내용으로 옳은 것은?

① 2023년에 경기도에서 만들어진 TV에 대한 질문, 교환, 수리 문의
② 2024년에 경기도에서 만들어진 TV에 대한 질문, 교환, 수리 문의
③ 2023년에 경기도에서 만들어진 스마트폰에 대한 질문, 교환, 수리 문의
④ 2023년에 경기도에서 만들어진 TV에 대한 교환, 수리 문의

30 K공단에서는 직원 A ~ N 중 면접위원을 선발하고자 한다. 면접위원의 구성 조건이 아래와 같을 때, 다음 중 항상 옳지 않은 것은?

〈면접위원 구성 조건〉

- 면접관은 총 6명으로 구성한다.
- 이사 이상의 직급으로 50% 이상 구성해야 한다.
- 인사팀을 제외한 모든 부서는 두 명 이상 선출할 수 없고, 인사팀은 반드시 두 명 이상을 포함한다.
- 모든 면접위원의 입사 후 경력은 3년 이상으로 한다.

직원	직급	부서	입사 후 경력
A	대리	인사팀	2년
B	과장	경영지원팀	5년
C	이사	인사팀	8년
D	과장	인사팀	3년
E	사원	홍보팀	6개월
F	과장	홍보팀	2년
G	이사	고객지원팀	13년
H	사원	경영지원	5개월
I	이사	고객지원팀	2년
J	과장	영업팀	4년
K	대리	홍보팀	4년
L	사원	홍보팀	2년
M	과장	개발팀	3년
N	이사	개발팀	8년

① L사원은 면접위원으로 선출될 수 없다.
② N이사는 반드시 면접위원으로 선출된다.
③ B과장이 면접위원으로 선출됐다면 K대리도 선출된다.
④ 과장은 두 명 이상 선출되었다.

31 K마트 본사에서는 최근 '시간관리 매트릭스'에 대한 교육을 실시했다. '시간관리 매트릭스'는 효율적으로 시간관리를 할 수 있도록 중요한 일과 중요하지 않은 일의 우선순위를 나누는 분류 방법이다. 다음 중 강의를 들은 A씨가 실제 업무 시에 교육 내용을 적용하여 업무를 분류한 내용으로 가장 적절한 것은?

〈시간관리 매트릭스〉

구분	긴급한 일	긴급하지 않은 일
중요한 일	제1사분면	제2사분면
중요하지 않은 일	제3사분면	제4사분면

※ 각 사분면의 좌표의 위치는 우선 순위 정도에 고려하지 않는다.

A씨는 K마트 고객지원팀 사원이다. A씨는 ⓐ 다음 주에 상부에 보고할 내용을 마무리 하는 도중 고객으로부터 '상품을 먹은 후 두드러기가 나서 일상생활이 힘들 정도다.'라는 ⓑ 불만 접수를 받았다. 고객은 오늘 내로 해결할 방법을 알려달라는 강한 불만을 제기했다. 아직 업무는 다 끝내지 못한 상태이고, 오늘 저녁에 ⓒ 친구와 약속이 있다. 약속 시간까지는 2시간 정도 남은 상태이다.

	제1사분면	제2사분면	제3사분면	제4사분면
①	ⓐ	ⓒ	ⓑ	–
②	ⓑ	ⓐ	–	ⓒ
③	ⓑ, ⓒ	–	–	ⓐ
④	–	ⓐ	ⓒ	ⓑ

32 K공단은 후문 인근 유휴지 개발을 위한 시공업체를 선정하고자 한다. 업체 선정방식 및 참가업체에 대한 평가정보가 다음과 같을 때, 최종적으로 선정될 업체는?

〈선정방식〉

- 최종점수가 가장 높은 업체를 선정한다.
- 업체별 최종점수는 경영건전성 점수, 시공실적 점수, 전력절감 점수, 친환경 점수를 합산한 값의 평균에 가점을 가산하여 산출한다.
- 해당 업체의 평가항목별 점수는 심사위원들이 부여한 점수의 평균값이다.
- 다음의 경우에 해당되는 경우 가점을 부여한다.

내용	가점
최근 5년 이내 무사고	1점
디자인 수상 실적 1회 이상	2점
입찰가격 150억 원 이하	2점

〈참가업체 평가정보〉

(단위 : 점)

구분	A업체	B업체	C업체	D업체
경영건전성 점수	85	91	79	88
시공실적 점수	79	82	81	71
전력절감 점수	71	74	72	77
친환경 점수	88	75	85	89
최근 5년 이내 사고 건수	1	–	3	–
디자인 수상 실적	2	1	–	–
입찰가격(원)	220억	172억	135억	110억

① A업체 ② B업체

③ C업체 ④ D업체

33 K대리는 세미나에 참석하기 위해 4월 21일부터 23일까지 대전으로 출장을 갈 예정이다. 다음 〈조건〉에 따라 출장 기간에 이용할 숙소를 예약하고자 할 때, K대리가 예약 가능한 숙소로만 짝지어진 것은?

〈호텔 예약정보〉

호텔명	가격 (원/1박)	숙박 기준인원	세미나실 대여비용 (원/1일)	비고
글래드 대전	78,000	1명	4인실(25,000) 8인실(48,000)	숙박 기준인원 초과 시 초과인원 1인당 10,000원 추가지급
호텔 아뜰리에	81,000	2명	4인실(40,000) 10인실(70,000)	보수공사로 인해 10인 세미나실 이용불가 (3월 30일부터 10월 23일까지)
스카이뷰 호텔	80,000	2명	6인실(50,000)	연박 시 1박당 10% 할인
대전 베일리쉬	92,000	1명	4인실(32,000)	10주년 기념 1박당 8% 할인 (4월 22일부터 11월 2일까지)
이데아 호텔	85,000	1명	6인실(30,000) 8인실(45,000)	출장목적 투숙객 1박당 5% 할인
대전 하운드	80,000	2명	10인실(80,000)	세미나실 대여 시 대여료 40% 할인 (2박 이상 투숙객 대상)

〈조건〉

- K대리가 숙소 예약 및 세미나실 대여에 사용가능한 총경비는 200,000원이다.
- 4월 22일에는 A팀장과 B주임, C주임, D책임연구원이 방문하여 K대리로부터 중간보고를 받을 예정이므로 세미나실이 필요하다.
- K대리는 숙소를 혼자 이용한다.
- 숙소 예약과 세미나실 대여는 동일한 호텔에서 한다.

① 글래드 대전, 호텔 아뜰리에
② 글래드 대전, 스카이뷰 호텔
③ 스카이뷰 호텔, 이데아 호텔
④ 대전 베일리쉬, 대전 하운드

34 K씨는 개인이 사용할 목적으로 한정판 게임기를 미국 소재 인터넷 쇼핑몰에서 물품가격과 운송료를 지불하고 구매했다. 다음 관세 관련 규정과 K씨의 구매 내역을 보고 K씨가 게임기 구매로 지출한 원화금액을 바르게 구한 것은?

〈관세 관련 규정〉

- 물품을 수입할 경우 과세표준에 품목별 관세율을 곱한 금액을 관세로 납부해야 한다. 단, 과세표준이 15만 원 미만이고, 개인이 사용할 목적으로 수입하는 물건에 대해서는 관세를 면제한다.
- 과세표준은 판매자에게 지급한 물품가격, 미국에 납부한 세금, 미국 내 운송료, 미국에서 한국까지의 운송료를 합한 금액을 원화로 환산한 금액을 의미한다. 단, 미국에서 한국까지의 운송료는 실제 지불한 운송료가 아닌 다음의 국제선편요금을 적용한다.

※ 과세표준 환산 시 환율은 관세청장이 정한 고시환율에 따른다(현재 고시환율 : 1,100원/$).

〈국제선편요금〉

중량	0.5kg 이상 1kg 미만	1kg 이상 1.5kg 미만
금액(원)	10,000	15,000

〈K씨의 구매 내역〉

- 게임기 가격 : $120
- 미국에서 한국까지 운송료 : $35
- 구매 시 적용된 환율 : 1,200원/$
- 게임기 중량 : 950g
- 게임기에 적용되는 관세율 : 10%
- 미국 내 세금 및 미국 내 운송료는 없다.

① 174,800원 ② 186,000원
③ 197,200원 ④ 208,400원

35 다음 중 인적자원에 대한 설명으로 옳지 않은 것은?

① 주위에 있는 모든 사람들이 하나의 중요한 자원이다.
② 인적자원은 조직차원에서만 중요하다.
③ 인맥은 기본적으로 가족, 친구, 직장동료 등으로 나누어진다.
④ 인맥에는 핵심인맥과 파생인맥 등이 있다.

36 A씨는 이번 달에 350kWh의 전기를 사용하였으며, B씨는 A씨가 내야 할 요금의 2배만큼 사용하였다. 이때, B씨가 이번 달에 사용한 전기량은?

〈전기 사용량 구간별 요금〉

구분	요금
200kWh 이하	100원/kWh
400kWh 이하	200원/kWh
400kWh 초과	400원/kWh

① 350kWh
② 400kWh
③ 450kWh
④ 500kWh

37 다음은 A ~ C 세 기업이 가전제품 시장에 진출할 때 발생할 수 있는 진입 장벽을 요인별로 평가한 표이다. 이에 대한 설명으로 옳은 것은?(단, 진입 장벽 점수는 5점 만점이고 점수가 클수록 진입 장벽이 높다)

〈진입 장벽 요인별 평가표〉

요인 \ 진입 장벽 점수	1	2	3	4	5
정부의 규제	B		C	A	
규모의 경제성	A	C		B	
자금 동원 능력			A	C	B
소비자의 브랜드 선호도	A		B		C

① 시장 진입에 가장 유리한 기업은 B이다.
② C기업은 소비자들에게 잘 알려지지 않았다.
③ B기업은 시장 진입 시 자금 조달이 용이하다.
④ 기업들의 가장 큰 진입 장벽 요인은 정부의 규제이다.

38 K공단에서는 영업용 차량을 구매하고자 한다. 연평균 주행거리는 30,000km이고, 향후 5년간 사용할 계획이다. 현재 고려하고 있는 차량은 A ~ D자동차이다. 다음 중 유지비가 가장 적게 들 것으로 예상하는 차량을 구매한다면 가장 적절한 차량은?

■ 자동차 리스트

구분	사용연료	연비(km/L)	연료탱크 용량(L)	신차구매가(만 원)
A자동차	휘발유	12	60	2,000
B자동차	LPG	8	60	2,200
C자동차	경유	15	50	2,700
D자동차	경유	20	60	3,300

■ 연료 종류별 가격

종류	리터당 가격(원/L)
휘발유	1,400
LPG	900
경유	1,150

※ (유지비)=(연료비)+(신차구매가)
※ (연료비)=150,000÷(연비)×(연료 리터당 가격)
※ 신차구매 결제는 일시불로 한다.
※ 향후 5년간 연료 가격은 변동이 없는 것으로 가정한다.

① A자동차
② B자동차
③ C자동차
④ D자동차

39 다음 물품관리시스템에 사용된 반도체 기술에 대한 설명으로 옳지 않은 것은?

제조 시 물품에 태그 부착 → 판매 시 재고 및 판매량 정보 자동화 → 도매상 등에 실시간 재고 파악 및 자동 주문 → 물품 제공 및 물품 생산

① 태그는 전원 공급이 필요한 것과 필요하지 않은 것이 있다.
② 저주파 시스템은 고주파 시스템보다 판독 거리가 길다.
③ 무선으로 물품을 추적 관리한다.
④ 영국에서 군사용으로 처음 개발하였다.

40 해외의 교량 건설 사업을 수주한 K건설사가 자원을 효과적으로 관리하기 위해 다음과 같은 과정을 거친다고 할 때, 〈보기〉 중 (가)～(라)에 해당하는 내용이 바르게 연결된 것은?

〈효과적인 자원관리 과정〉

순서	(가)	(나)	(다)	(라)
내용	필요한 자원의 종류와 양 확인하기	이용 가능한 자원 수집하기	자원 활용 계획 세우기	계획대로 수행하기

〈보기〉

(가) 근로자들의 순환 일정 및 공정 진행에 따른 설비 투입 계획을 세운다.
(나) 국내에서 파견할 근로자들을 선발하고, 현지 업체를 통해 현지 근로자들을 고용한다.
(다) 교량 건설에 필요한 자재 및 인력을 동원하기 위한 비용을 조사한다.
(라) 기존 계획을 필요에 따라 수정하기도 하면서 교량 건설 계획을 시행한다.

① (가), (나)
② (가), (다)
③ (나), (다)
④ (나), (라)

| 02 | 사무직

※ 다음 자료를 보고 이어지는 질문에 답하시오. [41~42]

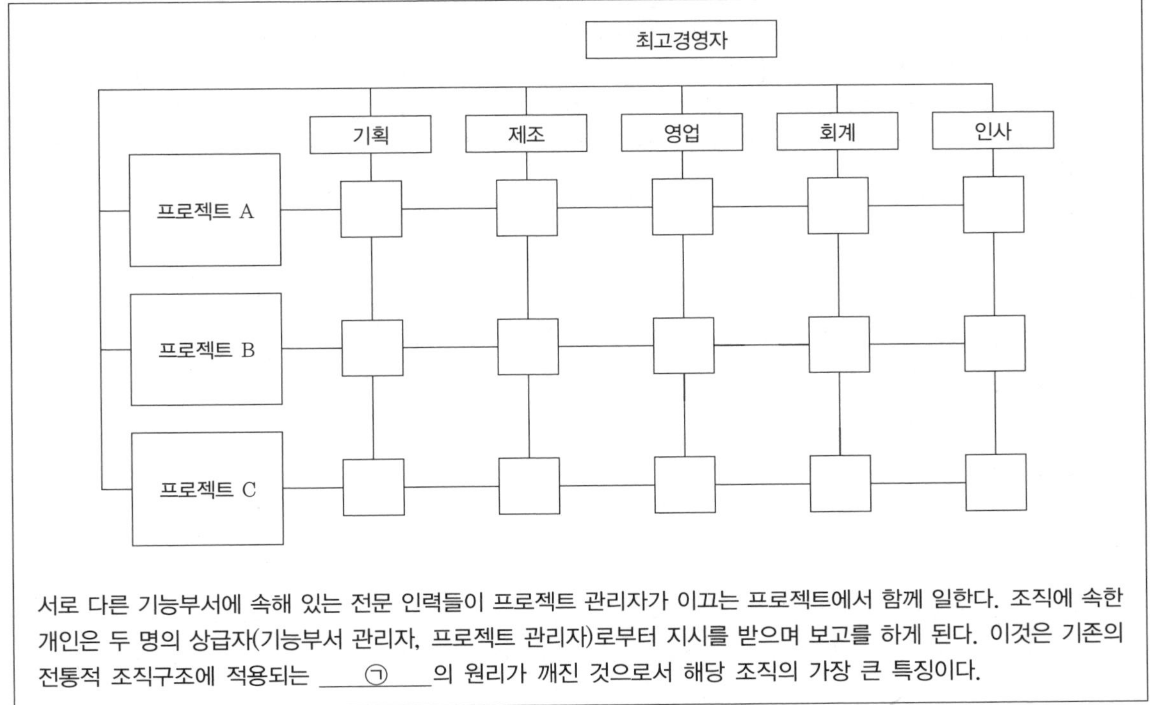

서로 다른 기능부서에 속해 있는 전문 인력들이 프로젝트 관리자가 이끄는 프로젝트에서 함께 일한다. 조직에 속한 개인은 두 명의 상급자(기능부서 관리자, 프로젝트 관리자)로부터 지시를 받으며 보고를 하게 된다. 이것은 기존의 전통적 조직구조에 적용되는 ___㉠___의 원리가 깨진 것으로서 해당 조직의 가장 큰 특징이다.

41 다음 중 자료에서 설명하는 조직의 구조는?

① 네트워크 조직
② 매트릭스 조직
③ 관료제 조직
④ 팀제 조직

42 다음 중 ㉠에 들어갈 말로 가장 적절한 것은?

① 계층
② 기능적 분업
③ 조정
④ 명령통일

※ 다음은 기획팀 Y사원이 Z과장에게 진행해야 할 업무에 대해 지시받고 있는 상황이다. 이어지는 질문에 답하시오. [43~44]

> Y씨, 목요일에 중요한 회의가 있으니 목요일 아침 일찍 출근하셔서 회의 준비를 해 주시기 바랍니다. 이번 회의는 경영팀, 회계팀, 인사팀, 영업팀에서 각 2명씩 참여할 예정이며, 저희 부서에서는 저와 Y씨가 참가합니다. 회의 진행은 전략팀 D대리께서 해 주신다고 합니다. 참, 제가 발표할 서류를 준비해 주셔야 합니다. 따라서 적어도 화요일까지는 서류를 보내 주시기 바랍니다. 또 회의를 마치고 출장을 갈 예정이니 관련 예약을 부탁드리며, 이와 관련한 보고는 수요일까지 해 주시기 바랍니다. 마지막으로 오늘 점심에 중요한 미팅이 있으니 오후 미팅을 1시에서 2시 30분으로 변경해 주시기 바랍니다.

43 다음 중 어떤 업무를 가장 먼저 처리해야 하는가?

① 목요일 회의 자료 준비를 끝마친다.
② 발표에 필요한 자료를 찾도록 한다.
③ 오늘 오후 미팅을 1시에서 2시 30분으로 변경한다.
④ 출장에 관련된 숙소 예약을 한다.

44 목요일 회의에는 몇 명이 참여하는가?

① 8명
② 9명
③ 10명
④ 11명

45 조직 내 집단을 다양한 유형으로 구분할 때, 다음 중 밑줄 친 '이 단체'가 속하는 집단의 특징으로 가장 적절한 것은?

> 노동자가 주체가 되어 근로조건의 유지, 개선 등을 목적으로 하는 단체로, 우리나라에는 많은 대기업에 <u>이 단체</u>가 형성되어 있다. 이 단체는 헌법에 명시된 노동 삼권(단결권, 단체교섭권, 단체행동권)을 통해 행동하며, 목적을 관철하기 위해 파업이나 준법투쟁 등을 한다.

① 공식적인 목표를 추구하기 위해 조직에서 의식적으로 만든 집단이다.
② 조직 구성원의 사회・심리적 욕구를 충족시켜 준다.
③ 갈등 상황이나 권력 관계 등 조직의 실상을 파악하는 데 도움이 된다.
④ 조직 내 갈등이나 대립 등의 분열을 조장할 수 있다.

46 **다음 중 민츠버그가 구분한 경영자에 대한 설명으로 옳지 않은 것은?**

① 민츠버그는 대인적·정보적·의사결정적 활동의 3가지로 경영자의 역할을 나누었다.
② 대인적 역할은 상징자 혹은 지도자로서 대외적으로 조직을 대표하고, 자원배분자 등의 역할을 의미한다.
③ 의사결정적 역할은 조직 내 문제를 해결하고 대외적 협상을 주도하는 협상가 등의 역할을 의미한다.
④ 정보적 역할은 조직을 둘러싼 외부 환경의 변화를 모니터링하고, 이를 조직에 전달하는 정보전달자의 역할을 의미한다.

47 **다음 중 업무배정에 대한 설명으로 옳지 않은 것은?**

① 조직의 업무는 조직 전체의 목적을 달성하기 위해 배분되는 것이다.
② 업무의 종류, 성격, 범위 등의 구분이 모호한 상태에서 업무를 배정하는 것이 일반적이다.
③ 일의 상호관련성에 따라 구분하기도 한다.
④ 직위는 조직의 각 구성원들이 일정 업무를 수행하도록 하는 데 필요한 권한과 책임이 부여된 조직상의 위치이다.

48 **조직의 유지와 발전에 책임을 지는 조직의 경영자는 다양한 역할을 수행해야 한다. 다음 중 조직 경영자의 역할로 옳지 않은 것은?**

① 대외적으로 조직을 대표한다.
② 대외적 협상을 주도한다.
③ 조직 내에서 발생하는 분쟁을 조정한다.
④ 외부 변화에 대한 정보를 개인적으로 수용한다.

49 **다음 중 국제문화에 대해 옳지 않은 말을 한 사람은?**

> 철수 : 오늘 뉴스를 보니까 엔화가 계속해서 하락하고 있다고 하더라.
> 만수 : 환율이 많이 떨어져서 일본으로 여행가기에는 정말 좋겠다.
> 영수 : 요즘 100엔에 900원 정도밖에 안 하지?
> 희수 : 나는 여름휴가로 미국을 가려고 했는데 전자여권으로 ESTA를 신청해야 하더라.
> 병수 : 엇, 아니야! 미국은 무조건 비자를 받아서 가야 하지 않아?

① 철수　　② 만수
③ 희수　　④ 병수

50 **조직 변화는 제품과 서비스, 전략과 구조, 기술, 문화 측면에서 이루어질 수 있다. 다음 〈보기〉 중 동일한 조직 변화 유형끼리 바르게 묶은 것은?**

〈보기〉

> ㄱ. 세계시장에 적합한 신제품 출시
> ㄴ. 의사결정 분권화
> ㄷ. 제품 생산 속도 향상을 위한 기술 도입
> ㄹ. 경영 규칙 및 규정 개정
> ㅁ. 학습조직 구축

① ㄱ, ㄴ　　② ㄴ, ㄹ
③ ㄷ, ㄹ　　④ ㄷ, ㅁ

| 03 | 기술직

41 **다음 중 노하우(Know-how)와 노와이(Know-why)에 대한 설명으로 옳은 것은?**

① 노와이는 과학자, 엔지니어 등이 가지고 있는 체화된 기술이다.
② 노하우는 이론적인 지식으로서 과학적인 탐구에 의해 얻어진다.
③ 노하우는 Technique 혹은 Art라고도 부른다.
④ 기술은 원래 노와이의 개념이 강했으나, 시간이 지나면서 노와이와 노하우가 결합하게 되었다.

42 **다음 중 산업재해의 예방 대책 순서로 옳은 것은?**

① 사실의 발견 → 안전 관리 조직 → 원인 분석 → 시정책 선정 → 시정책 적용 및 뒤처리
② 사실의 발견 → 원인 분석 → 시정책 선정 → 안전 관리 조직 → 시정책 적용 및 뒤처리
③ 안전 관리 조직 → 원인 분석 → 사실의 발견 → 시정책 선정 → 시정책 적용 및 뒤처리
④ 안전 관리 조직 → 사실의 발견 → 원인 분석 → 시정책 선정 → 시정책 적용 및 뒤처리

43 **다음 글에서 설명하는 종류의 벤치마킹으로 옳은 것은?**

> 프로세스에 있어 최고로 우수한 성과를 보유한 동일 업종의 비경쟁적 기업을 대상으로 한다. 접근 및 자료 수집이 용이하고, 비교 가능한 업무 / 기술 습득이 상대적으로 용이한 반면, 문화 및 제도적인 차이로 발생하는 효과에 대한 검토가 없을 경우, 잘못된 분석 결과의 발생 가능성이 높은 단점이 있다.

① 내부 벤치마킹
② 경쟁적 벤치마킹
③ 비경쟁적 벤치마킹
④ 글로벌 벤치마킹

※ 다음은 TV 제품설명서의 일부이다. 이어지는 질문에 답하시오. [44~48]

〈제품설명서〉

■ 설치관련 주의사항

- 제품을 들어 운반할 때는 화면 표시부를 만지지 말고 2명 이상이 안전하게 운반하세요. 제품이 떨어지면 다치거나 고장이 날 수 있습니다.
- 전원코드는 다른 제품을 사용하지 말고 정품만 사용하세요. 감전 및 화재의 원인이 될 수 있습니다.
- 스탠드는 반드시 평평한 바닥 위에 설치하세요. 울퉁불퉁한 장소는 제품이 떨어져 고장이 나거나 상해를 입을 수 있습니다.
- 제품 설치 시 벽과 일정 거리를 두어 통풍이 잘 되게 하세요. 내부 온도 상승으로 인한 화재의 원인이 될 수 있습니다.
- 고온 다습한 곳이나 제품의 무게를 견디지 못하는 벽에는 설치하지 마세요. 제품이 고장나거나 떨어질 수 있습니다.
- 벽걸이 부착 공사는 전문업체에 맡기세요. 비전문가의 공사로 상해를 입을 수 있습니다.
- 책장이나 벽장 등 통풍이 안 되는 좁은 공간에 설치하지 마세요. 내부 온도 상승으로 인한 화재의 원인이 될 수 있습니다.
- 불을 사용하거나 열이 발생하는 제품 및 장소와 가까운 곳에 설치하지 마세요. 화재의 위험이 있습니다.
- 장식장 또는 선반 위에 설치 시 제품 밑면이 밖으로 나오지 않게 하세요. 제품이 떨어져 고장이 나거나 상해를 입을 수 있습니다.
- 직사광선에 장기간 노출되지 않도록 주의해 주세요. 패널 표면에 변색이 발생할 수 있습니다.
- 테이블보나 커튼 등으로 통풍구가 막히지 않도록 하세요. 내부 온도 상승으로 인해 화재가 발생할 수 있습니다.

■ 문제해결

다음과 같은 증상 및 원인 이외에 다른 문제가 있다면 즉시 서비스센터에 문의하여 주시길 바랍니다. 또한, 절대 임의로 수리하지 마시기 바랍니다.

증상	원인	조치사항
화면이 전혀 나오지 않아요.	전원 콘센트의 스위치가 꺼져 있음	TV 전면의 전원 램프에 불이 들어와 있는지 확인하고 꺼져 있다면 전원 스위치를 켜 주세요.
	전원코드가 빠져 있음	전원 코드를 연결해 주세요.
	TV가 외부입력 모드로 선택되어 있음	[TV / 외부입력] 버튼을 누르고 TV를 선택하세요.
	안테나 케이블의 연결 상태가 불량함	안테나 케이블 커넥터가 TV의 안테나 입력 단자에 바르게 삽입되어 있는지 확인해 주세요.
외부기기와 연결하였는데 화면이 나오지 않아요.	TV가 외부입력 모드로 변환되지 않았거나 설정이 잘못됨	[TV / 외부입력] 버튼을 누르고 해당 외부 기기가 연결된 단자를 선택하세요.
	TV와 해당 기기의 연결 상태가 불량함	TV와 해당 기기의 연결 상태를 확인해 주세요.
리모컨 동작이 안 돼요.	건전지의 수명이 다하여 동작이 안 됨	새 건전지로 교환해 보세요.
	리모컨 수신부를 향하지 않았거나 정상적인 수신 각도에서 벗어나 조작함	
제품에서 뚝뚝 소리가 나요.	TV 외관의 기구적 수축, 팽창때문에 발생함	'뚝뚝' 소리는 열에 의해 기구물이 수축·팽창하면서 나타나는 증상으로 제품의 고장이 아니니 안심하고 사용하세요.

제품이 뜨거워요.	장시간 시청 시 패널에서 열이 발생함	장시간 사용 시 제품 상단이 뜨거워질 수 있습니다. 제품의 결함이나 동작 사용상의 문제가 되는 것이 아니므로 안심하고 사용하세요.
제품에서 계속 소리가 나요.	화면 밝기의 변화에 따라 소음의 변화가 있으며, 일정 수준의 소음이 발생함	일정 수준의 소음은 TV 자체의 특성이며 교환 및 환불의 대상이 아님을 양지하여 주시길 바랍니다.

44 A사원은 새롭게 구매한 TV로 호텔을 광고할 계획을 하고 있다. 그래서 많은 고객에게 노출될 수 있도록 적절한 장소를 찾다가 로비 중앙에 TV를 설치하는 것이 가장 좋다고 판단하였다. 다음과 같은 가구를 구매하여 TV를 설치했을 때의 문제점으로 옳은 것은?

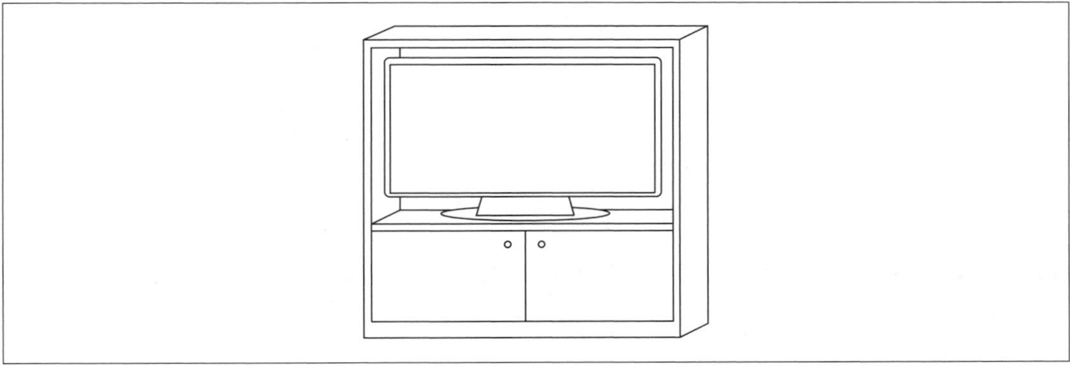

① 화재가 발생할 가능성이 있다.
② 패널 표면이 변색할 가능성이 있다.
③ 바닥이 울퉁불퉁하여 TV가 떨어져 고장이 날 위험이 있다.
④ 제품 밑면이 밖으로 나와 TV가 떨어질 위험이 있다.

45 호텔은 많은 사람이 이용하는 장소인 만큼 화재 예방을 철저히 해야 한다. A사원은 TV를 설치하기 전 화재와 관련된 주의사항을 점검하고자 한다. 다음 중 화재 위험과 관련성이 가장 먼 것은?

① 전원코드는 반드시 생산업체의 정품 제품만을 사용한다.
② TV를 벽면으로부터 일정 거리를 두어 통풍이 잘되도록 한다.
③ 햇빛에 장시간 노출되는 장소는 피하도록 한다.
④ 테이블보나 커튼 등으로 통풍구가 막히지 않도록 한다.

46 A사원은 여러 가지 조건을 고려하여 가장 최적의 장소에 TV를 설치하였다. 또한, 호텔광고가 켜질 수 있도록 USB를 연결하였지만 설치를 완료한 후 화면이 전혀 나오지 않는 것을 발견했다. 다음 중 조치방법으로 옳지 않은 것은?

① 전원 코드를 연결한다.
② 리모컨의 건전지를 새것으로 교체한다.
③ 외부입력 모드를 조작한다.
④ TV 전원 스위치를 켠다.

47 A사원은 앞서 발생한 문제를 모두 해결한 뒤 TV를 작동했다. 그러나 반나절을 사용하고 나자 제품에서 뜨거운 열이 발생한다는 것을 알게 되었다. 다음 중 조치방법으로 옳은 것은?

① 별다른 조치 없이 사용한다.
② A/S 수리를 요청한다.
③ 교환 및 환불을 요청한다.
④ 다습한 장소로 옮긴다.

48 A사원은 결국 TV에 문제가 있어 서비스센터에 문의하여 수리를 요청하였다. 다음 중 문의한 증상으로 옳지 않은 것은?

① 연기 또는 타는 냄새가 난다.
② 내부에 이물질이 들어가 전원이 안 켜진다.
③ 화면이 잘려서 나온다.
④ 리모컨 동작이 원활하지 않다.

49 **다음은 매뉴얼 작성 규칙과 해외여행 중 자연재해에 대한 행동 매뉴얼을 나타낸 것이다. (A) ~ (D) 중 매뉴얼 작성 규칙에 위배되는 것은?**

〈매뉴얼 작성 규칙〉

- 매뉴얼의 서술은 가능한 한 단순하고 간결해야 하며, 비전문가도 쉽게 이해할 수 있어야 한다.
- 매뉴얼 내용 서술에 애매모호한 단어 사용을 금지해야 한다.
- 매뉴얼 작성 시 추측성의 내용 서술은 금물이다.
- 이용자로 하여금 알기 쉬운 문장으로 쓰여야 한다.

〈해외여행 중 자연재해 행동 매뉴얼〉

(A) 재외공관에 연락하여 본인의 소재지 및 여행 동행자의 정보를 남기고, 공관의 안내에 따라 신속히 현장을 빠져나와야 합니다.

(B) 지진이 일어났을 경우, 비교적 안전한 위치에서 자세를 낮추고 머리 등 신체 주요부위를 보호합니다. 그리고 엘리베이터 대신 가급적 계단을 이용해야 하며, 엘리베이터 이용 중 지진이 일어난 경우에는 가까운 층을 눌러 대피합니다.

(C) 해일이 발생할 경우, 가능한 한 높은 지대로 이동합니다. 이때 목조건물로 대피할 경우 급류에 쓸려갈 수 있으므로 가능한 한 철근콘크리트 건물로 이동해야 합니다.

(D) 태풍・호우 시 큰 나무를 피하고, 고압선 가로등 등을 피해야 감전의 위험을 줄일 수 있을 것입니다.

① (A) ② (B)
③ (C) ④ (D)

50 **다음은 벤치마킹의 절차를 나타낸 것이다. 이에 대한 설명으로 적절하지 않은 것은?**

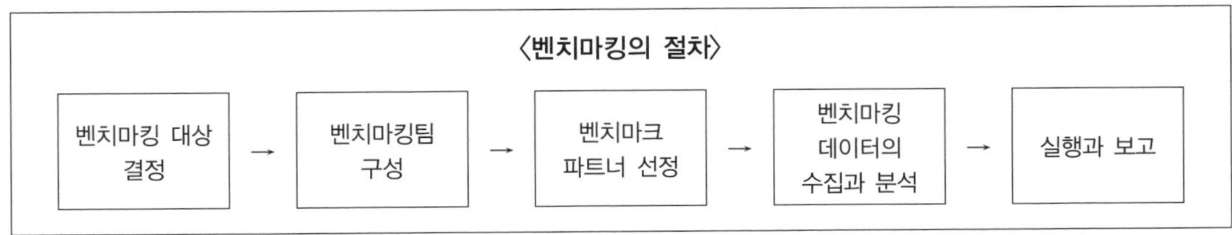

① 벤치마킹 데이터를 수집・분석할 경우 문서 편집 시스템보다는 수기로 작업하는 것이 좋다.
② 벤치마킹 대상이 결정되면 대상을 조사하기 위해 필요한 정보와 자원이 무엇인지 파악해야 한다.
③ 벤치마크 파트너 선정은 벤치마크 정보를 수집하는 데 이용될 정보의 원천을 확인하는 단계이다.
④ 벤치마킹팀의 경우 관계자 모두에게 벤치마킹이 명확하게 할당되고 중심 프로젝트가 정해지는 것을 돕기 위한 프로젝트 관리 기구가 필요하다.

합격의공식
시대
에듀

제2회 국가철도공단

NCS 직업기초능력평가

〈문항 및 시험시간〉

영역	문항 수	시험시간	모바일 OMR 답안채점 / 성적분석 서비스
[공통] 의사소통능력+수리능력+문제해결능력+자원관리능력 [사무직] 조직이해능력 [기술직] 기술능력	50문항	50분	사무직 기술직

www.sdedu.co.kr

국가철도공단 신입직원 필기전형

제2회 최종모의고사

문항 수 : 50문항
시험시간 : 50분

| 01 | 공통

01 다음 빈칸에 들어갈 단어로 가장 적절한 것은?

> 백두산은 압록강의 _____이다.

① 재원(財源) ② 발원(發源)
③ 어원(語源) ④ 연원(淵源)

02 광고회사에 근무 중인 A대리는 K전자의 스마트폰 광고 프로젝트를 진행하게 되었고, 마침내 최종 결과물을 발표할 일만 남겨두고 있다. A대리가 광고를 의뢰한 업체의 관계자를 대상으로 프레젠테이션을 진행한다고 할 때, 다음 〈보기〉에서 A대리가 준비해야 할 일을 모두 고르면?

〈보기〉

㉠ 프레젠테이션할 내용을 완전히 숙지한다.
㉡ 프레젠테이션 예행연습을 한다.
㉢ 팀원들의 니즈를 파악한다.
㉣ 프레젠테이션에 활용할 다양한 시청각 기자재를 준비한다.
㉤ 요점을 구체적이면서도 자세하게 전달할 수 있도록 연습한다.

① ㉠, ㉡ ② ㉡, ㉢
③ ㉠, ㉡, ㉢ ④ ㉠, ㉡, ㉣

03 다음 중 언어의 친교적 기능이 드러난 대화를 모두 고르면?

> ㉠ A : 오늘 날씨가 춥네. 밥은 먹었니?
> B : 옷을 좀 더 따뜻하게 입고 다녀야겠네.
> ㉡ A : 얘, 이제 곧 저녁 먹어야 하는데 지금 어디 가니?
> B : 우체국에 잠시 다녀올게요.
> ㉢ A : 이만 가봐야겠다. 이따가 전화하자.
> B : 오늘 정말 즐거웠어.
> ㉣ A : 김대리, 여행은 어디로 다녀왔나?
> B : 네, 부장님. 홍콩과 마카오로 다녀왔습니다.
> ㉤ A : 이렇게 헤어지기 너무 아쉽다.
> B : 그래, 조만간 밥 한번 먹자.
> ㉥ A : 오랜만이네, 너 요즘도 거기서 근무하니?
> B : 그래, 너도 잘 지내고 있지?

① ㉠, ㉡
② ㉡, ㉣
③ ㉠, ㉢, ㉤
④ ㉠, ㉢, ㉤, ㉥

04 다음 중 조직 내 의사소통이 중요시되는 이유로 적절하지 않은 것은?

① 의사소통을 통해 상호 간 이해와 동의를 얻을 수 있기 때문이다.
② 인간관계는 의사소통을 통해 이루어지는 상호과정이기 때문이다.
③ 의사소통을 통한 무조건적인 정보의 전달이 이루어지기 때문이다.
④ 의사소통이 제각기 다른 사람들의 서로에 대한 지각의 차이를 좁혀주기 때문이다.

05 다음 중 ㉠～㉣에 대한 고쳐 쓰기 방안으로 적절하지 않은 것은?

시간을 잘 관리하는 사람은 서두르지 않으면서 늦는 법이 없다. 시간의 주인으로 살기 때문이다. 반면, 시간을 잘 관리하지 못하는 사람은 잡다한 일로 늘 바쁘지만 놓치는 것이 많다. 시간에 묶이기 때문이다. 당신은 어떤 사람인가?
㉠ 하지만 이 말이 일분일초의 여유도 없이 빡빡하게 살라는 말은 아니다. 주어진 순간순간을 밀도 있게 사는 것은 중요하다. 우리는 목표를 정하고 부수적인 것들을 정리하면서 삶의 곳곳에 비는 시간을 ㉡ 만들어져야 한다. 자동차와 빌딩으로 가득한 도시에 공원이 필요하듯 우리의 시간에도 여백이 필요한 것이다. 조금은 비워 두고 무엇이든 자유롭게 할 수 있는 여백은 우리 삶에서 꼭 필요하다. ㉢ 인생의 기쁨은 자존감에 바탕을 둔 배려심에서 나온다. 목표를 향해 가면서 우리는 예상치 못한 일에 맞닥뜨릴 수 있다. 그러한 뜻밖의 상황에서 시간의 여백이 없다면 우리는 문제를 해결하지 못해 목표와 방향을 잃어버릴지도 모른다. ㉣ 그러므로 시간의 여백을 만드는 것은 현명한 삶을 위한 최고의 시간 관리라고 할 수 있다.

① ㉠ : 문맥을 고려하여 뒷문장과 순서를 바꾸는 것이 좋겠어.
② ㉡ : 문장 성분 간의 호응을 고려하여 ‘만들어야’로 고치는 것이 좋겠어.
③ ㉢ : 글의 통일성을 고려하여 삭제하는 것이 좋겠어.
④ ㉣ : 문장의 연결 관계를 고려하여 ‘또한’으로 바꾸는 것이 좋겠어.

06 다음 글을 읽고 뒤르켐이 헤겔을 비판할 수 있는 주장으로 가장 적절한 것은?

시민 사회라는 용어는 17세기에 등장했지만 19세기 초에 이를 국가와 구분하여 개념적으로 정교화한 인물이 헤겔이다. 그가 활동하던 시기에 유럽의 후진국인 프러시아에는 절대주의 시대의 잔재가 아직 남아 있었다. 산업 자본주의도 미성숙했던 때여서 산업화를 추진하고 자본가들을 육성하며 심각한 빈부 격차나 계급 갈등 등의 사회문제를 해결해야 하는 시대적 과제가 있었다. 그는 사익의 극대화가 국부를 증대해 준다는 점에서 공리주의를 긍정했으나 그것이 시민 사회 내에서 개인들의 무한한 사익 추구가 일으키는 빈부 격차나 계급 갈등을 해결할 수는 없다고 보았다. 그는 시민 사회가 개인들의 사적 욕구를 추구하며 살아가는 생활 영역이자 그 욕구를 사회적 의존 관계 속에서 추구하게 하는 공동체적 윤리성의 영역이어야 한다고 생각했다. 특히 시민 사회 내에서 사익 조정과 공익 실현에 기여하는 직업 단체와 복지 및 치안 문제를 해결하는 복지 행정 조직의 역할을 설정하면서, 이 두 기구가 시민 사회를 이상적인 국가로 이끌 연결 고리가 될 것으로 기대했다. 하지만 빈곤과 계급 갈등은 시민 사회 내에서 근원적으로 해결될 수 없는 것이었다. 따라서 그는 국가를 사회 문제를 해결하고 공적 질서를 확립할 최종 주체로 설정하면서 시민 사회가 국가에 협력해야 한다고 생각했다.

한편 1789년 프랑스 혁명 이후 프랑스 사회는 혁명을 이끌었던 계몽주의자들의 기대와는 다른 모습을 보이고 있었다. 사회는 사익을 추구하는 파편화된 개인들의 각축장이 되어 있었고 빈부 격차와 계급 갈등은 격화된 상태였다. 이러한 혼란을 극복하기 위해 노동자 단체와 고용주 단체 모두를 불법으로 규정한 르샤플리에 법이 1791년부터 약 90년간 시행되었으나, 이 법은 분출되는 사익의 추구를 억제하지도 못하면서 오히려 프랑스 시민 사회를 극도로 위축시켰다.

뒤르켐은 이러한 상황을 아노미, 곧 무규범 상태로 파악하고 최대 다수의 최대 행복을 표방하는 공리주의가 사실은 개인의 이기심을 전제로 하고 있기에 아노미를 조장할 뿐이라고 생각했다. 그는 사익을 조정하고 공익과 공동체적 연대를 실현할 도덕적 개인주의의 규범에 주목하면서, 이를 수행할 주체로서 직업 단체의 역할을 강조하였다. 뒤르켐은 직업 단체가 정치적 중간 집단으로서 구성원의 이해관계를 국가에 전달하는 한편 국가를 견제해야 한다고 보았던 것이다.

① 직업 단체는 정치적 중간 집단의 역할로 빈곤과 계급 갈등을 근원적으로 해결하지 못해요.
② 직업 단체와 복지행정조직이 시민 사회를 이상적인 국가로 이끌어줄 열쇠에요.
③ 국가가 주체이기는 하지만 공동체적 연대의 실현을 수행할 중간 집단으로서의 주체가 필요해요.
④ 국가를 최종 주체로 설정한다면 사익을 조정할 수 있고, 공적 질서를 확립할 수 있어요.

07 다음 글의 빈칸에 들어갈 내용으로 가장 적절한 것은?

기분관리 이론은 사람들의 기분과 선택 행동의 관계에 대해 설명하기 위한 이론이다. 이 이론의 핵심은 사람들이 현재의 기분을 최적 상태로 유지하려고 한다는 것이다. 따라서 기분관리 이론은 흥분 수준이 최적 상태보다 높을 때는 사람들이 이를 낮출 수 있는 수단을 선택한다고 예측한다. 반면에 흥분 수준이 낮을 때는 이를 회복시킬 수 있는 수단을 선택한다고 예측한다. 예를 들어, 음악 선택의 상황에서 전자의 경우에는 차분한 음악을 선택하고 후자의 경우에는 흥겨운 음악을 선택한다는 것이다. 기분조정 이론은 기분관리 이론이 현재 시점에만 초점을 맞추고 있다는 점을 지적하고 이를 보완하고자 한다. 기분조정 이론을 음악 선택의 상황에 적용하면, ______________________________고 예측할 수 있다.
A연구자는 음악 선택 상황을 통해 기분조정 이론을 검증하기 위한 실험을 했다. 그는 실험 참가자들을 두 집단으로 나누고 집단1에게는 한 시간 후 재미있는 놀이를 하게 된다고 말했고, 집단2에게는 한 시간 후 심각한 과제를 하게 된다고 말했다. 집단1은 최적 상태 수준에서 즐거워했고, 집단2는 최적 상태 수준을 벗어날 정도로 기분이 가라앉았다. 이때 A연구자는 참가자들에게 기다리는 동안 음악을 선택하게 했다. 그랬더니 집단1은 다소 즐거운 음악을 선택한 반면, 집단2는 과도하게 흥겨운 음악을 선택했다. 그런데 30분이 지나고 각 집단이 기대하는 일을 하게 될 시간이 다가오자 두 집단 사이에는 뚜렷한 차이가 나타났다. 집단1의 선택에는 큰 변화가 없었으나, 집단2는 기분을 가라앉히는 차분한 음악을 선택하는 쪽으로 변하는 경향을 보인 것이다. 이러한 선택의 변화는 기분조정 이론을 뒷받침하는 것으로 간주되었다.

① 사람들은 현재의 기분을 지속하는 데 도움이 되는 음악을 선택한다
② 사람들은 다음에 올 상황을 고려해 흥분을 유발할 수 있는 음악을 선택한다
③ 사람들은 다음에 올 상황에 맞추어 현재의 기분을 조정하는 음악을 선택한다
④ 사람들은 현재의 기분과는 상관없이 자신이 평소 선호하는 음악을 선택한다

08 다음 글에서 앞뒤 문맥을 고려할 때 이어질 문단을 논리적 순서대로 바르게 나열한 것은?

세상에서는 흔히 학문밖에 모르는 상아탑 속의 연구 생활을 현실을 도피한 짓이라고 비난하기 일쑤지만, 상아탑의 덕택이 큰 것임을 알아야 한다. 모든 점에서 편리해진 생활을 향락하고 있는 현대인이 있기 전에 오히려 그런 향락과는 담을 쌓고 상아탑 속에서 진리 탐구에 몰두한 학자들의 노고가 앞서 있었던 것이다. 그렇다고 남의 향락을 위하여 스스로 고난의 길을 일부러 걷는 것이 학자는 아니다.

(가) 상아탑이 나쁜 것이 아니라, 진리를 탐구해야 할 상아탑이 제구실을 옳게 다하지 못하는 것이 탈이다.
(나) 학자는 그저 진리를 탐구하기 위하여 학문을 하는 것뿐이다.
(다) 학문에 진리 탐구 이외의 다른 목적이 섣불리 앞장을 설 때, 그 학문은 자유를 잃고 왜곡될 염려가 있다.
(라) 진리 이외의 것을 목적으로 할 때, 그 학문은 한때의 신기루와도 같아 우선은 찬연함을 자랑할 수 있을지 모르나, 과연 학문이라고 할 수 있을까부터가 문제다.
(마) 학문을 악용하기 때문에 오히려 좋지 못한 일을 하는 경우가 얼마나 많은가?

진리의 탐구가 학문의 유일한 목적일 때, 그리고 그 길로 매진할 때, 그 무엇에도 속박됨이 없는 숭고한 학적인 정신이 만난을 극복하는 기백을 길러 줄 것이요, 또 그것대로 우리의 인격 완성의 길로 통하게도 되는 것이다.

① (가) – (나) – (다) – (라) – (마)
② (가) – (다) – (나) – (마) – (라)
③ (나) – (가) – (다) – (마) – (라)
④ (나) – (마) – (가) – (다) – (라)

09 다음 글의 중심 내용으로 가장 적절한 것은?

> '노블레스 오블리주(Noblesse Oblige)'는 높은 지위에 맞는 도덕적 의무감을 일컫는 말이다. 높든 낮든 사람들은 모두 지위를 가지고 이 사회를 살아가고 있다. 그러나 '노블레스 오블리주'는 '높은 지위'를 강조하고, 그것도 사회를 이끌어 가는 지도층에 속하는 사람들의 지위를 강조한다. 지도층은 '엘리트층'이라고도 하고 '상층'이라고도 한다. 좀 부정적 의미로는 '지배층'이라고도 한다. '노블레스 오블리주'는 지도층의 지위에 맞는 도덕적 양심과 행동을 이르는 말로, 사회의 중요 덕목으로 자주 인용된다.
> 그렇다면 지도층만 도덕적 의무감이 중요하고 일반 국민의 도덕적 의무감은 중요하지 않다는 말인가? 물론 그럴 리도 없고 그렇지도 않다. 도덕적 의무감은 지위가 높든 낮든 다 중요하다. '사회는 도덕 체계다.'라는 말처럼, 사회가 존속하고 지속되는 것은 기본적으로는 법 때문이 아니라 도덕 때문이다. 한 사회 안에서 수적으로 얼마 안 되는 '지도층'의 도덕성만이 문제될 수는 없다. 화합하는 사회, 인간이 존중되는 사회는 국민 전체의 도덕성이 더 중요하다.
> 그런데도 왜 '노블레스 오블리주'인가? 왜 지도층만의 도덕적 의무감을 특히 중요시하는가? 이유는 명백하다. 우리식 표현으로는 윗물이 맑아야 아랫물이 맑기 때문이다. 서구식 주장으로는 지도층이 '도덕적 지표(指標)'가 되기 때문이다. 그런데 우리식의 표현이든 서구식의 주장이든 이 두 생각이 사회에서 그대로 적용되는 것은 아니다. 사회에서는 위가 맑아도 아래가 부정한 경우가 비일비재(非一非再)하다. 또한 도덕적 실천에서는 지도층이 꼭 절대적 기준이 되는 것도 아니다. 완벽한 기준은 세상 어디에도 존재하지 않는다. 단지 건전한 사회를 만드는 데 어느 방법이 높은 가능성을 지니느냐, 어느 것이 효과적인 방법만이 있을 뿐이다. 우리식 표현이든 서구식 생각이든 두 생각이 공통적으로 갖는 의미는 지도층의 도덕적 의무감이 일반 국민을 도덕 체계 속으로 끌어들이는 데 가장 효과적이며 효율적인 방법이라는 것에 있다. 그래서 '노블레스 오블리주'이다.

① 노블레스 오블리주의 기원
② 노블레스 오블리주가 필요한 이유
③ 노블레스 오블리주의 적용범위
④ 노블레스 오블리주의 한계

10 **다음 글과 〈보기〉를 읽은 독자의 반응으로 적절하지 않은 것은?**

조선 전기에 물가 조절 정책을 시행하는 기관으로 상평창이 있었다. 상평창은 곡식의 가격이 하락하면 시가보다 비싸게 쌀을 구입하였다가 곡식의 가격이 상승하면 시가보다 싸게 방출하여 백성의 생활을 안정시키려고 설치한 물가 조절 기관이다. 이 기관에서 실시한 정책은 크게 채매(採買) 정책과 창저(倉儲) 정책으로 나눌 수 있다.
채매란 국가가 물가 조절에 필요한 상품을 시장으로부터 사들이는 것을 말한다. 이때에는 주로 당시에 실질적인 화폐의 역할을 하던 면포로 상품을 구입하였다. 연산군 8년, 지주제의 발전과 상품 경제의 발달에 따라 토지를 잃은 농민들이 일자리를 찾아 서울로 몰려들어 상공업 종사자의 수가 급격히 늘어나게 되어 서울의 쌀값이 지방에 비해 2배가 올랐다. 이에 따라 조정에서는 쌀값이 비교적 싼 전라도로부터 면포를 주고 쌀을 구입하여, 서울에 쌀을 풀어 쌀값을 낮추는 채매 정책을 실시하였다. 이는 면포를 기준으로 하여 쌀값이 싼 지방에서 쌀을 긴급하게 구입하여 들이는 조치로, 공간적 가격차를 이용한 것이다.
창저란 쌀을 상평창에 저장하는 것을 말한다. 세종 27년에는 풍년이 들어 면포 1필의 값이 쌀 15두였으나, 성종 1년에는 흉년이 들어 면포 1필의 값이 쌀 4 ~ 5두가 되어 쌀값이 비싸졌다. 이에 조정에서는 세종 27년에 싼 값에 쌀을 구매하여 창고에 보관하였다가 성종 1년에 시장의 가격보다 싸게 팔아 높아진 쌀의 값을 낮추는 창저 정책을 실시하였다. 또한, 수해 등 자연재해를 대비하여 평소에 지역 내의 쌀을 수매・저장해두는 것도 여기에 해당되며 시간적 가격차를 이용한 것이다.
채매와 창저는 농사의 풍・흉년에 따라 당시 화폐의 역할을 하였던 면포를 거두어들이거나 유통하여 쌀값을 안정시키고자 하는 상평창의 기능을 잘 보여주고 있다.

〈보기〉

정부는 국내 물가의 상승과 이로 인한 자국의 화폐가치 급락을 우려하고 있다. 이에 정부는 외국의 값싼 생필품을 수입하고, 저장해 놓았던 곡물을 싼 값에 유통시켜 물가 상승을 억제하는 정책을 펴고 있다. 또한, 중앙은행을 통해 기준 금리를 높여 시중에 풀린 자본을 흡수하여 궁극적으로 물가 안정을 도모하고 있다.

① 상평창은 〈보기〉의 ‘중앙은행’과 유사한 역할을 하는군.
② 풍년으로 인한 쌀값 하락과 〈보기〉의 물가 상승 모두 화폐가치를 떨어트리겠군.
③ 채매(採買) 정책은 〈보기〉에서 정부가 생필품을 수입하는 것에 해당하는군.
④ 창저(倉儲) 정책은 〈보기〉에서 기준 금리를 높이는 것과 그 목적이 비슷하군.

11 **일정한 규칙으로 수를 나열할 때, 빈칸에 들어갈 알맞은 수는?**

5 0 1   5 3 ( )   6 2 36

① 15
② 45
③ 75
④ 125

12 K백화점에는 1층에서 9층까지 왕복으로 운행하는 엘리베이터가 있다. 현진이와 서영이는 9층에서 엘리베이터를 타고 내려오다가 각자 어느 한 층에서 내렸다. 두 사람은 엘리베이터를 타고 내려오다가 다시 올라가지는 않는다. 이때, 두 사람이 서로 다른 층에서 내릴 확률은?

① $\frac{3}{8}$ ② $\frac{1}{2}$

③ $\frac{5}{8}$ ④ $\frac{7}{8}$

13 철수와 영희가 5 : 3 비율의 속력으로 A지점에서 출발하여 B지점으로 향했다. 영희가 30분 먼저 출발했을 때 철수가 영희를 따라잡은 시간은 철수가 출발하고 나서 몇 분 만인가?

① 30분 ② 35분

③ 40분 ④ 45분

14 인식이는 과자와 아이스크림을 사려고 한다. 과자는 하나에 1,000원, 아이스크림은 하나에 600원일 때, 15,000원을 가지고 과자와 아이스크림을 총 17개 사려고 한다면 아이스크림은 최소 몇 개를 사야 되는가?

① 4개 ② 5개

③ 6개 ④ 7개

15 어느 고등학교의 작년 학생 수는 1,200명이었다. 올해는 남학생이 5% 감소하고, 여학생이 7% 증가하여 작년과 학생 수가 같았다면 작년 여학생 수는?

① 400명 ② 500명

③ 600명 ④ 700명

※ 다음은 연령대별 일자리 규모에 대한 자료이다. 이어지는 질문에 답하시오. **[16~17]**

〈연령대별 일자리 규모〉

(단위 : 만 개)

구분	2022년			2023년		
	지속일자리	신규채용일자리	합계	지속일자리	신규채용일자리	합계
19세 이하	3	23	26	3	22	25
20대	161	171	332	161	170	331
30대	390	155	545	381	148	529
40대	458	165	623	458	159	617
50대	374	142	516	388	143	531
60세 이상	178	82	260	196	92	288
전체	1,564	738	2,302	1,587	734	2,321

16 다음 중 50대와 60세 이상의 2022년 대비 2023년의 전체 일자리 규모 증가 수를 바르게 나열한 것은?

	50대	60세 이상
①	150,000개	170,000개
②	170,000개	170,000개
③	150,000개	280,000개
④	170,000개	280,000개

17 다음 중 자료에 대한 설명으로 옳지 않은 것은?

① 2023년 전체 일자리 규모에서 20대가 차지하는 비중은 2022년보다 약 0.1%p 감소했다.
② 2023년 전체 일자리 규모 중 30대의 전체 일자리 규모 비중은 20% 이상이다.
③ 2022년 40대의 지속일자리 규모는 신규채용일자리 규모의 2.5배 이상이다.
④ 2023년 연령대별 전체 일자리 규모는 2022년보다 모두 증가했다.

18 2020년부터 2023년까지 전년 대비 가장 크게 증가한 범죄의 발생 건수 비율과 체포 건수 비율의 증가량의 차이는?

〈범죄유형별 발생 건수 비율〉

(단위 : %)

구분	2019년	2020년	2021년	2022년	2023년
흉악범죄	1.9	2.2	1.7	0.8	1.0
조직범죄	3.4	2.6	1.6	1.4	1.3
절도죄	66.9	57.3	76.0	81.7	88.0
지능범죄	5.9	9.7	2.9	7.8	3.4
기타	21.9	28.2	17.8	8.3	6.3

〈범죄유형별 체포 건수 비율〉

(단위 : %)

구분	2019년	2020년	2021년	2022년	2023년
흉악범죄	3.7	3.1	3.3	3.5	4.7
조직범죄	5.3	3.6	3.5	4.6	5.7
절도죄	55.6	49.4	56.3	56.4	57.5
지능범죄	4.7	7.4	3.1	8.3	5.9
기타	30.7	36.5	33.8	27.2	26.2

① 11.7%p
② 11.8%p
③ 12.9%p
④ 13.0%p

19 다음은 우리나라의 보건 수준을 가늠하게 하는 신생아 사망률에 대한 자료이다. 이에 대한 설명으로 옳은 것은?

〈생후 1주일 이내 성별 · 생존기간별 신생아 사망률〉

(단위 : 명, %)

생존기간 \ 성별	남아		여아	
	사망자 수	사망률	사망자 수	사망률
1시간 이내	31	2.7	35	3.8
1 ~ 12시간	308	26.5	249	27.4
13 ~ 24시간	97	8.3	78	8.6
25 ~ 48시간	135	11.6	102	11.2
49 ~ 72시간	166	14.3	114	12.5
73 ~ 168시간	272	23.4	219	24.1
미상	153	13.2	113	12.4
전체	1,162	100.0	910	100.0

〈생후 1주일 이내 산모연령별 신생아 사망률〉

(단위 : 명, %)

산모연령	출생아 수	신생아 사망률
19세 미만	6,356	8.8
20 ~ 24세	124,956	6.3
25 ~ 29세	379,209	6.8
30 ~ 34세	149,760	9.4
35 ~ 39세	32,560	13.5
40세 이상	3,977	21.9
전체	696,818	7.7

① 1주일 이내 신생아 사망률에서 첫째 날 여아 사망률은 남아 사망률보다 낮다.

② 생후 1주일 이내 신생아 사망자 수가 가장 많은 산모 연령대는 40세 이상이다.

③ 생후 1주일 이내 신생아 전체 사망자 중 첫째 날의 신생아 사망자 비율은 30% 이하이다.

④ 생후 1주일 이내 신생아 사망률 중 셋째 날 신생아 사망률은 약 13.5%이다.

20 다음은 세라믹산업 부문별 투자재원 조달 비중에 대한 자료이다. 이에 대한 설명으로 옳은 것은?

〈세라믹산업 부문별 투자재원 조달 비중〉

(단위 : %)

부문	세부부문	기업내부 조달	민간외부자금 조달	공공외부자금 조달
분말원료	수산화물	55.9	23.6	20.5
	산화물	55.9	32.8	11.3
	복합 산화물	89.4	–	10.6
	비산화물	100.0	–	–
	탄산염 및 기타 염	35.6	–	64.4
	기타	100.0	–	–
세라믹 1차 제품	세라믹섬유	71.1	21.7	7.2
	유리	89.4	10.1	0.5
	도자기	100.0	–	–
	생체소재 및 제품	86.7	4.0	9.3
	내화재료	88.5	–	11.5
	세라믹 코팅제	66.7	2.2	31.1
전기 전자부품	반도체, 통신 및 디스플레이 부품	97.0	1.6	1.4
	회로기판 및 세라믹 패키지	94.0	4.1	1.9
	콘덴서(캐패시터)	58.1	–	41.9
	저항기	79.9	9.1	11.0
	세라믹센서 및 액추에이터	76.3	18.8	4.9
	전지용 부품	62.5	33.6	3.9
	자성부품	95.0	3.7	1.3
	광학	100.0	–	–
	기타	100.0	–	–
전체		94.2	3.7	2.1

① 세부부문 중 모든 투자재원이 기업내부에서 조달되는 항목은 총 4개이다.

② 저항기 부문의 공공외부자금 조달 비중 대비 민간외부자금 조달 비중은 70% 이상이다.

③ 세라믹 1차 제품 부문 중 기업내부 조달 비중이 가장 작은 세부부문은 공공외부자금 조달 비중도 가장 작다.

④ 세라믹산업 전체에서 민간외부자금 조달이 차지하는 비중보다 각 세부부문 항목에서 민간외부자금 조달이 차지하는 비중이 더 높은 것은 총 8개이다.

21 **다음 문제해결절차에 따라 (가) ~ (마)를 순서대로 바르게 배열한 것은?**

〈문제해결절차〉

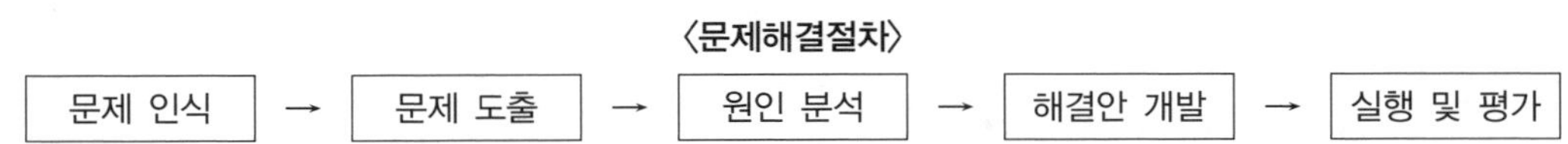

(가) 파악된 핵심문제에 대한 분석을 통해 근본 원인을 도출한다.
(나) 실행계획을 실제 상황에 적용하는 활동으로 당초 장애가 되는 문제의 원인들을 해결안을 사용하여 제거한다.
(다) 해결해야 할 전체 문제를 파악하여 우선순위를 정하고, 선정 문제에 대한 목표를 명확히 한다.
(라) 문제로부터 도출된 근본 원인을 효과적으로 해결할 수 있는 최적의 해결방안을 수립한다.
(마) 선정된 문제를 분석하여 해결해야 할 것이 무엇인지를 명확히 한다.

① (가) – (나) – (다) – (라) – (마)
② (나) – (마) – (가) – (라) – (다)
② (다) – (가) – (마) – (나) – (라)
④ (다) – (마) – (가) – (라) – (나)

22 **다음 (가) ~ (다)의 문제해결 방법을 바르게 연결한 것은?**

(가) 상이한 문화적 토양을 가지고 있는 구성원을 가정하고, 서로의 생각을 직설적으로 주장하고 논쟁이나 협상을 통해 서로의 의견을 조정해 가는 방법이다. 이때 논리, 즉 사실과 원칙에 근거한 토론이 중심적 역할을 한다.
(나) 깊이 있는 커뮤니케이션을 통해 서로의 문제점을 이해하고 공감함으로써 창조적인 문제해결을 도모한다. 초기에 생각하지 못했던 창조적인 해결 방법이 도출되고, 동시에 구성원의 동기와 팀워크가 강화된다.
(다) 조직 구성원들을 같은 문화적 토양을 가지고 이심전심으로 서로를 이해하는 상황으로 가정한다. 무언가를 시사하거나 암시를 통하여 의사를 전달하고 기분을 서로 통하게 함으로써 문제해결을 도모하려고 한다.

	(가)	(나)	(다)
①	퍼실리테이션	하드 어프로치	소프트 어프로치
②	소프트 어프로치	하드 어프로치	퍼실리테이션
③	소프트 어프로치	퍼실리테이션	하드 어프로치
④	하드 어프로치	퍼실리테이션	소프트 어프로치

23 다음 중 3C 분석에서 3C에 해당하지 않는 것은?

① 자사(Company)
② 경쟁사(Competitor)
③ 고객(Customer)
④ 비용(Cost)

24 K회사 직원 A ~ F 6명은 2인 1조로 나누어 외근을 나가려고 한다. 다음 〈조건〉에 따라 조를 구성할 때, 한 조가 될 수 있는 두 사람은 누구인가?

〈조건〉

- A는 C나 D와 함께 갈 수 없다.
- B는 반드시 D 아니면 F와 함께 가야 한다.
- C는 반드시 E 아니면 F와 함께 가야 한다.
- A가 C와 함께 갈 수 없다면, A는 반드시 F와 함께 가야 한다.

① A, E ② B, D
③ B, F ④ C, D

25 K기숙사에서 간밤에 도난사건이 발생하였다. 물건을 훔친 사람은 한 명이며, 이 사건에 대해 기숙사생 A ~ D는 다음과 같이 진술하였다. 네 명 중 한 명만이 진실을 말했을 때, 다음 중 물건을 훔친 범인은 누구인가?(단, K기숙사에는 A ~ D 4명만 거주 중이며, 이들 중 반드시 범인이 있다)

A : 어제 B가 훔치는 것을 봤다.
B : C와 D는 계속 같이 있었으므로 두 명은 범인이 아니다.
C : 나와 B는 어제 하루 종일 자기 방에만 있었으므로 둘 다 범인이 아니다.
D : C와 나는 계속 같이 있었으니, A와 B 중에 범인이 있다.

① A
② B
③ C
④ D

26 다음 〈조건〉이 참일 때, 〈보기〉에서 반드시 참인 것을 모두 고르면?

〈조건〉

- A, B, C, D 중 한 명의 근무지는 서울이다.
- A, B, C, D는 각기 다른 한 도시에서 근무한다.
- 갑, 을, 병 각각의 두 진술 중 하나는 참이고 다른 하나는 거짓이다.
- 갑은 "A의 근무지는 광주이다."와 "D의 근무지는 서울이다."라고 진술했다.
- 을은 "B의 근무지는 광주이다."와 "C의 근무지는 세종이다."라고 진술했다.
- 병은 "C의 근무지는 광주이다."와 "D의 근무지는 부산이다."라고 진술했다.

〈보기〉

ㄱ. A의 근무지는 광주이다.
ㄴ. B의 근무지는 서울이다.
ㄷ. C의 근무지는 세종이다.

① ㄱ, ㄴ
② ㄱ, ㄷ
③ ㄴ, ㄷ
④ ㄱ, ㄴ, ㄷ

※ 다음은 K동물병원의 접수 코드이다. 이어지는 질문에 답하시오. **[27~30]**

〈동물병원 접수 코드〉

• 접수 코드 부여 방식
[접수] – [진료시간] – [품종] – [업무] 순의 7자리 수

• 접수

신규고객	기존고객	장기고객
01	02	03

• 진료시간

낮	야간	주말
11	12	13

• 품종

개	고양이	새(조류)	파충류	가축	기타
10	20	30	40	50	60

• 업무

예방접종	치료	정기검진	상담	기타
1	2	3	4	5

• 이번 달 접수 현황

0111102	0211203	0113202	0312301	0313505
0212404	0111603	0111104	0213605	0313202
0113101	0312504	0311302	0111403	0212204
0312105	0212103	0213202	0311101	0111604

27 다음과 같은 상황에서 부여되는 접수 코드는?

화요일 밤 10시, 처음 가는 동네에서 개와 함께 산책을 하던 A씨는 개가 가시에 찔려 피가 나는 것을 보고 근처 K동물병원에 들어가 치료해 달라고 하였다.

① 0112102　　② 0112105
③ 0111102　　④ 0112202

28 이번 달에 의사가 사정이 생겨 주말 진료와 상담 업무를 취소하기로 하였다면, 이번 달 접수가 취소되지 않는 건수는?

① 8건　　② 9건
③ 10건　　④ 11건

29 이번 달에 가장 많이 접수가 된 동물의 품종은?

① 개
② 고양이
③ 가축
④ 기타

30 다음 중 접수 번호가 옳은 것은?

① 0111001
② 0214202
③ 03133033
④ 0112404

31 K공단은 한국 현지 시각 기준으로 오후 4시부터 5시까지 외국 지사와 화상 회의를 진행하려고 한다. 모든 지사는 각국 현지 시각으로 오전 8시부터 오후 6시까지 근무한다고 할 때, 다음 중 회의에 참석할 수 없는 지사는?(단, 서머타임을 시행하는 국가는 +1:00을 반영한다)

국가	시차	국가	시차
파키스탄	-4:00	불가리아	-6:00
호주	+1:00	영국	-9:00

※ 오후 12시부터 1시까지는 점심시간이므로 회의를 진행하지 않는다.
※ 서머타임 시행 국가 : 영국

① 파키스탄 지사
② 불가리아 지사
③ 호주 지사
④ 영국 지사

32 K공단은 업무처리 시 사고를 줄이기 위해 사고 유형별로 벌점을 부과하여 소속 직원의 인사고과에 반영한다. 이를 위해 매달 부서별로 사고 건수를 조사하여 다음의 벌점 산정 방식에 따라 벌점을 부과한다. 사고 유형별 벌점과 부서별 당월 사고 유형별 건수 현황이 아래와 같을 때, A～D부서 중 두 번째로 높은 벌점을 받을 부서는?

〈벌점 산정 방식〉

- 당월 벌점은 사고 유형별 건수와 유형별 벌점의 곱의 총합으로 계산한다.
- 전분기 부서표창을 받은 부서의 경우, 당월 벌점에서 20점을 차감하여 최종 벌점을 계산하는 혜택을 부여한다.
- 전분기 부서표창을 받았더라도, 당월 '의도적 부정행위' 유형의 사고가 3건 이상인 경우 혜택을 적용하지 않는다.

〈사고 유형별 벌점〉

오류 종류	의도적 부정행위	의무 불이행	사소한 과실
벌점	20점	12점	6점

〈부서별 당월 사고 유형별 건수 현황〉

부서	의도적 부정행위	의무 불이행	사소한 과실	전분기 부서표창 여부
A	1건	2건	3건	×
B	1건	4건	2건	○
C	–	3건	6건	×
D	3건	2건	–	○

① A부서 ② B부서
③ C부서 ④ D부서

33 다음 중 ㉠～㉢에 들어갈 말이 바르게 연결된 것은?

배치의 유형에는 3가지가 있다. 먼저 양적 배치는 작업량과 조업도, 여유 또는 부족 인원을 감안하여 소요인원을 결정하여 배치하는 것을 말한다. 반면, 질적 배치는 효과적인 인력배치의 3가지 원칙 중 __㉠__ 주의에 따른 배치를 말하며, __㉡__ 배치는 팀원의 __㉢__ 및 흥미에 따라 배치하는 것을 말한다.

	㉠	㉡	㉢
①	균형	적성	능력
②	적재적소	균형	능력
③	적재적소	적성	적성
④	능력	적성	적성

34 K놀이공원은 수능을 마친 수험생과 그 가족들을 대상으로 수능 이벤트를 진행 중이다. 다음은 K놀이공원의 자유이용권 금액과 이벤트에 대한 자료이다. 이를 토대로 자유이용권 금액을 계산하고자 할 때 옳은 것은?

〈K놀이공원 자유이용권 금액〉

구분		정상가
1일권(놀이공원 오픈 시부터)	어른	46,000원
	청소년	40,000원
	어린이	36,000원
야간권(오후 4시 이후부터)	어른	37,000원
	청소년	32,000원
	어린이	28,000원

※ 청소년은 만 13 ~ 18세, 어린이는 36개월 ~ 만 12세에 해당함
※ 36개월 미만은 무료 이용

〈K놀이공원 수능 이벤트〉

• 수험생은 15,000원 할인을, 수험생을 동반한 가족의 경우 1인당 12,000원을 할인받을 수 있습니다.
※ 수험생임을 확인하기 위해 반드시 수험표를 지참하여야 합니다.

① 1일권 구매를 원하는 수험생 A와 22살인 친누나 B → 56,000원
② 야간권 구매를 원하는 수험생 C와 그의 친구 수험생 D → 32,000원
③ 1일권 구매를 원하는 수험생 E와 그의 부모님 F와 G → 91,000원
④ 야간권 구매를 원하는 수험생 H와 만 12살인 친동생 I와 만 10살인 친동생 J → 49,000원

35 A씨의 업무시간은 오전 9시부터 오후 6시까지이다. 점심시간 1시간을 제외한 하루 일과 중 8분의 1은 주간 업무계획을 수립하였고, 5분의 2는 프로젝트 회의를 진행하였다. 그리고 3분의 1은 거래처에 방문하였다. 이 모든 업무를 마무리하고 남은 시간동안 시장조사를 하려고 할 때, A씨가 시장조사를 하는 데 쓸 수 있는 시간은?

① 1시간
② 1시간 8분
③ 1시간 15분
④ 1시간 26분

36 다음은 4분기 성과급 지급 기준이다. 부서원 A～E에 대한 성과평가가 다음과 같을 때, 성과급을 가장 많이 받을 직원 2명은?

〈성과급 지급 기준〉

• 성과급은 성과평가등급에 따라 다음 기준으로 지급한다.

등급	A	B	C	D
성과급	200만 원	170만 원	120만 원	100만 원

• 성과평가등급은 성과점수에 따라 다음과 같이 산정된다.

성과점수	90점 이상 100점 이하	80점 이상 90점 미만	70점 이상 80점 미만	70점 미만
등급	A	B	C	D

• 성과점수는 개인실적점수, 동료평가점수, 책임점수, 가점 및 벌점을 합산하여 산정한다.
 – 개인실적점수, 동료평가점수, 책임점수는 각각 100점 만점으로 산정된다.
 – 세부 점수별 가중치는 개인실적점수 40%, 동료평가점수 30%, 책임점수 30%이다.
 – 가점 및 벌점은 개인실적점수, 동료평가점수, 책임점수에 가중치를 적용하여 합산한 값에 합산한다.

• 가점 및 벌점 부여기준
 – 분기 내 수상내역 1회, 신규획득 자격증 1개당 가점 2점 부여
 – 분기 내 징계내역 1회당 다음에 따른 벌점 부여

징계	경고	감봉	정직
벌점	1점	3점	5점

〈부서원 성과평가〉

직원	개인실적점수	동료평가점수	책임점수	비고
A	85	70	80	수상 2회(4분기), 경고 2회(3분기)
B	80	80	70	경고 1회(4분기)
C	75	85	80	자격증 1개(4분기)
D	70	70	90	정직 1회(4분기)
E	80	65	75	경고 1회(3분기)

① A, C
② A, E
③ B, C
④ B, D

37 다음은 K사의 연차 제도를 나타낸 자료이다. 현재 날짜는 2025년 4월 7일이며 K사의 사원 갑 ~ 정의 입사일자와 사용한 연차일수가 〈보기〉와 같을 때, 연차일수가 가장 많이 남은 사람은 누구인가?

〈K사의 연차 제도〉

재직 기간	연차일수
3개월 이상 6개월 미만	3일
6개월 이상 1년 미만	6일
1년 이상 2년 미만	9일
2년 이상 3년 미만	12일
3년 이상 4년 미만	14일
4년 이상 5년 미만	17일
5년 이상 6년 미만	20일
6년 이상	21일

※ 재직기간은 입사일자를 시작으로 현재 날짜까지의 근로기간을 의미한다.

〈보기〉

구분	입사일자	사용한 연차일수
갑	2024. 06. 23.	1일
을	2021. 04. 17.	9일
병	2019. 05. 14.	13일
정	2023. 10. 22.	3일

① 갑
② 을
③ 병
④ 정

38 시간관리의 중요성에 대한 사내 교육을 받은 A사원은 일일 업무에 대한 시간계획을 세워보기로 결심했다. 다음 중 A사원이 시간계획을 하는 데 있어서 주의해야 할 사항으로 적절하지 않은 것은?

① 부득이한 일이 생겨 계획에서 놓친 시간은 야근을 해서라도 미루지 않고 당일에 즉시 메우는 것이 좋겠어.
② 야근을 해도 끝내지 못한 일은 나의 능력 밖의 일이므로 어쩔 수 없이 다른 사람에게 부탁하는 것이 좋겠어.
③ 시간계획의 기본 원리에 따라 하루의 60%는 계획된 행동으로 구성하고, 나머지 40%는 계획 외의 행동과 자발적 행동으로 각각 20%씩 구성해야겠어.
④ 당일에 예정된 행동은 모두 계획에 포함시키고, 작성한 시간계획은 정기적・체계적으로 체크해서 일을 일관성 있게 마칠 수 있도록 해야겠어.

39 **다음 중 물적자원관리의 과정에 대한 설명으로 적절하지 않은 것은?**

① 물품의 정리 및 보관 시 물품을 앞으로 계속 사용할 것인지 그렇지 않을지를 구분해야 한다.

② 유사성의 원칙은 유사품을 같은 장소에 보관하는 것을 말하며, 이는 보관한 물품을 보다 쉽고 빠르게 찾을 수 있도록 하기 위해서 필요하다.

③ 물품이 특성에 맞는 보관장소를 선정해야 하므로, 종이류와 유리 등은 그 재질의 차이로 인해서 보관장소의 차이를 두는 것이 바람직하다.

④ 물품의 정리 시 회전대응 보관의 원칙은 입출하의 빈도가 높은 품목은 출입구 가까운 곳에 보관하는 것을 말한다.

40 **현재 K마트에서는 배추를 한 포기당 3,000원에 판매하고 있다고 한다. 다음은 배추의 유통 과정을 나타낸 자료이며, 이를 참고하여 최대의 이익을 내고자 할 때, X · Y산지 중 어느 곳을 선택하는 것이 좋으며, 최종적으로 K마트에서 배추 한 포기당 얻을 수 있는 수익은?(단, 소수점 첫째 자리에서 반올림한다)**

〈산지별 배추 유통 과정〉

구분	X산지	Y산지
재배원가	1,000원	1,500원
산지 → 경매인	재배원가에 20%의 이윤을 붙여서 판매한다.	재배원가에 10%의 이윤을 붙여서 판매한다.
경매인 → 도매상인	산지가격에 25%의 이윤을 붙여서 판매한다.	산지가격에 10%의 이윤을 붙여서 판매한다.
도매상인 → 마트	경매가격에 30%의 이윤을 붙여서 판매한다.	경매가격에 10%의 이윤을 붙여서 판매한다.

	산지	이익
①	X	1,003원
②	X	1,050원
③	Y	1,003원
④	Y	1,050원

| 02 | 사무직

41 K회사에 근무하는 A씨가 다음 기사를 읽고 기업의 사회적 책임에 대해 생각해 보았다고 할 때, A씨가 생각한 내용으로 옳지 않은 것은?

> 세계 자동차 시장 점유율 1위를 기록했던 토요타 자동차는 2009년 11월 가속페달의 매트 끼임 문제로 미국을 비롯해 전 세계적으로 1,000만 대가 넘는 사상 초유의 리콜을 감행했다. 토요타 자동차의 리콜 사태에 대한 원인으로는 기계적 원인과 더불어 무리한 원가 절감, 과도한 해외생산 확대, 안일한 경영 등 경영상의 요인들이 제기되고 있다. 또 토요타 자동차는 급속히 성장하면서 제기된 문제들을 소비자의 관점이 아닌 생산자의 관점에서 해결하려고 했고, 리콜에 대한 늦은 대응 등 문제해결에 미흡했다는 지적을 받고 있다. 이런 대규모 리콜 사태로 인해 토요타 자동차가 지난 수십 년간 세계적으로 쌓은 명성은 하루아침에 모래성이 됐다. 이와 반대인 사례로 존슨앤존슨의 타이레놀 리콜 사건이 있다. 1982년 9월말 미국 시카고 지역에서 존슨앤존슨의 엑스트라 스트렝스 타이레놀 캡슐을 먹고 4명이 사망하는 사건이 발생했다. 이에 존슨앤존슨은 즉각적인 대규모 리콜을 단행하여 빠른 문제해결에 초점을 맞췄다. 그 결과 존슨앤존슨은 소비자들의 신뢰를 다시 회복할 수 있었다.

① 상품에서 결함이 발견됐다면 기업은 그것을 인정하고 책임지는 모습이 필요해.
② 기업은 문제를 인지한 즉시 문제를 해결하기 위해 노력해야 해.
③ 이윤창출은 기업의 유지에 필요하지만, 수익만을 위해 움직이는 것은 여러 문제를 일으킬 수 있어.
④ 소비자의 관점이 아닌 생산자의 관점에서 문제를 해결할 때, 소비자들의 신뢰를 회복할 수 있어.

42 다음 중 집단의 유형에 대한 설명으로 옳지 않은 것은?

① 공식적 집단의 목표는 비공식적 집단에 비해 광범위하며 유연하게 설정된다.
② 공식적 집단과 달리 비공식적 집단은 자발적 욕구에 의해 형성된다.
③ 비공식적 집단의 활동은 공식적 집단의 활동을 지원하기도 한다.
④ 공식적 집단의 구성원은 비공식적 집단의 구성원에 비해 인위적으로 결정된다.

43 **다음 중 문화충격에 대한 설명으로 적절한 것을 〈보기〉에서 모두 고르면?**

〈보기〉

ㄱ. 문화충격은 한 문화권에 속한 사람이 해당 문화 내에서 경험하는 문화적 충격을 의미한다.
ㄴ. 문화충격은 한 개인이 체화되지 않은 문화를 접하며 이질감을 경험하게 되어 겪는 심리적 부적응 상태를 의미한다.
ㄷ. 문화충격에 대비하기 위해서는 타 문화와 자신이 속한 문화의 차이점을 명확히 인지하고 보수적 태도를 고수하는 것이 좋다.

① ㄴ
② ㄷ
③ ㄱ, ㄴ
④ ㄱ, ㄷ

44 **다음 K기업의 상황을 고려할 때, 경영활동과 활동의 사례가 적절하지 않은 것은?**

〈상황〉

• K기업은 국내 자동차 제조업체이다.
• K기업은 최근 인도네시아의 자동차 판매업체와 계약을 하여, 내년부터 인도네시아로 차량을 수출할 계획이다.
• K기업은 중국의 자동차 부품 제조업체와 협력하고 있는데, 최근 중국 내 전염병 확산으로 현지 업체들의 가동률이 급락하였다.
• K기업은 최근 내부 설문조사를 실시한 결과, 사내 유연근무제 도입을 희망하는 직원의 비율은 72%, 희망하지 않는 직원의 비율이 20%, 무응답이 8%였다.
• K기업의 1분기 생산라인 피드백 결과, 엔진 조립 공정에서 진행속도를 20% 개선할 경우, 생산성이 12% 증가하는 것으로 나타났다.

	경영활동	사례
①	외부경영활동	인도네시아 시장의 자동차 구매성향 파악
②	내부경영활동	국내 자동차 부품 제조업체와의 협력안 검토
③	내부경영활동	인도네시아 현지 자동차 법규 및 제도 조사
④	내부경영활동	엔진 조립 공정 개선을 위한 공정 기술 연구개발

45 **다음 중 직원들의 국제동향 파악 장려를 위한 회사 차원의 대안으로 적절하지 않은 것은?**

① 업무 관련 주요 용어의 외국어 자료집을 만들어 배포한다.
② 매일 신문의 국제면을 스크랩하여 사내 포털에 공유한다.
③ 업무 관련 분야의 국제학술대회에 참석할 수 있도록 공가를 제공한다.
④ 주기적으로 산업자원부, 상공회의소 등의 기관 사이트를 방문하여 국내동향을 확인한다.

46 **다음 중 기업의 핵심 역량을 연구개발에 집중하는 기술혁신형 중소기업으로 가장 적절한 것은?**

① 모듈 기업
② 이노비즈 기업
③ 벤처 기업
④ 가상 기업

47 **다음 〈보기〉에서 집단 간 관계에 대해 바르게 말한 사람을 모두 고르면?**

〈보기〉

A대리 : 영업팀 간 경쟁이 치열해지고 있네요. 이런 집단 간 경쟁의 원인은 주로 조직 내 한정된 자원을 더 많이 가져가려고 해서 발생하는 것 같아요.
B차장 : 맞아. 조직 내 집단들이 서로 상반되는 목표를 추구할 때도 경쟁이 발생하기도 하지.
C주임 : 그런데 오히려 각 영업팀들이 내부적으로는 더 결속되는 것 같아요. 역시 경쟁은 치열할수록 조직에 이로운 것 같습니다.
D주임 : 그래도 너무 치열해지면 오히려 조직 전반에 비능률을 초래해.

① A대리
② C주임
③ A대리, B차장, C주임
④ A대리, B차장, D주임

48 **다음과 같은 비즈니스 에티켓 특징을 가지고 있는 국가는?**

- 인사 : 중국계의 경우 악수로 시작하는 일반적인 비즈니스 문화를 가지고 있으며, 말레이계의 경우 이성과 악수를 하지 않는 것이 일반적이다. 인도계 역시 이성끼리 악수를 하지 않고 목례를 한다.
- 약속 : 약속 없이 방문하는 것은 실례이므로 업무상 필수적으로 방문해야 하는 경우에는 약속을 미리 잡아 일정 등에 대한 확답을 받은 후 방문한다. 미팅에서는 부수적인 이야기를 거의 하지 않으며 바로 업무에 대한 이야기를 한다. 이때 상대방의 말을 끝까지 경청해야 한다. 명함을 받을 때도 두 손으로 받는 것이 일반적이다.

① 미국　　② 싱가포르
③ 인도네시아　　④ 필리핀

49 **다음은 조직문화의 유형에 대한 자료이다. 〈보기〉 중 이에 대한 설명으로 옳지 않은 것을 모두 고르면?**

〈조직문화의 유형〉

	유연성・자율성		
내부지향・통합	집단문화	㉠	외부지향・차별
	계층문화	㉡	
	안정・통제		

〈보기〉

ㄱ. ㉠에 들어갈 조직문화의 유형은 보수문화이다.
ㄴ. ㉡에 들어갈 조직문화의 유형은 합리문화이다.
ㄷ. 합리문화는 집단문화에 비해 조직구성원 간 단결을 더 강조한다.
ㄹ. 개인주의 성향은 계층문화보다 합리문화에서 더욱 강조된다.

① ㄱ, ㄴ　　② ㄱ, ㄷ
③ ㄴ, ㄷ　　④ ㄴ, ㄹ

50 **다음 중 업무수행 절차의 업무지침 확인에 대한 설명으로 옳지 않은 것은?**

① 업무와 관련된 조직의 지침을 개인의 업무지침보다 먼저 확인한다.
② 개인의 업무지침은 조직의 업무지침을 고려하여 작성한다.
③ 개인의 업무지침은 업무수행의 준거가 되고 시간을 절약하는 데 도움을 준다.
④ 조직의 목적에 따라 한 번 고정된 조직의 업무지침 내용은 되도록 수정하지 않는다.

03 기술직

41 다음 중 기술선택을 위한 우선순위 결정요인이 아닌 것은?

① 성능이나 원가에 미치는 영향력이 큰 기술
② 쉽게 구할 수 있는 기술
③ 기업 간에 모방이 어려운 기술
④ 최신 기술로 진부화될 가능성이 적은 기술

42 다음 중 벤치마킹의 수행방식에 따른 분류에 대한 설명으로 옳은 것은?

① 직접적 벤치마킹은 인터넷 및 문서 형태의 자료를 통해 수행하는 방법이다.
② 직접적 벤치마킹은 벤치마킹 대상의 수에 제한이 없고 다양하다.
③ 간접적 벤치마킹은 벤치마킹 대상을 직접 방문하여 수행하는 방법이다.
④ 간접적 벤치마킹은 비용 또는 시간적 측면에서 상대적으로 많이 절감할 수 있다.

43 다음 중 기술경영자에게 요구되는 능력이 아닌 것은?

① 기술을 효과적으로 평가할 수 있는 능력
② 기술 이전을 효과적으로 할 수 있는 능력
③ 새로운 제품개발 시간을 연장할 수 있는 능력
④ 빠르고 효과적으로 새로운 기술을 습득하고 기존의 기술에서 탈피하는 능력

44 다음은 기술선택으로 성공한 사례에 대한 글이다. 이때 사용된 벤치마킹으로 가장 적절한 것은?

> 스타벅스코리아는 모바일 앱으로 커피 주문과 결제를 모두 할 수 있는 사이렌 오더를 처음으로 시행하였다. 시행 이후 스타벅스 창업자는 'Fantastic!!'이라는 메일을 보냈고, 이후 스타벅스코리아의 전체 결제 중 17% 이상이 사이렌 오더를 이용하고 있다. 국내뿐 아니라 미국, 유럽, 아시아 등 여러 국가의 스타벅스 매장에서 이를 벤치마킹하여 사이렌 오더는 스타벅스의 표준이 되었다.

① 글로벌 벤치마킹
② 내부 벤치마킹
③ 비경쟁적 벤치마킹
④ 직접적 벤치마킹

※ 다음은 음식물건조처리기 '에밀리'의 사용 설명서이다. 이어지는 질문에 답하시오. [45~48]

〈음식물건조처리기 '에밀리' 사용 설명서〉

■ 설치방법

1. 제품을 올려놓을 자리에 수평을 맞춥니다.

- 에밀리는 프리스탠딩타입으로 어느 곳이든 공간과 전원코드만 있다면 설치가 가능합니다.
- 콘센트를 연결하시고, 수평만 잘 맞추어 주시면 누구나 손쉽게 설치할 수 있습니다.
- 냄새가 날 경우에 환기가 잘 되는 베란다 등에 설치할 수도 있습니다.
- 수평이 맞지 않으면 제품의 진동에 의해 소음이 발생됩니다.

2. 콘센트에 전원플러그를 꽂아 주시고 전원램프를 확인합니다.

- 전원플러그를 꽂고 전원버튼을 누른 후 램프가 켜지는지를 확인합니다.
- 전원램프가 켜지면 '3HOURS', '6HOURS', '8HOURS' 중 하나를 선택하여 누른 후 버튼의 램프도 켜지는지를 확인합니다.
- 두 버튼의 램프 중 하나라도 켜지지 않으면 소비자 상담실에 문의하십시오.

3. 원활한 공기 흐름을 위하여 뒷면을 벽면에서 10cm 이상 틈을 주십시오.

- 에밀리의 건조처리 시스템은 외부공기를 안으로 유입시켜 열풍으로 변환하여 건조시키는 방식으로 공기의 흐름이 원활하게 이루어져야 건조율이 좋습니다. 공기의 원활한 공급을 위하여 벽면에서 최소 10cm 이상 떨어지게 하여 주십시오.

■ 사용방법

1. 건조바스켓에 남은 음식들을 담아 제품 안에 넣습니다.

- 제품 안의 물받이와 건조바스켓을 꺼내 싱크대거름망에 걸러진 남은 음식물을 넣습니다.
- 건조바스켓에 표시된 용량에 의한 시간에 맞추어 '3HOURS', '6HOURS', '8HOURS' 중 하나를 눌러줍니다.
- 상단의 'MAX'라고 표기된 선을 넘기면 작동되지 않으니 반드시 그 아래까지만 채우고 작동하십시오.

2. 전원버튼을 누르고 시간버튼을 누르면 작동이 됩니다.

- 전원버튼을 누르고 남은 음식물 양에 맞춰 시간버튼을 누르면 작동이 됩니다.
- 문이 닫혀야 작동이 되며, 작동 중에 문을 열면 작동이 멈추게 됩니다.
- 처리가 끝난 이후에도 냉각팬이 30분 정도 더 작동됩니다. 전원버튼이 꺼졌을 때 바스켓을 꺼내십시오.

3. 고기, 전분류 등 건조가 잘 되지 않는 남은 음식물의 처리

- 남은 음식물의 양이 적다 하더라도 기름기 많은 고기류, 전분이 함유된 중국 음식물 등은 다른 음식물에 비해 건조가 잘 되지 않으니 '6 ~ 8HOURS' 버튼을 눌러 작동시켜 주시고, 기름기가 너무 많아 8시간에도 건조처리가 잘 안 되었을 경우에는 3시간만 더 건조시키면 완전히 해결됩니다.

4. 건조처리가 끝나면 전용용기에 따로 보관하십시오.

- 처리된 건조물은 별도의 보관용기에 모아 두었다가 한 번에 버리시면 됩니다. 가급적 처리가 끝나고 바로 보관용기에 비워 주십시오.
- 처리된 건조물은 비닐봉지에 넣어 두 손으로 가볍게 비벼주시면 부피가 더 줄어들어 많은 양을 보관할 수 있습니다.
- 에밀리는 타제품에 비해 건조상태가 월등하여 한 번 건조된 건조물은 일정기간 동안 다시 부패되지 않습니다.

5. 건조처리 전에 굳이 이물질을 골라낼 필요가 없습니다.

- 건조처리 전에 지저분하게 음식물 속에서 굳이 먼저 골라낼 필요가 없습니다. 완전 건조 후 이물질 등을 편하게 골라내면 됩니다.
- 밥이나 전분류가 뭉쳐있으면 건조가 잘 안 될 수가 있으니 가급적 틈을 이용하여 흩뜨려서 바스켓에 넣어 주세요.

6. 건조바스켓의 청소

- 건조바스켓을 비우고 바스켓에 붙은 이물질은 물을 담은 용기에 30분 정도 담가 놓은 후 꺼내서 수세미로 가볍게 문지르면 깨끗하게 처리됩니다.

7. 일반쓰레기로 분류되는 물질
• 조개껍데기, 계란껍데기, 과일껍질, 조리하지 않은 채소류(마늘껍질, 파 뿌리, 양파 등의 껍질이나 다발) 등은 일반쓰레기로 분류됩니다. • 수박이나 과일, 채소 등 부피가 큰 것들은 최대한 잘게 잘라서 넣어야 더 많은 양을 건조시킬 수 있으며 더욱 빨리 처리할 수 있습니다.

45 에밀리를 설치하여 사용하던 중에 진동에 의한 소음이 발생하였다. 다음 중 해결 방법으로 옳은 것은?

① 전원램프가 켜졌는지 확인한다.
② 벽면에서 10cm 이상 떨어지게 한다.
③ 음식물의 양을 줄인다.
④ 에밀리의 수평을 맞춘다.

46 다음 중 에밀리를 사용하여 음식물을 건조하는 과정으로 옳지 않은 것은?

① 마늘껍질은 일반쓰레기로 처리한다.
② 기름이 많은 고기류는 '6 ~ 8HOURS' 버튼을 눌러 작동시킨다.
③ 음식물 건조처리 전에 이물질을 골라낸다.
④ 수박은 최대한 잘게 잘라 넣는다.

47 에밀리에 남은 음식물을 넣어 전원램프를 확인한 후 시간 버튼을 눌렀는데 작동되지 않았다. 다음 중 해결 방법으로 옳은 것은?

① 전원코드가 꽂혀 있는지 확인한다.
② 음식물의 양을 줄인다.
③ 바스켓을 청소한다.
④ 틀을 이용하여 음식물을 흩뜨린다.

48 에밀리를 사용하여 '3HOURS' 버튼을 눌러 한 번 사용하고, 다음에 '6HOURS' 버튼을 눌러 사용하였다면 실제 총 건조시간은?

① 6시간
② 9시간
③ 9시간 반
④ 10시간

49 다음은 제품 매뉴얼과 업무 매뉴얼을 설명한 글이다. 이를 이해한 내용으로 옳지 않은 것은?

> 제품 매뉴얼이란 사용자를 위해 제품의 특징이나 기능 설명, 사용방법과 고장 조치방법, 유지 보수 및 A/S, 폐기까지 제품에 관련된 모든 서비스에 대해 소비자가 알아야 할 모든 정보를 제공하는 것을 말한다.
> 업무 매뉴얼이란 어떤 일의 진행 방식, 지켜야 할 규칙, 관리상의 절차 등을 일관성 있게 여러 사람이 보고 따라할 수 있도록 표준화하여 설명하는 지침서이다.

① 제품 매뉴얼은 제품의 설계상 결함이나 위험 요소를 대변해야 한다.
② '재난대비 국민행동 매뉴얼'은 업무 매뉴얼의 사례로 볼 수 있다.
③ 제품 매뉴얼과 업무 매뉴얼 모두 필요한 정보를 빨리 찾을 수 있도록 구성되어야 한다.
④ 제품 매뉴얼은 제품의 의도된 안전한 사용과 사용 중 해야 할 일 또는 하지 말아야 할 일까지 정의해야 한다.

50 다음은 기술선택을 설명한 글이다. 이를 이해한 내용으로 옳지 않은 것은?

> 기술선택이란 기업이 어떤 기술에 대하여 외부로부터 도입하거나 또는 그 기술을 자체 개발하여 활용할 것인가를 결정하는 것이다. 기술을 선택하는 데에 대한 의사결정은 크게 다음과 같이 두 가지 방법으로 볼 수 있다.
> 먼저 상향식 기술선택(Bottom – Up Approach)은 기업 전체 차원에서 필요한 기술에 대한 체계적인 분석이나 검토 없이 연구자나 엔지니어들이 자율적으로 기술을 선택하도록 하는 것이다.
> 다음으로 하향식 기술선택(Top – Down Approach)은 기술경영진과 기술기획담당자들에 의한 체계적인 분석을 통해 기업이 획득해야 하는 대상기술과 목표기술수준을 결정하는 것이다.

① 상향식 기술선택은 기술자들의 창의적인 아이디어를 얻기 어려운 단점을 볼 수 있다.
② 하향식 기술선택은 먼저 기업이 직면하고 있는 외부 환경과 보유 자원에 대한 분석을 통해 중장기적인 사업목표를 설정하는 것이다.
③ 상향식 기술선택은 시장의 고객들이 요구하는 제품이나 서비스를 개발하는 데 부적합한 기술이 선택될 수 있다.
④ 하향식 기술선택은 사업전략의 성공적인 수행을 위해 필요한 기술들을 열거하고, 각각의 기술에 대한 획득의 우선순위를 결정하는 것이다.

제3회 국가철도공단

NCS 직업기초능력평가

〈문항 및 시험시간〉

영역	문항 수	시험시간	모바일 OMR 답안채점 / 성적분석 서비스
[공통] 의사소통능력+수리능력+ 문제해결능력+자원관리능력 [사무직] 조직이해능력 [기술직] 기술능력	50문항	50분	사무직 기술직

국가철도공단 신입직원 필기전형	
제3회 최종모의고사	문항 수 : 50문항 시험시간 : 50분

| 01 | 공통

01 **다음 중 밑줄 친 ㉠～㉣에 대한 설명으로 적절하지 않은 것은?**

사유 재산 제도와 시장 경제가 자본주의의 양대 축을 이루기 때문에 토지 또한 민간의 소유여야만 한다고 하는 이들이 많다. 토지사유제의 정당성을 그것이 자본주의의 성립 근거라는 점에서 찾고자 하는 학자도 있다. 토지에 대해서는 절대적이고 배타적인 소유권을 인정할 수 없다고 하면 이들은 신성불가침 영역에 대한 도발이라며 이에 반발한다. 토지가 일반 재화나 자본에 비해 지닌 근본적인 차이는 무시하고 말이다. 과연 자본주의 경제는 토지사유제 없이 성립할 수 없는 것일까?

싱가포르, 홍콩, 대만, 핀란드 등의 사례는 위의 물음에 직접적인 답변을 제시한다. 이들은 토지공유제를 시행하였거나 토지의 공공성을 인정했음에도 불구하고 자본주의의 경제를 모범적으로 발전시켜 온 사례이다. 물론 토지사유제를 당연하게 여기는 사람들이 이런 사례들을 토지 공공성을 인정해야만 하는 당위의 근거로서 받아들이는 것은 아니다. 그들은 오히려 토지의 공공성 강조가 사회주의적 발상이라고 비판한다. 하지만 이와 같은 비판은 토지와 관련된 권리 제도에 대한 무지에 기인한다.

토지 소유권은 사용권, 처분권, 수익권의 세 가지 권리로 구성된다. 각각의 권리를 누가 갖느냐에 따라 토지 제도는 다음과 같이 분류된다. 세 권리 모두 민간이 갖는 ㉠ <u>토지사유제</u>, 세 권리 모두 공공이 갖는 ㉡ <u>사회주의적 토지공유제</u>, 그리고 사용권은 민간이 갖고 수익권은 공공이 갖는 ㉢ <u>토지가치공유제</u>이다. 한편, 토지가치공유제는 처분권을 누가 갖느냐에 따라 두 가지 제도로 분류된다. 처분권을 완전히 민간이 갖는 토지가치세제와 공공이 처분권을 갖지만 사용권을 가진 자에게 한시적으로 처분권을 맡기는 ㉣ <u>토지공공임대제</u>이다. 토지 소유권을 구성하는 세 가지 권리를 민간과 공공이 적당히 나누어 갖는 경우가 많으므로 실제의 토지 제도는 이 분류보다 훨씬 더 다양하다.

이 중 자본주의 경제와 결합할 수 없는 토지 제도는 사회주의적 토지공유제뿐이다. 물론 어느 토지 제도가 더 나은 경제적 성과를 보이는가는 그 이후의 문제이다. 토지사유제 옹호론에 따르면, 토지 자원의 효율적 배분이 가능하기 위해 토지에 대한 절대적, 배타적 소유권을 인정해야만 한다. 토지사유제만이 토지의 오용을 막을 수 있으며, 나아가 토지 사용의 안정성을 보장할 수 있다는 것이다. 하지만 토지 자원의 효율적 배분을 위해 토지의 사용권, 처분권, 수익권 모두를 민간이 가져야 할 필요는 없다. 토지 위 시설물에 대한 소유권을 민간이 갖고, 토지에 대해서 민간은 배타적 사용권만 가지면 충분하다.

① ㉠ : 토지 소유권을 민간이 갖는다.
② ㉡ : 자본주의 경제와 결합할 수 없다.
③ ㉢ : 처분권을 누가 갖느냐에 따라 토지가치세제와 토지공공임대제로 구분된다.
④ ㉣ : 처분권은 민간이 갖고, 사용권과 수익권은 공공이 갖는다.

02 다음 문단을 논리적 순서대로 바르게 나열한 것은?

(가) 이는 대부분의 족보가 처음 편찬된 조선 중기나 후기까지는 적어도 '단군'이라는 공통의 조상을 모신 단일 민족이라는 의식이 별로 없었다는 증거가 된다.
(나) 우리는 한 명의 조상으로부터 퍼져 나온 단일 민족일까? 고대부터 고려 초에 이르기까지 대규모로 인구가 유입된 사례는 수없이 많다.
(다) 각 성씨의 족보를 보더라도 자기 조상이 중국으로부터 도래했다고 주장하는 귀화 성씨가 적지 않다. 또 한국의 토착 성씨인 김 씨나 박 씨를 보더라도 그 시조는 알에서 태어났지 단군의 후손임을 표방하지는 않는다.
(라) 또한 엄격한 신분제가 유지된 전통 사회에서 천민과 지배층이 같은 할아버지의 자손이라는 의식은 존재할 여지가 없다.

① (나) – (다) – (가) – (라)
② (나) – (라) – (다) – (가)
③ (다) – (가) – (라) – (나)
④ (라) – (가) – (다) – (나)

03 다음 글의 주제로 가장 적절한 것은?

'있어빌리티'는 '있어 보인다.'와 능력을 뜻하는 영어 단어인 'Ability'를 합쳐 만든 신조어로, 실상은 별거 없지만, 사진이나 영상을 통해 뭔가 있어 보이게 자신을 잘 포장하는 능력을 의미한다. 이처럼 있어빌리티는 허세, 과시욕 등의 부정적인 단어와 함께 사용되어 왔다. 그러나 기업과 마케팅 전문가들은 있어빌리티를 중요한 마케팅 포인트로 생각하고, 있어 보이고 싶은 소비자의 심리를 겨냥해 마케팅 전략을 세운다. 있어 보이기 위한 연출에는 다른 사람이 사용하는 것과는 다른 특별한 상품이 필요하기 때문이다. 과거에는 판매하는 제품이나 서비스가 얼마나 괜찮은지를 강조하기 위한 홍보 전략이 성행했다면, 최근에는 특정 상품을 구매하고 서비스를 이용하는 소비자가 얼마나 특별한지에 대해 강조하는 방식이 많다. VIP 마케팅 또한 있어빌리티를 추구하는 소비자들을 위한 마케팅 전략이다. VIP에 속한다는 것 자체가 자신이 특별한 사람이라는 것을 증명하기 때문이다.

① 자기 과시의 원인
② 자기표현의 중요성
③ 자기 과시 욕구의 문제점
④ 자기 과시를 활용한 마케팅 전략

04 다음은 문서의 기능에 대한 설명이다. 빈칸에 들어갈 말이 바르게 연결된 것은?

1) 문서는 사람의 의사를 구체적으로 표현하는 기능을 갖는다. 사람이 가지고 있는 주관적인 의사는 문자·숫자·기호 등을 활용하여 종이나 다른 매체에 표시하여 문서화함으로써 그 내용이 ___㉠___ 된다.
2) 문서는 자신의 의사를 타인에게 ___㉡___ 하는 기능을 갖는다. 문서에 의한 의사 ___㉡___ 은 전화나 구두로 ___㉡___ 하는 것보다 좀 더 정확하고 변함없는 내용을 ___㉡___ 할 수 있다.
3) 문서는 의사를 오랫동안 ___㉢___ 하는 기능을 갖는다. 문서로써 ___㉡___ 된 의사는 지속적으로 ___㉢___ 할 수 있고 역사자료로서 가치를 갖기도 한다.

	㉠	㉡	㉢
①	상징화	교환	정리
②	상징화	전달	정리
③	구체화	교환	보존
④	구체화	전달	보존

05 다음 중 대화 상황에서 바람직한 경청 방법으로 가장 적절한 것은?

① 상대의 말에 대한 원활한 대답을 위해 상대의 말을 들으면서 미리 대답할 말을 준비한다.
② 대화내용에서 상대방의 잘못이 드러나는 경우, 교정을 위해 즉시 비판적인 조언을 해준다.
③ 상대의 말을 모두 들은 후에 적절한 행동을 하도록 한다.
④ 상대가 전달할 내용에 대해 미리 짐작하여 대비한다.

06 다음에서 나타나는 C씨의 경청을 방해하는 습관으로 가장 적절한 것은?

C씨는 상대방이 상담을 요청하면 상담자의 말에 빠르게 대답한다. 상대방이 "나 요즘 너무 힘들어."라고 하면, 바로 "그래. 네 말이 맞아." 또는 "미안해요. 앞으로 안 그럴게요."라고 바로 대답하는 등 상대방이 걱정이나 불안을 말하자마자 지지하고 동의하는 데 치중해서 상대방에게 자신의 생각이나 감정을 충분히 표현할 시간을 주지 않는다.

① 걸러내기 ② 다른 생각하기
③ 조언하기 ④ 비위 맞추기

07 다음 빈칸에 들어갈 접속어로 가장 적절한 것은?

우리나라는 빠른 속도로 증가하는 치매의 사회경제적 부담에 대응하기 위하여 선제적으로 치매환자와 가족을 위한 정책 비전을 제시하고, 치매국가책임제 발표를 통해 관련한 세부 과제들을 더욱 구체화함으로써 큰 틀에서의 방향성이 확고히 마련되었다고 볼 수 있다. 하지만 이렇게 마련된 정책이 국민에게 맞춤형으로 적절히 제공되기 위해서는 수립된 계획을 적극적으로 추진해 나갈 수 있도록 재정확보, 전문 인력 양성, 국민의 인식제고 등의 노력이 함께 뒷받침되어야 한다.

이번에 제시된 치매국가책임제의 내용은 제3차 국가치매관리종합계획에서 제시한 치매환자를 위한 보건복지 관련 정책 및 제도적 추진 방향을 보다 구체화하고 확대하였다는 점에서 큰 의의가 있다. 그럼에도 불구하고 치매안심센터가 지역 내 치매환자를 위한 종합적인 정보제공, 상담 등의 역할을 충실히 담당해나갈 수 있도록 기능을 명확히 하고 관계자들의 전문성 확보, 효과적인 기관 설립 및 운영이 가능할 수 있도록 정부차원의 적극적인 지원이 필요할 것으로 사료된다. ______ 치매환자를 위한 장기요양서비스를 확대함에 있어서도 인프라 확충과 함께 관련 직종의 관계자가 치매케어를 보다 전문적으로 수행할 수 있도록 치매증상에 맞춘 서비스 제공기술 고도화 등의 노력이 전제되어야 할 것이며, 의료서비스 기관의 확충 역시 충분히 그 역할을 담당해 나갈 수 있도록 정책적 지원이 수반되어야 한다.

치매환자 및 가족을 위한 관련 정책을 신속히 안착시키기 위해서는 지역주민들이 치매환자에 대한 부정적 인식을 가지기보다는 일상생활상의 불편함을 함께 극복해 나가는 사회적 분위기가 조성될 수 있도록 국민들의 치매에 대한 관심을 높이고, 홍보를 적극적으로 추진해 나가는 노력이 필요하다. 무엇보다도 치매질환을 갖고 있다고 해서 시설이나 병원으로 가야 할 것이 아니라, 충분히 내 집에서, 우리 동네에서 살아갈 수 있음을 제시해 주는 인식 대전환의 기회들이 적극적으로 제시되어야 할 것이다.

① 그러나　　② 이렇듯
③ 하지만　　④ 또한

08 다음 사례에 나타난 A씨의 문제점으로 가장 적절한 것은?

안 좋은 일이 발생하면 항상 자신을 탓하는 편인 A씨는 친구가 약속 시간에 늦는 경우에도 "내가 빨리 나온 게 죄지."라고 말한다. 또한 A씨는 평소 사소한 실수에도 '죄송합니다.', '미안합니다.' 등의 표현을 입에 달고 산다. 다른 사람에 의해 발생한 실수에도 자신이 미안해하는 탓에 A씨를 잘 모르는 사람들은 A씨를 예의 바른 사람으로 평가한다. 그러나 A씨를 오랫동안 지켜본 사람들은 A씨의 그런 태도가 오히려 A씨의 이미지를 부정적으로 만들고 있다고 이야기한다.

① 무엇을 보든지 부정적으로 평가를 내린다.
② 상대의 말에 공감을 하지 않는다.
③ 낮은 자존감과 열등감으로 자기 자신을 대한다.
④ 자신의 대화 패턴을 제대로 이해하지 못한다.

09 다음 중 빈칸에 들어갈 말로 가장 적절한 것은?

서울의 청계광장에는 〈스프링(Spring)〉이라는 다슬기 형상의 대형 조형물이 설치되어 있다. 이것을 기획한 올든버그는 공공장소에 작품을 설치하여 대중과 미술의 소통을 이끌어내려 했다. 이와 같이 대중과 미술의 소통을 위해 공공장소에 설치된 미술 작품 또는 공공영역에서 이루어지는 예술 행위 및 활동을 공공미술이라 한다.

1960년대 후반부터 1980년까지의 공공미술은 대중과 미술의 소통을 위해 작품이 설치되는 장소를 점차 확장하는 쪽으로 전개되었기 때문에 장소 중심의 공공미술이라 할 수 있다. 초기의 공공미술은 이전까지는 미술관에만 전시되던 작품을 사람들이 자주 드나드는 공공건물에 설치하기 시작했다. 하지만 이렇게 공공건물에 설치된 작품들은 건물의 장식으로 인식되어 대중과의 소통에 한계가 있었기 때문에, 작품이 설치되는 공간은 공원이나 광장 같은 공공장소로 확장되었다. 그러나 공공장소에 놓이게 된 작품들이 주변 공간과 어울리지 않거나, 미술가의 미학적 입장이 대중에게 수용되지 못하는 일들이 벌어졌다. 이는 소통에 대한 미술가의 반성으로 이어졌고, 시간이 지남에 따라 공공미술은 점차 주변의 삶과 조화를 이루는 방향으로 발전하였다.

1990년대 이후의 공공미술은 참된 소통이 무엇인가에 대해 진지하게 성찰하며, 대중을 작품 창작 과정에 참여시키는 쪽으로 전개되었기 때문에 참여 중심의 공공미술이라 할 수 있다. 이때의 공공미술은 대중들이 작품 제작에 직접 참여하게 하거나, 작품을 보고 만지며 체험하는 활동 속에서 작품의 의미를 완성할 수 있도록 하여 미술가와 대중, 작품과 대중 사이의 소통을 강화하였다. 즉, 장소 중심의 공공미술이 이미 완성된 작품을 어디에 놓느냐에 주목하던 '결과 중심'의 수동적 미술이라면, 참여 중심의 공공미술은 '과정 중심'의 능동적 미술이라고 볼 수 있다.

그런데 공공미술에서는 대중과의 소통을 위해 누구나 쉽게 다가가 감상할 수 있는 작품을 만들어야 하므로, 미술가는 자신의 미학적 입장을 어느 정도 포기해야 한다고 우려할 수도 있다. 그러나 이러한 우려는 대중의 미적 감상 능력을 무시하는 편협한 시각이다. 왜냐하면 추상적이고 난해한 작품이라도 대중과의 소통의 가능성은 늘 존재하기 때문이다. 따라서 ____________________ 공공미술가는 예술의 자율성과 소통의 가능성을 높이기 위해 대중의 예술적 감성이 어떠한지, 대중이 어떠한 작품을 기대하는지 면밀히 분석하여 작품을 창작해야 한다.

① 공공미술은 대중과의 소통에 한계가 있으므로 대립되기 마련이다.

② 공공영역에서 이루어지는 예술은 대중과의 소통을 위한 작품이기 때문에 수동적 미술이어야 한다.

③ 공공미술에서 예술의 자율성은 소통의 가능성과 대립하지 않는다.

④ 공공미술은 예술의 자율성이 보장되어야 하므로, 대중의 뜻이 미술작품에 반드시 반영되어야 한다.

10 다음 글을 읽은 독자의 반응으로 적절하지 않은 것은?

지름 10μm 이하인 미세먼지는 각종 호흡기 질환을 유발할 수 있기 때문에, 예방 차원에서 대기 중 미세먼지의 농도를 알 필요가 있다. 이를 위해 미세먼지 측정기가 개발되었는데, 이 기기들은 대부분 베타선 흡수법을 사용하고 있다. 베타선 흡수법을 이용한 미세먼지 측정기는 입자의 성분에 상관없이 설정된 시간에 맞추어 미세먼지의 농도를 자동적으로 측정한다. 이 기기는 크게 분립 장치, 여과지, 베타선 광원 및 감지기, 연산 장치 등으로 구성된다.

미세먼지의 농도를 측정하기 위해서는 우선 분석에 쓰일 재료인 시료의 채취가 필요하다. 시료인 공기는 흡인 펌프에 의해 시료 흡입부로 들어오는데, 이때 일정한 양의 공기가 일정한 시간 동안 유입되도록 설정된다. 분립 장치는 시료 흡입부를 통해 유입된 공기 속 입자 물질을 내부 노즐을 통해 가속한 후, 충돌판에 충돌시켜 10μm보다 큰 입자만 포집하고 그보다 작은 것들은 통과할 수 있도록 한다.

결국 지름 10μm보다 큰 먼지는 충돌판에 그대로 남고, 이보다 크기가 작은 미세먼지만 아래로 떨어져 여과지에 쌓인다. 여과지는 긴 테이프의 형태로 되어 있으며, 일정 시간 미세먼지를 포집한다. 여과지에 포집된 미세먼지는 베타선 광원과 베타선 감지기에 의해 그 질량이 측정된 후 자동 이송 구동 장치에 의해 밖으로 배출된다.

방사선인 베타선을 광원으로 사용하는 이유는 베타선이 어떤 물질을 통과할 때, 그 물질의 질량이 커질수록 베타선의 세기가 감쇠하는 성질이 있기 때문이다. 또한 종이는 빠르게 투과하나 얇은 금속판이나 플라스틱은 투과할 수 없어, 안전성이 뛰어나다. 베타선 광원에서 조사(照射)된 베타선은 여과지 위에 포집된 미세먼지를 통과하여 베타선 감지기에 도달하게 된다. 이때 감지된 베타선의 세기는 미세먼지가 없는 여과지를 통과한 베타선의 세기보다 작을 수밖에 없다. 왜냐하면 베타선이 여과지 위에 포집된 미세먼지를 통과할 때, 그 일부가 미세먼지 입자에 의해 흡수되거나 소멸되기 때문이다. 따라서 미세먼지가 없는 여과지를 통과한 베타선의 세기와 미세먼지가 있는 여과지를 통과한 베타선의 세기에는 차이가 발생한다.

베타선 감지기는 이 두 가지 베타선의 세기를 데이터 신호로 바꾸어 연산 장치에 보낸다. 연산 장치는 이러한 데이터 신호를 수치로 환산한 후 미세먼지가 흡수한 베타선의 양을 고려하여 여과지에 포집된 미세먼지의 질량을 구한다. 이렇게 얻은 미세먼지의 질량은 유량 측정부를 통해 측정한, 시료 포집 시 흡입된 공기량을 감안하여 ppb단위를 갖는 대기 중의 미세먼지 농도로 나타나게 된다.

① 미세먼지 측정기는 미세먼지 농도 측정 시 미세먼지의 성분에 영향을 받는군.
② 베타선 감지기는 베타선 세기를 데이터 신호로 바꾸어 주는 장치겠군.
③ 대기 중 미세먼지의 농도 측정은 시료의 채취부터 시작하겠군.
④ 베타선은 플라스틱으로 만들어진 물체를 투과하지 못하겠군.

11 일정한 규칙으로 수를 나열할 때, 빈칸에 들어갈 알맞은 수는?

5 3 4 −2 ( ) −28

① 12 ② −14
③ 17 ④ −20

12 A, B가 서로 일직선상으로 20km 떨어져 마주보는 위치에 있고, A로부터 7.6km 떨어진 곳에는 400m 길이의 다리가 있다. A가 먼저 시속 6km로 출발하고, B가 x분 후에 시속 12km로 출발하여 A와 B가 다리 위에 위치한다고 할 때, x의 최댓값과 최솟값의 차는?(단, 다리와 일반 도로 사이의 경계는 다리에 포함한다)

① 4 ② 5
③ 6 ④ 7

13 A씨는 졸업심사인 논문심사 과정을 진행하고 있다. A씨의 대학교에서는 논문심사 과정의 총점 10점 만점 중 평균점수가 8점 이상이 되어야 졸업할 수 있다. A씨를 심사하는 교수는 총 3명이고, 현재 2명의 교수가 각각 7.5점, 6.5점으로 채점하였을 때, A씨가 졸업하기 위해서는 마지막 교수가 몇 점을 부여해야 하는가?

① 10점 ② 9.5점
③ 9점 ④ 8.5점

14 K전자의 TV와 냉장고의 판매량 비율은 작년 3 : 2에서 올해 13 : 9로 변하였다. 올해 TV와 냉장고의 총판매량이 작년보다 10% 증가하였을 때, 냉장고의 판매량은 작년보다 몇 % 증가하였는가?

① 11.5% ② 12%
③ 12.5% ④ 13%

15 현재 통장에 형은 0원이 있고, 동생은 10,000원이 있다. 형은 한 달에 2,000원씩을 저금하고, 동생은 1,500원을 저금한다고 할 때, 형의 통장 잔액이 동생보다 많아지려면 몇 개월이 지나야 하는가?

① 21개월
② 26개월
③ 31개월
④ 32개월

16 농도 12%의 소금물과 5%의 소금물을 섞어서 10%의 소금물 300g을 만들려고 한다. 필요한 5%의 소금물의 양을 구하면?

① $\frac{550}{7}$g
② $\frac{600}{7}$g
③ $\frac{650}{7}$g
④ 100g

17 K공단은 전 직원에게 자기계발 교육비용을 일부 지원하기로 하였다. 총무인사팀 A ~ E 5명의 직원이 다음 자료와 같이 교육프로그램을 신청하였을 때, K공단에서 총무인사팀 직원들에게 지원하는 총교육비는 얼마인가?

〈자기계발 교육비용 및 지원 금액〉

구분	영어회화	컴퓨터 활용능력	세무회계
수강료	70,000원	50,000원	60,000원
지원 금액 비율	50%	40%	80%

〈신청한 교육프로그램〉

구분	영어회화	컴퓨터 활용능력	세무회계
A	○	-	○
B	○	○	○
C	-	○	○
D	○	-	-
E	-	○	-

① 307,000원
② 308,000원
③ 309,000원
④ 310,000원

18 다음은 K국의 19세 이상 성인의 흡연율과 고위험 음주율을 조사한 자료이다. 이에 대한 설명으로 옳지 않은 것은?

〈연도별 19세 이상 성인의 흡연율과 고위험 음주율〉

(단위 : %)

구분	흡연율			고위험 음주율		
	전체	남자	여자	전체	남자	여자
2018년	26.3	46.8	6.5	13.6	23.1	4.4
2019년	25.0	43.3	7.4	13.4	21.9	5.3
2020년	23.2	41.4	5.7	11.9	19.4	4.8
2021년	23.3	42.3	5.1	13.1	20.6	5.9
2022년	21.6	38.3	5.3	12.7	20.5	5.1
2023년	22.6	39.4	6.1	13.2	21.2	5.4

※ 고위험 음주율
- 1회 평균 음주량
  - 남자 7잔 이상
  - 여자 5잔 이상
- 주 2회 이상 음주

〈2023년 연령대별 흡연율과 고위험 음주율〉

(단위 : %)

구분	흡연율			고위험 음주율		
	전체	남자	여자	전체	남자	여자
19 ~ 29세	25.4	41.7	7.2	13.8	17.7	9.6
30 ~ 39세	30.4	51.5	7.6	16.4	23.5	8.6
40 ~ 49세	25.0	43.9	5.6	15.8	25.7	5.7
50 ~ 59세	22.7	38.2	7.1	15.4	26.0	4.9
60 ~ 69세	14.6	25.7	4.0	9.0	17.5	0.9
70세 이상	9.1	18.0	3.4	2.7	6.3	0.3

① 2023년 50대 이상 연령대의 전체 흡연율의 합은 2023년 19세 이상 성인의 전체 흡연율보다 낮다.

② 2023년 여자의 경우, 연령대가 높아질수록 고위험 음주율은 감소한다.

③ 2023년 고위험 음주율은 남자는 50 ~ 59세, 여자는 19 ~ 29세가 연령대에서 가장 높다.

④ 2023년 19세 이상 성인의 흡연율 및 고위험 음주율은 2018년 대비 감소하였다.

19 다음은 업종별 해외 현지 자회사 법인 현황에 대한 자료이다. 이에 대한 설명으로 옳지 않은 것은?

〈업종별 해외 현지 자회사 법인 현황〉

(단위 : 개, %)

구분	사례 수	진출형태별					
		단독법인	사무소	합작법인	지분투자	유한회사	무응답
주조	4	36.0	36.0	–	–	–	28.0
금형	92	35.4	44.4	14.9	1.7	–	3.5
소성가공	30	38.1	–	15.2	–	–	46.7
용접	128	39.5	13.1	–	1.7	–	45.7
표면처리	133	66.4	14.8	9.0	–	2.4	7.3
열처리	–	–	–	–	–	–	–
전체	387	47.6	20.4	7.8	1.0	0.8	22.4

① 단독법인 형태의 소성가공 업체의 수는 10개 이상이다.
② 모든 업종에서 단독법인 형태로 진출한 현지 자회사 법인의 비율이 가장 높다.
③ 표면처리 업체의 해외 현지 자회사 법인 중 유한회사의 형태인 업체는 2곳 이상이다.
④ 전체 업체 중 용접 업체의 해외 현지 자회사 법인의 비율은 30% 이상이다.

20 다음은 K공단의 신입사원 채용에 지원한 남성 · 여성 입사지원자 수와 합격자 수에 대한 자료이다. 이에 대한 설명으로 옳지 않은 것은?(단, 합격률 및 비율은 소수점 둘째 자리에서 반올림한다)

〈신입사원 채용 현황〉

(단위 : 명)

구분	입사지원자 수	합격자 수
남성	10,891	1,699
여성	3,984	624

① 입사지원자의 합격률은 15% 이상이다.
② 여성 입사지원자 대비 여성 합격자의 비중은 20% 미만이다.
③ 총 입사지원자 중에서 여성의 비중은 30% 미만이다.
④ 합격자 중 남성의 비율은 80% 이상이다.

21 **다음 중 문제해결을 위해 갖춰야 할 기본요소에 대한 설명으로 옳지 않은 것은?**

① 기존과 다른 방식으로 사고하기 위해 의식적인 노력을 기울인다.
② 문제해결에 관한 외부 강의 등을 수강하며, 문제해결을 위한 새로운 스킬을 습득한다.
③ 조직의 기능단위 수준에서 현 문제점을 분석하고 해결안을 도출하기 위해 노력한다.
④ 해결하기 어려운 문제에 당면하더라도 이를 통해 스스로를 더욱 발전시키겠다는 태도로 임한다.

22 **두 사람의 대화 내용에서 ㉠과 ㉡에 들어갈 문제해결 절차를 바르게 나열한 것은?**

> 강대리 : 팀장님, 아무래도 저희 시스템에 문제가 좀 있는 것 같습니다.
> 최팀장 : 갑자기 그게 무슨 소린가?
> 강대리 : ______㉠______
> 최팀장 : 그런 현상이 자꾸 발생한다면 큰 문제가 될 텐데, 왜 그런 현상이 나타나는 거지?
> 강대리 : ______㉡______

	㉠	㉡
①	문제 인식	문제 도출
②	문제 도출	원인 분석
③	원인 분석	실행 및 평가
④	해결안 개발	실행 및 평가

23 다음 글에서 말하는 '문제점'에 대해 바르게 말한 사람은?

> 문제란 목표와 현실과의 차이이다. 한 마디로 목표는 '어떻게 되었으면 좋겠는가?' 하는 전망을 말하고, 현 상황은 '어떻게 되어 있는가?' 하는 상태를 말한다. 여기서 차이는 목표와 현재 상황이 어긋났음을 의미한다. 문제점이란 '무엇 때문에 목표와 어긋났는가?'라는 질문에 대한 답변이다. 다시 말하면 문제점은 문제가 아니라 원인이다.

① 지혜 : 매출 목표를 100억 원으로 정했지만, 60억 원밖에 달성하지 못했어.

② 미란 : 교육훈련 시간이 부족해서 인력의 조기전력화가 불가능해졌어.

③ 건우 : 공사착공 후 13개월이 지났는데도 진척률이 95%밖에 안 돼.

④ 경현 : 태블릿 PC 생산 목표를 4만 대에서 3만 대로 줄일 수밖에 없었어.

24 K전자는 신제품으로 총 4대의 가정용 AI 로봇을 선보였다. 각각의 로봇은 전시장에 일렬로 전시되어 있는데, 한국어, 중국어, 일본어, 영어 중 한 가지만을 사용할 수 있다. 다음 〈조건〉을 만족할 때 옳은 것은?

〈조건〉

- 1번 로봇은 2번 로봇의 바로 옆에 위치해 있다.
- 4번 로봇은 3번 로봇보다 오른쪽에 있지만, 바로 옆은 아니다.
- 영어를 사용하는 로봇은 중국어를 사용하는 로봇의 바로 오른쪽에 있다.
- 한국어를 사용하는 로봇은 중국어를 사용하는 로봇의 옆이 아니다.
- 일본어를 사용하는 로봇은 가장자리에 있다.
- 3번 로봇은 일본어를 사용하지 않으며, 2번 로봇은 한국어를 사용하지 않는다.

① 1번 로봇은 영어를 사용한다.

② 3번 로봇이 가장 왼쪽에 위치해 있다.

③ 4번 로봇은 한국어를 사용한다.

④ 중국어를 사용하는 로봇은 일본어를 사용하는 로봇의 옆에 위치해 있다.

※ 다음은 K음료회사 사보에 올라온 SWOT 분석에 대한 글이다. 이어지는 질문에 답하시오. [25~26]

SWOT 분석은 기업의 내부 환경과 외부 환경을 분석하여 강점(Strength), 약점(Weakness), 기회(Opportunity), 위협(Threat) 요인을 규정하고 이를 토대로 경영 전략을 수립하는 기법으로, 미국의 경영컨설턴트인 알버트 험프리(Albert Humphrey)에 의해 고안되었다. SWOT 분석의 가장 큰 장점은 기업의 내·외부 환경 변화를 동시에 파악할 수 있다는 것이다. 기업의 내부 환경을 분석하여 강점과 약점을 찾아내며, 외부 환경 분석을 통해서는 기회와 위협을 찾아낸다. 강점, 약점, 기회, 위협의 특징은 아래와 같다.

- 강점(Strength) : 내부 환경(자사 경영 자원)의 강점
- 약점(Weakness) : 내부 환경(자사 경영 자원)의 약점
- 기회(Opportunity) : 외부 환경(경쟁, 고객, 거시적 환경)에서 비롯된 기회
- 위협(Threat) : 외부 환경(경쟁, 고객, 거시적 환경)에서 비롯된 위협

이처럼 SWOT 분석은 외부로부터 온 기회는 최대한 살리고 위협은 회피하는 방향으로 자신의 강점은 최대한 활용하고 약점은 보완한다는 논리에 기초를 두고 있다. SWOT 분석에 의한 경영 전략은 다음과 같이 정리할 수 있다.

- SO전략(강점 – 기회 전략) : 강점을 살려 기회를 포착
- ST전략(강점 – 위협 전략) : 강점을 살려 위협을 회피
- WO전략(약점 – 기회 전략) : 약점을 보완하여 기회를 포착
- WT전략(약점 – 위협 전략) : 약점을 보완하여 위협을 회피

이러한 SWOT 분석은 방법론적으로 간결하고 응용범위가 넓은 일반화된 분석 기법이기 때문에 여러 분야에서 널리 사용되고 있다.

25 현재 K음료회사에 근무 중인 A사원은 아래와 같은 내용으로 신제품을 발표하고자 한다. 발표내용을 볼 때, SWOT 분석에 의한 경영 전략 중 가장 적절한 것은?

올해 K음료회사의 신제품인 W음료는 천연재료로부터 추출한 향료로 만든 건강음료로 인공향료나 방부제가 전혀 없습니다. 특히 W음료는 제약산업과 동일한 등급의 철저한 위생 관리가 이뤄지고 있으며 열과 압력을 통과한 음료를 정제된 질소 포장으로 보관·유통하기 때문에 깨끗하고 위생적입니다. 건강음료를 선호하고 식품의 위생을 중요시하는 오늘날의 트렌드에 적합하므로 높은 매출을 기록할 것으로 예상됩니다.

① SO전략(강점 – 기회 전략)
② ST전략(강점 – 위협 전략)
③ WO전략(약점 – 기회 전략)
④ WT전략(약점 – 위협 전략)

26 K음료회사에 근무하는 B사원은 SWOT 분석에 대한 글을 읽고, 현재 K음료회사의 강점, 약점, 기회, 위협 부분을 아래와 같이 정리하였다. 정리된 내용을 토대로 다음과 같은 경영 전략을 제시하였을 때, B사원이 제시한 전략 중 SWOT 분석에 의한 경영 전략에 포함되지 않는 것은?

〈SWOT 분석〉

구분	내용
강점(Strength)	• 높은 브랜드 가치 • 우리나라에서 가장 큰 음료회사 • 강력한 마케팅 및 광고
약점(Weakness)	• 탄산음료에 치중 • 다각화 부족 • 부정적인 평판
기회(Opportunity)	• 음료 소비 성장세 • 생수 수요 증가 • 생산 재료 가격의 하락
위협(Threat)	• 경쟁자 음료를 찾는 변화된 수요 • 탄산음료 산업에서 경쟁 심화 • 국가별로 강력한 현지 브랜드 존재

① 사회공헌 활동을 통해 '착한 기업' 이미지를 확보하여 경쟁시장에서 이길 수 있도록 한다.
② K음료회사의 차별화된 광고를 통해 음료 소비의 성장세를 극대화하도록 한다.
③ 현재의 부정적인 평판을 극복하기 위해 소비자들을 위한 효과적인 마케팅을 계획한다.
④ 탄산음료만이 아닌 건강음료를 개발하여 생수를 선호하는 건강시대에 발맞춰 생산한다.

※ 다음은 보조배터리를 생산하는 K사의 시리얼넘버에 대한 자료이다. 이어지는 질문에 답하시오. **[27~28]**

〈시리얼넘버 부여 방식〉

시리얼넘버는 [제품분류]-[배터리 형태][배터리 용량][최대 출력]-[고속충전 규격]-[생산날짜] 순서로 부여한다.

〈시리얼넘버 세부사항〉

제품분류	배터리 형태	배터리 용량	최대 출력
NBP : 일반형 보조배터리 CBP : 케이스 보조배터리 PBP : 설치형 보조배터리	LC : 유선 분리형 LO : 유선 일체형 DK : 도킹형 WL : 무선형 LW : 유선+무선	4 : 40,000mAH 이상 3 : 30,000mAH 이상 2 : 20,000mAH 이상 1 : 10,000mAH 이상	A : 100W 이상 B : 60W 이상 C : 30W 이상 D : 20W 이상 E : 10W 이상
고속충전 규격	**생산날짜**		
P31 : USB-PD3.1 P30 : USB-PD3.0 P20 : USB-PD2.0	B4 : 2024년 B3 : 2023년 B2 : 2022년 … A1 : 2011년	1 : 1월 2 : 2월 … 0 : 10월 A : 11월 B : 12월	01 : 1일 02 : 2일 … 30 : 30일 31 : 31일

27 다음 〈보기〉 중 시리얼넘버가 잘못 부여된 제품은 모두 몇 개인가?

〈보기〉

- NBP-LC4A-P20-B2102
- CBP-WK4A-P31-B0803
- NBP-LC3B-P31-B3230
- CNP-LW4E-P20-A7A29
- PBP-WL3D-P31-B0515
- CBP-LO3E-P30-A9002
- PBP-DK1E-P21-A8B12
- PBP-DK2D-P30-B0331
- NBP-LO3B-P31-B2203
- CBP-LC4A-P31-B3104

① 2개　　② 3개

③ 4개　　④ 5개

28 K사 고객지원부서에 재직중인 S주임은 보조배터리를 구매한 고객으로부터 다음과 같은 문의를 받았다. 해당 제품을 회사 데이터베이스에서 검색하기 위해 시리얼넘버를 입력할 때, 고객 제품의 시리얼넘버로 옳은 것은?

S주임 : 안녕하세요. K사 고객지원팀 S입니다. 무엇을 도와드릴까요?
고객 : 안녕하세요. 지난번에 구매한 보조배터리가 작동을 하지 않아서요.
S주임 : 네, 고객님. 해당 제품 확인을 위해 시리얼넘버를 알려 주시기 바랍니다.
고객 : 제품을 들고 다니면서 시리얼넘버가 적혀 있는 부분이 지워졌네요. 어떻게 하면 되죠?
S주임 : 고객님 혹시 구매하셨을 때 동봉된 제품설명서 가지고 계실까요?
고객 : 네, 가지고 있어요.
S주임 : 제품설명서 맨 뒤에 제품정보가 적혀 있는데요. 순서대로 불러 주시기 바랍니다.
고객 : 설치형 보조배터리에 70W, 24,000mAH의 도킹형 배터리이고, 규격은 USB-PD3.0이고, 생산날짜는 2024년 10월 12일이네요.
S주임 : 확인 감사합니다. 고객님 잠시만 기다려 주세요.

① PBP-DK2B-P30-B3012
② PBP-DK2B-P30-B4012
③ PBP-DK3B-P30-B3012
④ PBP-DK3B-P30-B4012

29 다음은 J시, K시의 연도별 회계 예산액 현황 자료이다. 이에 대한 설명으로 옳지 않은 것은?

〈J시, K시의 연도별 회계 예산액 현황〉

(단위 : 백만 원)

구분	J시			K시		
	일반회계	특별회계	합계	일반회계	특별회계	합계
2019년	1,523,038	427,965	1,951,003	984,446	265,220	1,249,666
2020년	1,688,922	485,801	2,174,723	1,094,510	280,839	1,375,349
2021년	1,772,835	486,577	2,259,412	1,134,229	264,336	1,398,565
2022년	1,874,484	481,090	2,355,574	1,085,386	325,007	1,410,393
2023년	2,187,790	298,335	2,486,125	1,222,957	287,994	1,510,951

① J시의 전체 회계 예산액이 증가한 시기에는 K시의 전체 회계 예산액도 증가했다.
② J시와 K시의 일반회계의 연도별 증감추이는 다르다.
③ 2021년 J시의 특별회계 예산액 대비 K시의 특별회계 예산액 비중은 50% 이상이다.
④ 2022년 K시 전체 회계 예산액에서 특별회계 예산액의 비중은 25% 이상이다.

30 K영화관의 1분기 입장객 수를 조사하여 보니 5,000명이 다녀간 것으로 나타났다. 영화관의 티켓은 청소년인 경우 5,000원, 성인은 8,000원이었으며, 1분기 총 수입액은 29,500,000원이었다. 〈보기〉의 영화관 직원 중 옳지 않은 분석을 한 사람은?

〈보기〉

A사원 : 전체 손님 중에서 청소년 관람객 수가 성인 관람객 수보다 많다.
B사원 : 영화관의 수익을 늘리려면 성인 관람객 유치에 더 신경 써야 한다.
C사원 : 청소년 관람객의 비율은 전체 65%가 넘지 않는다.
D사원 : 성인 관람객은 모두 1,500명이 다녀갔다.

① A사원
② B사원
③ C사원
④ D사원

31 K공단 기획부에 재직 중인 김대리는 목요일에 2박 3일 동안 일본으로 출장을 간다고 한다. 다음은 일본출장을 가기 위한 교통편에 대한 정보를 나타낸 자료이다. 김대리는 비행기를 탈 경우 기내식을 먹기 원하며, 크루즈를 이용할 경우 회사에서 선착장까지 너무 멀어 회사 차를 이용할 수 없다. 김대리가 다음 〈조건〉에 맞는 교통편을 선택한다고 할 때, 왕복 이용 시 비용은?(단, 비용에는 교통비와 식비를 포함한다)

〈교통편별 편도 금액 및 세부사항〉

구분	편도 금액	식사 포함 유무	좌석	비고
H항공사	310,000원	×	비즈니스석	식사별도 주문 가능 (10,000원/1식)
	479,000원	○	퍼스트 클래스	식사 포함, 왕복권 구입 시 10% 할인
P항공사	450,000원	○	퍼스트 클래스	식사 포함
N크루즈	292,000원	×	S석	음식 구매 가능 (9,000원/1식)
M크루즈	180,000원	○	B석	평일 이용 시 15% 할인

※ 크루즈 이용 시 회사에서 선착장까지 좌석버스요금은 25,000원이다(반대방향도 동일).
※ 모든 교통편 이용 시 식사는 한 번 먹는다.

〈조건〉

- 비행기는 비즈니스석 이상을 이용한다.
- 크루즈는 A석 또는 S석을 이용한다.
- 식사가 포함되지 않을 경우 별도 주문 및 구매한다.
- 한 가지 교통편만 이용한다.
- 가장 저렴한 교통편을 선택한다.

① 900,000원
② 862,200원
③ 652,000원
④ 640,000원

32 K공단은 창립 10주년을 맞이하여 전 직원 단합대회를 준비하고 있다. 이를 위해 여행상품 중 한 가지를 선정하려 하는데, 직원 투표 결과를 통해 결정하려고 한다. 직원 투표 결과와 여행지별 1인당 경비가 다음과 같고, 추가로 행사를 위한 부서별 고려사항을 참고하여 선택할 경우 〈보기〉 중 옳은 것을 모두 고르면?

〈직원 투표 결과〉

상품내용		투표 결과(표)					
여행상품	1인당 비용(원)	총무팀	영업팀	개발팀	홍보팀	공장1	공장2
A	500,000	2	1	2	0	15	6
B	750,000	1	2	1	1	20	5
C	600,000	3	1	0	1	10	4
D	1,000,000	3	4	2	1	30	10
E	850,000	1	2	0	2	5	5

〈여행상품별 혜택 정리〉

상품명	날짜	장소	식사제공	차량지원	편의시설	체험시설
A	5/10 ~ 5/11	해변	○	○	×	×
B	5/10 ~ 5/11	해변	○	○	○	×
C	6/7 ~ 6/8	호수	○	○	○	×
D	6/15 ~ 6/17	도심	○	×	○	○
E	7/10 ~ 7/13	해변	○	○	○	×

〈부서별 고려사항〉

- 총무팀 : 행사 시 차량 지원이 가능하다.
- 영업팀 : 6월 초순에 해외 바이어와 가격 협상 회의 일정이 있다.
- 공장1 : 3일 연속 공장 비가동 시 제품의 품질 저하가 예상된다.
- 공장2 : 7월 중순 공장 이전 계획이 있다.

〈보기〉

㉠ 필요한 여행상품 비용은 총 1억 500만 원이 필요하다.
㉡ 투표 결과, 가장 인기가 많은 여행상품은 B이다.
㉢ 공장1의 A, B 투표 결과가 바뀐다면 여행상품 선택은 변경된다.

① ㉠　　② ㉠, ㉡
③ ㉠, ㉢　　④ ㉡, ㉢

33 K공단은 역량평가를 통해 등급을 구분하여 성과급을 지급한다. 성과급 등급 기준이 아래와 같을 때, 〈보기〉의 A ~ D직원 중 S등급에 해당하는 사람은 누구인가?

〈성과급 점수별 등급〉

S등급	A등급	B등급	C등급
90점 이상	80점 이상	70점 이상	70점 미만

〈역량평가 반영 비율〉

구분	기본역량	리더역량	직무역량
차장	20%	30%	50%
과장	30%	10%	60%
대리	50%	–	50%
사원	60%	–	40%

※ 성과급 점수는 역량 점수(기본역량, 리더역량, 직무역량)를 직급별 해당 역량평가 반영 비율에 적용한 합산 점수이다.

〈보기〉

구분	직급	기본역량 점수	리더역량 점수	직무역량 점수
A	대리	85점	–	90점
B	과장	100점	85점	80점
C	사원	95점	–	85점
D	차장	80점	90점	85점

① A대리　　② B과장

③ C사원　　④ D차장

※ 다음은 물적자원을 효과적으로 관리하기 위한 과정을 나타낸 글이다. 이어지는 질문에 답하시오. [34~35]

(가) 물품을 적절하게 보관할 수 있는 장소를 선정하여야 한다. 종이류와 유리, 플라스틱 등은 그 재질의 차이로 인해서 보관 장소의 차이를 두는 것이 좋다. 특히 유리의 경우 쉽게 파손될 우려가 있기 때문에 따로 보관해야 한다. 또한, 물품의 무게와 부피에 따라서도 차이를 두어야 한다. 보관 장소에 따라 물품의 무게가 무겁거나 부피가 큰 것은 별도로 취급하는 것이 적절하다. 모든 물품을 같이 놓아두게 된다면 개별 물품의 훼손이 생길 수 있으므로 주의해야 한다.

(나) 보관의 원칙 중 동일성의 원칙과 유사성의 원칙에 따라 물품을 분류한다. 이는 보관한 물품을 다시 활용할 때 보다 쉽고 빠르게 찾을 수 있도록 하기 위해서이다. 특정 물품의 정확한 위치를 알 수 없어도 대략적인 위치를 알고 있다면 물품을 찾는 시간을 단축할 수 있기 때문이다.

(다) 물품을 정리하고 보관하고자 할 때, 해당 물품을 앞으로 계속 사용할 것인지, 그렇지 않을지를 구분해야 한다. 그렇지 않으면 가까운 시일 내에 활용하게 될 물품도 창고나 박스 등에 넣어 두었다가 다시 꺼내야 하는 경우가 발생하게 될 것이다. 처음부터 철저하게 물품의 활용계획이나 여부를 확인해야 이러한 시행착오를 예방할 수 있다.

34 다음 중 윗글을 효과적인 물적자원관리 과정에 따라 순서대로 바르게 나열한 것은?

① (가) – (나) – (다)
② (나) – (다) – (가)
③ (다) – (가) – (나)
④ (다) – (나) – (가)

35 다음 중 (가)에서 물품 보관 장소를 선정할 때의 기준으로 가장 적절한 것은?

① 물품의 재질
② 물품의 부피
③ 물품의 무게
④ 물품의 특성

36 A대리는 다가오는 9월에 결혼을 앞두고 있다. 다음 〈조건〉을 참고할 때, A대리의 결혼날짜로 가능한 날은?

〈조건〉

- 9월은 1일부터 30일까지이며, 9월 1일은 금요일이다.
- 9월 30일부터 추석연휴가 시작되고 추석연휴 이틀 전엔 A대리가 주관하는 회의가 있다.
- A대리는 결혼식을 한 다음날 8박 9일간 신혼여행을 간다.
- 회사에서 신혼여행으로 주는 휴가는 5일이다.
- A대리는 신혼여행과 겹치지 않도록 수요일 3주 연속 치과 진료가 예약되어 있다.
- 신혼여행에서 돌아오는 날 부모님 댁에서 하루 자고, 그 다음날 출근할 예정이다.

① 1일
② 2일
③ 22일
④ 23일

37 다음 예시는 어떤 창의적 사고를 개발하는 방법인가?

'신차 출시'라는 같은 주제에 대해서 판매방법, 판매대상 등의 힌트를 통해 사고 방향을 미리 정해서 발상한다. 이때, 판매방법이라는 힌트에 대해서는 '신규 해외 수출 지역을 물색한다.'라는 아이디어를 떠올릴 수 있을 것이다.

① 자유 연상법
② 강제 연상법
③ 비교 발상법
④ 비교 연상법

38 K기업은 새로운 협력업체를 선정하려고 한다. 다음의 협력업체 후보 평가표와 항목별 가중치를 고려하여 점수가 가장 높은 업체를 선정할 때, 선정되는 업체는?

〈협력업체 후보 평가표〉

(단위 : 점)

구분	경제성	신속성	안정성	유연성
A업체	4	3	9	3
B업체	2	4	7	3
C업체	8	7	4	2
D업체	7	6	2	6

※ 영역별 만점은 10점이다.

〈항목별 가중치〉

항목	경제성	신속성	안정성	유연성
가중치	0.3	0.2	0.4	0.1

※ 선정점수는 가중치를 적용하여 모든 영역의 점수를 합한 값이다.

① A업체 ② B업체
③ C업체 ④ D업체

39 다음 중 A씨가 시간관리를 통해 일상에서 얻을 수 있는 효과로 적절하지 않은 것은?

A씨는 일과 생활의 균형을 유지하기 위해 항상 노력한다. 매일 아침 가족들과 함께 아침 식사를 하며 대화를 나눈 후 출근 준비를 한다. 출근길 지하철에서는 컴퓨터 자격증 공부를 틈틈이 하고 있다. 업무를 진행하는 데 있어서 컴퓨터 사용 능력이 부족하다는 것을 스스로 느꼈기 때문이다. 회사에 출근 시간보다 여유롭게 도착하면 먼저 오늘의 업무 일지를 작성하여 무슨 일을 해야 하는지 파악한다. 근무 시간에는 일정표를 바탕으로 정해진 순서대로 일을 진행한다. 퇴근 후에는 가족과 영화를 보거나 저녁 식사를 하며 시간을 보낸다. A씨는 철저한 시간관리를 통해 후회 없는 생활을 하고 있다.

① 스트레스 감소 ② 균형적인 삶
③ 생산성 향상 ④ 사회적 인정

40 K공단에 다니는 W사원은 이번 달 영국에서 5일 동안 일을 마치고 한국에 돌아와 일주일 후 스페인으로 다시 4일간의 출장을 간다고 한다. 다음 자료를 참고하여 W사원이 영국과 스페인 출장 시 들었던 총비용을 A ~ C은행에서 환전할 때 필요한 원화의 최댓값과 최솟값의 차이는?(단, 출장비는 해외여비와 교통비의 합이다)

〈국가별 1일 여비〉

구분	영국	스페인
1일 해외여비	50파운드	60유로

〈국가별 교통비 및 추가 지급비용〉

구분	영국	스페인
교통비(비행시간)	380파운드(12시간)	870유로(14시간)
초과 시간당 추가 지급비용	20파운드	15유로

※ 교통비는 편도 항공권 비용이며, 비행시간도 편도에 해당한다.
※ 편도 비행시간이 10시간을 초과하면 시간당 추가 비용이 지급된다.

〈은행별 환율 현황〉

구분	매매기준율(KRW)	
	원/파운드	원/유로
A은행	1,470	1,320
B은행	1,450	1,330
C은행	1,460	1,310

① 31,900원
② 32,700원
③ 33,500원
④ 34,800원

| 02 | 사무직

41 **총무부에서 근무하던 B씨는 승진하면서 다른 부서로 발령이 났다. 기존에 같이 근무하던 D씨에게 사무인수인계를 해야 하는 상황에서 B씨와 D씨가 수행해야 할 사무인수인계 요령으로 적절하지 않은 것은?**

① 기밀에 속하는 사항일수록 문서에 의함을 원칙으로 한다.

② 사무인수인계서는 기명날인 후 해당 부서에서 이를 보관한다.

③ 사무인수인계와 관련하여 편철된 부분과 오류의 수정이 있는 부분은 인수자와 인계자가 각각 기명날인을 한다.

④ 사무의 인수인계와 관련하여 인수자가 인계자에게 제증빙을 요구하였으나, 증빙이 미비하거나 분실한 경우에는 그 사실을 별지에 반드시 기재하도록 한다.

42 **다음 중 조직문화에 대한 설명으로 적절하지 않은 것은?**

① 조직체의 구성원들이 공유하는 가치관과 신념, 이데올로기와 관습, 규범과 전통 및 지식과 기술 등을 모두 포함한 종합적인 개념이다.

② 조직문화는 구성원들에게 일체감과 정체성을 부여하며 외부 환경이 변했을 때 조직구성원의 결속력을 강화시켜 주는 역할을 한다.

③ 조직문화는 구성원들의 행동지침으로써 구성원의 사고방식과 행동양식을 규정하여, 구성원들은 조직에서 해오던 방식대로 업무를 처리하지 않게 된다.

④ 강한 조직문화는 다양한 조직구성원들의 의견을 받아들일 수 없거나, 조직이 변화해야 할 시기에 장애요인으로 작용하기도 한다.

43 **영업부장에게 '거래처로 다음 달까지 납품하기로 한 제품이 5배 더 늘었다.'는 문자를 받았다. 생산팀을 담당하고 있는 A사원의 행동으로 가장 적절한 것은?**

① 영업부장에게 왜 납품량이 5배나 늘었냐며 화를 낸다.

② 거래처 담당자에게 납품량을 한 번 더 확인한 후 생산라인에 통보한다.

③ 잘못 보낸 문자라 생각하고 아무런 조치를 취하지 않는다.

④ 생산해야 할 제품 수가 5배나 늘었다고 바로 생산라인에 통보한다.

44 K회사 인사총무팀에 근무하는 A사원은 다음의 자료와 같은 업무 리스트를 작성한 뒤 우선순위에 맞게 재배열하려고 한다. 업무 리스트를 보고 A사원이 한 생각으로 적절하지 않은 것은?

〈2024년 12월 6일 인사총무팀 업무 리스트〉

- 인사총무팀 회식(12월 14일) 장소 예약 확인
- 회사 창립 기념일(12월 19일) 행사 준비
- 영업1팀 비품 주문(월요일에 배송될 수 있도록 오늘 내 반드시 발주할 것)
- 이번주 토요일(12월 7일) 당직 근무자 명단 확인(업무 공백 생기지 않도록 주의)
- 12월 13일자 신입사원 면접 날짜 유선 안내 및 면접 가능 여부 확인

① 회사 창립 기념일 행사는 전 직원이 다 참여하는 큰 행사인 만큼 가장 첫 번째 줄에 배치해야겠다.
② 당직 근무자 명단 확인을 먼저 한 후, 영업1팀 비품을 주문해야겠다.
③ 신입사원 면접 안내는 여러 변수가 발생할 수 있으니 서둘러 준비해야겠다.
④ 신입사원 면접 안내 통보 후 연락이 안 된 면접자들을 따로 추려서 다시 연락을 취해야겠다.

45 다음은 여러 기업들의 경영 전략 활용 사례이다. 다음 〈보기〉 중 레드오션 전략을 사용한 사례로 가장 적절한 것은?

〈보기〉

㉠ 카카오는 데이터 기반의 메신저 앱인 카카오톡을 제공하였고, 카카오톡은 대부분의 국민이 사용하는 국민 앱으로 자리잡았다.
㉡ 위니아는 자동차와 건물의 냉방시스템 기술을 접목시킨 김치냉장고 딤채를 개발하여 국내 가전제품 사상 처음으로 대성공을 거두었다.
㉢ 빽다방은 경쟁사에 비해 저렴한 가격 정책과 소비자들이 인정하는 맛을 개발하여 커피시장에서 성공하였다.
㉣ 해태제과는 기존의 과자에서 맛볼 수 없었던 달콤한 버터맛의 감자칩인 허니버터칩을 개발하여 전국에서 제품의 품귀 현상이 일어나는 성공을 거두었다.

① ㉠ ② ㉡
③ ㉢ ④ ㉣

46 해외공항이나 국제기구 및 정부당국 등과 교육협약(MOU)을 맺고 이를 관리하는 업무를 담당하는 글로벌교육팀의 K팀장은 업무와 관련하여 팀원들이 글로벌 경쟁력을 갖출 수 있도록 글로벌 매너에 대해 교육하고자 한다. 다음 중 팀원들에게 교육해야 할 글로벌 매너로 적절하지 않은 것은?

① 미국 사람들은 시간엄수를 중요하게 생각한다.

② 아랍 국가 사람들은 약속한 시간이 지나도 상대방이 당연히 기다려줄 것으로 생각한다.

③ 아프리카 사람들과 이야기할 때는 눈을 바라보며 대화하는 것이 예의이다.

④ 미국 사람들과 인사를 하거나 이야기할 때는 적당한 거리를 유지하는 것이 좋다.

47 다음 기사를 읽고 필리핀 EPS 센터에 근무 중인 S대리가 취할 행동으로 적절하지 않은 것은?

> 최근 필리핀에서 한국인을 노린 범죄행위가 기승을 부리고 있다. 외교부 보고에 따르면 최근 5년간 해외에서 우리 국민을 대상으로 벌어진 살인 사건이 가장 많이 발생한 국가가 필리핀인 것으로 나타났다. 따라서 우리나라는 자국민 보호를 위해 한국인 대상 범죄 수사를 지원하는 필리핀 코리안 데스크에 직원을 추가 파견하기로 했다.

① 저녁에 이루어지고 있는 필리핀 문화 교육 시간을 오전으로 당겨야겠군.

② 우리 국민이 늦은 시간에 혼자 다니지 않도록 해야겠어.

③ 주필리핀 한국대사관과 연결하여 자국민 보호 정책을 만들 수 있도록 요청해야겠어.

④ 우리나라에 취업하기 위해 들어오는 필리핀 사람들에 대한 규제를 강화해야겠어.

48 다음 중 조직의 환경적응에 대한 설명으로 적절하지 않은 것을 〈보기〉에서 모두 고르면?

〈보기〉

> ㄱ. 기업에 대한 세계화의 영향은 진출시장, 투자대상 확대 등 기업의 대외적 경영 측면으로 국한된다.
> ㄴ. 특정 국가에서의 업무 동향 점검 시에는 거래 기업에 대한 정보와 시장의 특성뿐 아니라 법규에 대하여도 파악하는 것이 필수적이다.
> ㄷ. 이문화 이해는 곧 상이한 문화와의 언어적 소통을 가리키므로 현지에서의 인사법 등 예절에 주의하여야 한다.
> ㄹ. 이문화 이해는 특정 타 지역에 오랜 기간 형성된 문화를 이해하는 것으로, 단기간에 집중적인 학습으로 신속하게 수월한 언어적 능력을 갖추는 것이 최선이다.

① ㄴ, ㄷ
② ㄴ, ㄹ
③ ㄱ, ㄴ, ㄹ
④ ㄱ, ㄷ, ㄹ

49 **다음 상황에서 팀장의 지시를 적절히 수행하기 위하여 오대리가 거쳐야 할 부서명을 순서대로 바르게 나열한 것은?**

> 오대리, 내가 내일 출장 준비 때문에 무척 바빠서 그러는데 자네가 좀 도와줘야 할 거 같군. 우선 박비서한테 가서 오후 사장님 회의 자료를 좀 가져다 주게나. 오는 길에 지난주 기자단 간담회 자료 정리가 되었는지 확인해 보고 완료됐으면 한 부 챙겨오고. 다음 주에 승진자 발표가 있을 거 같은데 우리 팀 승진 대기자 서류가 잘 전달되었는지 그것도 확인 좀 해 줘야겠어. 참, 오후에 바이어가 내방하기로 되어 있는데 공항 픽업 준비는 잘 해 두었지? 배차 예약 상황도 다시 한 번 점검해 봐야 할 거야. 그럼 수고 좀 해 주게.

① 기획팀 – 홍보팀 – 총무팀 – 경영관리팀
② 비서실 – 홍보팀 – 인사팀 – 총무팀
③ 인사팀 – 법무팀 – 총무팀 – 기획팀
④ 경영관리팀 – 법무팀 – 총무팀 – 인사팀

50 **인사팀 A부장은 신입사원들을 대상으로 '조직'의 의미를 다음과 같이 설명하였다. A부장의 설명에 근거할 때, '조직'이라고 볼 수 없는 것은?**

> 조직은 특정한 목적을 추구하기 위하여 의도적으로 구성된 사람들의 집합체로서 외부 환경과 여러 가지 상호 작용을 하는 사회적 단위라고 말할 수 있지. 이러한 상호 작용이 유기적인 협력체제하에서 행해지면서 조직이 추구하는 목적을 달성하기 위해서는 내부적인 구조가 있어야만 해. 업무와 기능의 분배, 권한과 위임을 통하여 어떤 특정한 조직 구성원들의 공통된 목표를 달성하기 위하여 여러 사람의 활동을 합리적으로 조정한 것이야말로 조직의 정의를 가장 잘 나타내주는 말이라고 할 수 있다네.

① 영화 촬영을 위해 모인 스태프와 배우들
② 주말을 이용해 춘천까지 다녀오기 위해 모인 자전거 동호회원들
③ 열띤 응원을 펼치고 있는 야구장의 관중들
④ 야간자율학습을 하고 있는 G고등학교 3학년 2반 학생들

03 기술직

41 다음 사례에서 나타난 산업재해에 대한 원인으로 가장 적절한 것은?

> 원유저장탱크에서 탱크 동체 하부에 설치된 믹서 임펠러의 날개깃이 파손됨에 따라 과진동(과하중)이 발생하여 믹서의 지지부분(볼트)이 파손되어 축이 이탈되면서 생긴 구멍을 통해 탱크 내부의 원유가 대량으로 유출되었다. 분석에 따르면 임펠러 날개깃의 파손이 피로 현상에 의해 발생되어 표면에 응력집중을 일으킬 수 있는 결함이 존재하였을 가능성이 높다고 한다.

① 작업 관리상 원인
② 기술적 원인
③ 교육적 원인
④ 불안전한 행동

42 다음 중 벤치마킹의 주요 단계에 대한 설명으로 적절하지 않은 것은?

① 범위 결정 : 벤치마킹이 필요한 상세 분야를 정의하고 목표와 범위를 결정하며 벤치마킹을 수행할 인력들을 결정한다.
② 측정범위 결정 : 상세분야에 대한 측정항목을 결정하고, 측정항목이 벤치마킹의 목표를 달성하는 데 적정한가를 검토한다.
③ 대상 결정 : 비교분석의 대상이 되는 기업·기관들을 결정하고, 대상 후보별 벤치마킹 수행의 타당성을 검토하여 최종적인 대상 및 대상별 수행방식을 결정한다.
④ 개선계획 수립 : 벤치마킹 결과를 바탕으로 성과차이를 측정항목별로 분석한다.

43 다음 글에서 설명하는 것은?

> 기술 혁신은 신기술이 발생, 발전, 채택되고, 다른 기술에 의해 사라질 때까지의 일정한 패턴을 가지고 있다. 기술의 발달은 처음에는 서서히 시작되다가 성과를 낼 수 있는 힘이 축적되면 급속한 진전을 보인다. 그리고 기술의 한계가 오면 성과는 점차 줄어들게 되고, 한계가 온 기술은 다시 성과를 내는 단계로 상승할 수 없으며, 여기에 혁신적인 새로운 기술이 출현한다. 혁신적인 새로운 기술은 기존의 기술이 한계에 도달하기 전에 출현하는 경우가 많으며, 기존에 존재하는 시장의 요구를 만족시키면서 전혀 새로운 지식을 기반으로 하는 기술이다. 이러한 기술의 예로 필름 카메라에서 디지털카메라로, 콤팩트 디스크(Compact Disk)에서 USB 메모리(USB Memory)로의 전환 등을 들 수 있다.

① 바그너 법칙
② 기술의 S곡선
③ 빅3 법칙
④ 생산비의 법칙

44 다음은 기술의 특징을 설명하는 글이다. 이를 이해한 내용으로 옳지 않은 것은?

> 일반적으로 기술에 대한 특징은 다음과 같이 정의될 수 있다.
> 첫째, 하드웨어나 인간에 의해 만들어진 비자연적인 대상, 혹은 그 이상을 의미한다.
> 둘째, 기술은 '노하우(Know-how)'를 포함한다. 즉, 기술을 설계하고, 생산하고, 사용하기 위해 필요한 정보, 기술, 절차를 갖는 데 노하우(Know-how)가 필요한 것이다.
> 셋째, 기술은 하드웨어를 생산하는 과정이다.
> 넷째, 기술은 인간의 능력을 확장시키기 위한 하드웨어와 그것의 활용을 뜻한다.
> 다섯째, 기술은 정의 가능한 문제를 해결하기 위해 순서화되고 이해 가능한 노력이다.
> 이와 같은 기술이 어떻게 형성되는가를 이해하는 것과 사회에 의해 형성되는 방법을 이해하는 것은 두 가지 원칙에 근거한다. 먼저 기술은 사회적 변화의 요인이다. 기술체계는 의사소통의 속도를 증가시켰으며, 이것은 개인으로 하여금 현명한 의사결정을 할 수 있도록 도와준다. 또한, 사회는 기술 개발에 영향을 준다. 사회적, 역사적, 문화적 요인은 기술이 어떻게 활용되는가를 결정한다.
> 기술은 두 개의 개념으로 구분될 수 있으며, 하나는 모든 직업 세계에서 필요로 하는 기술적 요소들로 이루어지는 광의의 개념이고, 다른 하나는 구체적 직무수행능력 형태를 의미하는 협의의 개념이다.

① 컴퓨터의 발전은 기술체계가 개인으로 하여금 현명한 의사결정을 할 수 있는 사례로 볼 수 있다.

② 전기산업기사, 건축산업기사, 정보처리산업기사 등의 자격 기술은 기술의 광의의 개념으로 볼 수 있다.

③ 영국에서 시작된 산업혁명 역시 기술 개발에 영향을 주었다고 볼 수 있다.

④ 기술은 건물, 도로, 교량, 전자장비 등 인간이 만들어낸 모든 물질적 창조물을 생산하는 과정으로 볼 수 있다.

45 다음은 K은행의 ARS 서비스 기능을 설명하고 있다. A씨가 누른 코드로 옳지 않은 것은?

〈코드별 ARS 서비스 기능〉

코드	서비스
1	보이스 피싱 및 분실 신고
2	K카드 연결
3	잔액 조회
4	K은행 송금
5	타 은행 송금
6	거래내역 조회
7	다시 듣기
0	상담사 연결

〈사례〉

A씨는 잔액 조회를 해보고 생각보다 돈이 적게 남아 있다는 사실에 놀라 거래내역을 조회해 보았다. 조회 결과, 타 은행으로 거액이 송금되어 있는 내역을 확인했고, 9일 전 보험 회사의 전화를 받아 개인 정보를 알려준 것을 기억해냈다. 상담사에게 상황에 대해 물어보니 보이스 피싱 의심이 된다고 신고를 하라고 하였고, 그 즉시 보이스 피싱 피해 신고를 접수하였다.

① 1　　② 3

③ 5　　④ 6

※ 경영연구팀에서는 새로운 청소기를 구매하려고 한다. C대리는 새 청소기를 구매하기 위해 다음과 같은 제품 설명서를 참고하였다. 이어지는 질문에 답하시오. **[46~50]**

〈제품 설명서〉

[제품사양]

모델명		AC3F7LHAR	AC3F7LHBU	AC3F7LHDR	AC3F7LHCD
전원		단상 AC 220V 60Hz			
정격입력		1,300W			
본체무게		7.4kg			
본체크기		폭 308mm×길이 481mm×높이 342mm			
모터사양		디지털 인버터(Digital Inverter) 모터			
부속품	살균 브러시	×	×	×	○
	침구싹싹 브러시	×	○	×	×
	스텔스 브러시	○	○	○	○
	투스텝 브러시	○	×	○	○
	물걸레 브러시	×	×	○	×

- 살균 브러시 / 침구싹싹 브러시 : 침구류 청소용
- 스텔스 브러시 : 일반 청소용
- 투스텝 브러시 : 타일 / 카펫 청소용

[문제해결]

현상	확인	조치
작동이 안 돼요.	전원플러그가 콘센트에서 빠져 있거나 불완전하게 꽂혀 있나 확인하세요.	전원플러그를 확실하게 꽂아 주세요.
	본체에 호스가 확실하게 꽂혀 있나 확인하세요.	본체에서 호스를 분리 후 다시 한 번 확실하게 꽂아 주세요.
	전압이 220V인지 확인하세요.	110V일 경우에는 승압용 변압기를 구입하여 사용하세요.
사용 중에 갑자기 멈췄어요.	먼지통이 가득 찼을 때, 청소기를 동작시키는 경우	모터과열방지 장치가 있어 제품이 일시적으로 멈춥니다. 막힌 곳을 뚫어 주고 2시간 정도 기다렸다가 다시 사용하세요.
	흡입구가 막힌 상태로 청소기를 동작시키는 경우	
갑자기 흡입력이 약해지고 떨리는 소리가 나요.	흡입구, 호스, 먼지통이 큰 이물질로 막혔거나 먼지통이 꽉 차 있는지 확인하세요.	막혀 있으면 나무젓가락 등으로 큰 이물질을 빼 주세요.
	필터가 더러워졌는지 확인하세요.	필터를 손질해 주세요.
먼지통에서 '딸그락'거리는 소리가 나요.	먼지통에 모래, 돌 등의 딱딱한 이물질이 있는지 확인하세요.	소음의 원인이 되므로 먼지통을 비워 주세요.
청소기 배기구에서 냄새가 나요.	먼지통에 이물질이 쌓였는지 필터류에 먼지가 꼈는지 확인하세요.	먼지통을 자주 비워 주시고, 필터류를 자주 손질해 주세요.
청소기 소음이 이상해요.	청소기 초기 동작 시에 소음이 커지는지 확인하세요.	모터 보호를 위해 모터가 천천히 회전하며 발생하는 소리로 고장이 아닙니다.

46 제품 설명서를 확인한 결과, C대리는 부속품 구성에 따라 가격 차이가 있음을 발견하였다. 경영연구팀 사무실에는 침구류가 없다. 또한 물걸레 청소는 기존에 비치된 대걸레를 이용하려고 한다. 불필요한 지출 없이 청소기를 구매한다면, C대리가 구입할 청소기는?

① AC3F7LHAR
② AC3F7LHBU
③ AC3F7LHDR
④ AC3F7LHCD

47 청소기 구매 후, 사무실 청소시간에 C대리가 청소기를 사용하려 했지만 작동하지 않았다. C대리는 청소기가 작동하지 않는 원인을 파악하려 한다. 다음 중 청소기가 작동하지 않을 때 확인할 사항으로 옳지 않은 것은?

① 전압이 220V인지 확인한다.
② 본체에 호스가 확실하게 꽂혀 있는지 확인한다.
③ 전원플러그가 콘센트에서 빠져 있는지 확인한다.
④ 필터가 더러워졌는지 확인한다.

48 청소기가 작동하지 않는 문제를 해결한 후, C대리가 청소기를 사용하던 중에 작동이 멈추었다. 설명서를 참고했을 때, 청소기 작동이 멈춘 원인이 될 수 있는 것은?

① 먼지통에 딱딱한 이물질이 있다.
② 청소기를 장시간 사용했다.
③ 필터에 먼지가 꼈다.
④ 흡입구가 막혔다.

49 48번 문제에서 C대리가 찾아낸 원인이 맞을 때, 추가적으로 발생할 수 있는 문제로 옳은 것은?

① 먼지통에서 '딸그락'거리는 소리가 난다.
② 청소기 배기구에서 냄새가 난다.
③ 청소기 흡입력이 갑자기 약해진다.
④ 청소기 소음이 커진다.

50 다음 중 48번 문제의 원인에 대한 해결 방안으로 옳은 것은?

① 승압용 변압기를 구입하여 사용한다.
② 먼지통을 비워준다.
③ 막힌 곳을 뚫어 주고 2시간 정도 기다린다.
④ 필터류를 손질한다.

www.sdedu.co.kr

제4회 국가철도공단

NCS 직업기초능력평가

〈문항 및 시험시간〉

영역	문항 수	시험시간	모바일 OMR 답안채점 / 성적분석 서비스
[공통] 의사소통능력+수리능력+ 문제해결능력+자원관리능력 [사무직] 조직이해능력 [기술직] 기술능력	50문항	50분	사무직 기술직

국가철도공단 신입직원 필기전형

제4회 최종모의고사

문항 수 : 50문항
시험시간 : 50분

| 01 | 공통

01 다음 중 제시된 문장 안에서 사용되지 않은 단어는?

- 나는 바다 깊숙이 가라앉는 듯 점점 깊은 _____ 속에 빠져들어 갔다.
- 그런 일이 일어나리라고는 _____도 못 했다.
- 난 지금 그런 쓸데없는 _____이나 하고 있을 만큼 한가하지 않다.
- 헛된 _____에 사로잡히다.

① 망상 ② 공상
③ 상상 ④ 진상

02 L씨가 다음 기사를 읽고 가족들과 함께하는 시간을 갖기 위해 '가족의 밤'을 진행하기로 결심했을 때, L씨는 문서이해 과정 중 어느 단계에 해당하는가?

〈6남매를 성공적으로 키운 K씨〉

K씨 부부는 처음부터 집안에 책상 18개를 구해놓고 애들이 보든 말든 거기서 책을 읽었다. K씨는 공부습관을 들이는 데는 '규칙적 학습'이 열쇠라는 평범한 경험담을 강조했다. K씨는 아이들의 나이와 성향에 맞춰 공부 시간과 양을 함께 정했다. 계획에 무리가 없도록 했고, 아이들은 자신이 정한 양을 해낼 수 있었다. 또한, K씨 가족은 무슨 일이 있어도 아침 식사를 같이 했다. 매주 금요일 밤은 '가족의 밤'으로 TV를 함께 보며 의견을 나누었고, 토요일 아침 식사 후에도 반드시 가족회의를 열었다.

① 문서의 목적 이해
② 문서 작성의 배경·주제 파악
③ 자신에게 요구되는 행동에 관한 내용 분석
④ 문서에서 이해한 목적 달성을 위해 취해야 할 행동 결정

03 **다음에 나타난 의사소통능력 개발 과정에서의 피드백에 대한 설명으로 적절하지 않은 것은?**

> 피드백(Feedback)이란 상대방에게 그의 행동의 결과가 어떠한지에 대하여 정보를 제공해 주는 것을 말한다. 즉, 그의 행동이 나의 행동에 어떤 영향을 미치고 있는가에 대하여 상대방에게 솔직하게 알려주는 것이다. 말하는 사람 또는 전달자는 피드백을 이용하여 메시지의 내용이 실제로 어떻게 해석되고 있는가를 조사할 수 있다.

① 대인관계에 있어서의 행동을 개선할 수 있는 기회를 제공해 줄 수 있다.
② 의사소통의 왜곡에서 오는 오해와 부정확성을 줄일 수 있다.
③ 상대방의 긍정적인 면뿐만 아니라 부정적인 면도 솔직하게 전달해야 한다.
④ 효과적인 개선을 위해서는 긍정적인 면보다 부정적인 면을 강조하여 전달해야 한다.

04 **다음 중 의사소통의 종류에 대한 설명으로 적절하지 않은 것은?**

① 문서적 의사소통능력은 문서이해능력과 문서작성능력으로 구분된다.
② 문서이해능력은 의사표현력에 비해 권위감 있고, 정확성을 기하기 쉽다.
③ 언어적 의사소통능력은 경청능력과 의사표현력으로 구분된다.
④ 언어적 의사소통능력은 문서적 의사소통능력에 비해 전달성이 높고 보존성이 크다.

05 **다음 〈보기〉 중 바람직한 의사소통에 영향을 미치는 요인에 대한 설명으로 적절하지 않은 것을 모두 고르면?**

〈보기〉

> ㄱ. 의사소통 과정에서 다루는 정보의 양의 의사소통의 폭을 넓혀주므로 많을수록 좋다.
> ㄴ. 지나치게 과업에 집중한 대화는 원활한 의사소통을 저해할 수 있다.
> ㄷ. 상호 신뢰가 부족한 경우, 업무상 의사소통이라도 효율성이 낮을 수 있다.
> ㄹ. 실시간으로 의사 교환이 필요한 안건의 경우, 전화보다는 메일을 이용하는 것이 적절하다.

① ㄱ, ㄴ ② ㄱ, ㄹ
③ ㄴ, ㄷ ④ ㄷ, ㄹ

06 다음 빈칸에 들어갈 내용으로 가장 적절한 것은?

포논(Phonon)이라는 용어는 소리(Pho–)라는 접두어에 입자(–non)라는 접미어를 붙여 만든 단어로, 실제로 포논이 고체 안에서 소리를 전달하기 때문에 이런 이름이 붙었다. 어떤 고체의 한쪽을 두드리면 포논이 전파해 반대쪽에서 소리를 들을 수 있다.
아인슈타인이 새롭게 만든 고체의 비열 공식(아인슈타인 모형)은 실험결과와 상당히 잘 맞았다. 그런데 그의 성공은 고체 내부의 진동을 포논으로 해석한 데에만 있지 않다. 그는 포논이 보존(Boson) 입자라는 사실을 간파하고, 고체 내부의 세상에 보존의 물리학(보즈 – 아인슈타인 통계)을 적용했다. 비로소 고체의 비열이 온도에 따라 달라진다는 결론을 얻을 수 있었다.
양자역학의 세계에서 입자는 스핀 상태에 따라 분류된다. 스핀이 1/2의 홀수배(1/2, 3/2, …)인 입자들은 원자로를 개발한 유명한 물리학자 엔리코 페르미의 이름을 따 '페르미온'이라고 부른다. 오스트리아의 이론물리학자 볼프강 파울리는 페르미온들은 같은 에너지 상태를 가질 수 없고 서로 배척한다는 사실을 알아냈다. 즉, 같은 에너지 상태에서는 + / – 반대의 스핀을 갖는 페르미온끼리만 같이 존재할 수 있다. 이를 '파울리의 배타원리'라고 한다. 페르미온은 대개 양성자, 중성자, 전자 같은 물질을 구성하며, 파울리의 배타원리에 따라 페르미온 입자로 이뤄진 물질은 우리가 손으로 만질 수 있다.
스핀이 0, 1, 2, … 등 정수 값인 입자도 있다. 바로 보존이다. 인도의 무명 물리학자였던 사티엔드라 나트 보즈의 이름을 본 땄다. 보즈는 페르미가 개발한 페르미 통계를 공부하고 보존의 물리학을 만들었다. 당시 그는 박사학위도 없는 무명의 물리학자여서 논문을 작성한 뒤 아인슈타인에게 편지로 보냈다. 다행히 아인슈타인은 그 논문을 쓰레기통에 넣지 않고 꼼꼼히 읽어본 뒤 자신의 생각을 첨가하고 독일어로 번역해 학술지에 제출했다. 바로 보존 입자의 물리학(보즈 – 아인슈타인 통계)이다. 이에 따르면, 보존 입자는 페르미온과 달리 파울리의 배타원리를 따르지 않는다. 따라서 같은 에너지 상태를 지닌 입자라도 서로 겹쳐서 존재할 수 있다. 만져지지 않는 에너지 덩어리인 셈이다. 이들 보존 입자는 대개 힘을 매개한다.
빛 알갱이, 즉 ____________________ 빛은 실험을 해보면 입자의 특성을 보이지만, 질량이 없고 물질을 투과하며 만져지지 않는다. 포논은 어떨까? 원자 사이의 용수철 진동을 양자화한 것이므로 물질이 아니라 단순한 에너지의 진동으로서 파울리의 배타원리를 따르지 않는다. 즉, 포논은 광자와 마찬가지로 스핀이 0인 보존 입자다.

① 광자는 파울리의 배타원리를 따른다.
② 광자는 스핀 상태에 따라 분류할 수 없다.
③ 광자는 스핀이 1/2의 홀수배인 입자의 대표적인 예다.
④ 광자는 보존의 대표적인 예다.

07 다음 밑줄 친 ㉠에 해당하는 내용으로 적절하지 않은 것은?

기술이 빠르게 발전하는 상황에 내 직업은 언제까지 유지될 것인가? '4차 산업혁명'이 세계적인 화두로 등장한 이래, 일하는 모든 사람은 스스로에게 이러한 질문을 던져 보았을 것이다. 일자리의 미래에 대해서는 다양한 의견이 존재하지만, 새로운 기술이 일하는 방식에 영향을 미칠 것은 확실하다. 우리가 새로운 기술로 떠올리는 인공지능(AI), 사물인터넷(IoT), 빅데이터 분석 등의 기술은 이미 실생활에서도 광범위하게 사용되고 있다. 이러한 배경에서 신산업・신기술에 대한 직업훈련이 필요하다는 사회적 요구가 크다. 구직자・재직자 모두 새로운 기술을 습득해 고용 가능성을 높일 수 있고, 기업도 신기술을 보유한 인재가 있어야 신산업을 개척해 나갈 수 있기 때문이다. 직업훈련의 내용・방식・인프라를 4차 산업혁명에 적합한 형태로 전환해야 하지만, 우리나라 직업훈련 시장은 산업화 시대의 필요에 의해 확대된 제조업 분야 기능인력 양성 중심의 직업훈련 시스템에 머물고 있는 것이 현실이다.

이에 정부는 작년부터 ㉠ <u>4차 산업혁명에 대비한 인력양성 정책대안</u>을 모색하고 있다. 폴리텍 대학의 IoT정보 보안, VR 콘텐츠 제작 등 미래 유망분야 중심과정을 신설・확산해 나가는 등 공공부문의 테스트베드 역할을 강화하고, 신산업 분야를 선도하고 있는 대학 등 우수 민간기관을 훈련기관으로 선정해 '4차 산업혁명 선도 인력양성훈련'을 운영 중이다. 이러한 훈련과정은 기업과 협약을 맺어 현장성 높은 훈련을 제공하는 것이 특징이다. 훈련 참여자들은 협약 기업에서 일하는 현장전문가들의 지도를 받으면서 프로젝트 기반의 실습을 진행하고 있다. 기술과 거리가 먼 경영학을 전공한 한 취업 준비생은 8개 신산업 분야 중 하나인 정보보안 훈련을 받으면서 오픈스택과 랜섬웨어를 다루는 프로젝트에 열정적으로 참여하여 프로젝트를 진행한 협약 기업에 취업해 근무하고 있다는 좋은 소식을 전해오기도 했다. 훈련과정에 도움을 준 협약 기업도 스마트팩토리를 도입하고자 하는 산업현장의 관심은 폭발적임에도 전문인력이 부족한 상황에서 우수인재를 확보할 수 있는 좋은 기회가 되었다고 평가한다. 참여자들의 긍정적인 반응에 힘입어 정부는 내년에는 더 많은 청년에게 훈련 기회를 제공할 계획이다. 뿐만 아니라 정부는 산업인력 수요에 대응하기 위해 미래 유망분야의 새로운 직업과 관련된 자격 종목도 신속하게 신설하고 있다. 작년 말에는 '3D프린터', 올해에는 '로봇'과 관련한 국가기술자격의 신설이 확정되었다. 이르면 올 연말부터는 '3D프린터 개발산업기사', '3D프린팅 전문응용기능사' 자격증 취득에 도전할 수 있다. 직업훈련 방식도 변화를 준비하고 있다. 정부는 현재 온라인을 통해 언제 어디서나 직업훈련에 접근할 수 있도록 스마트 직업훈련 플랫폼을 구축하고 있다. 이를 통해 강의실에서 수업을 하고, 집에서 과제를 하는 전통적인 진행방식에서 벗어나 사전에 학습하고 강의실에서는 토론, 문제 풀이 등을 하는 '역진행 수업(Flipped Learning)', 초단기・선택 학습이 가능한 '한입크기 훈련(Mirco Learning)', VR・AR 기술을 활용한 가상훈련 등을 확산해 나갈 계획이다.

정부는 매년 9월을 직업능력의 달로 정하여 기념하고 있다. 올해의 슬로건 '능력을 새롭게, 내일을 빛나게'처럼 모든 국민이 직업능력 개발로 현재 직장에서의 적응 가능성을 높이고, 100세 시대 평생고용 가능성을 높일 수 있도록 지속적인 혁신을 추가할 계획이다.

① 대학 등 우수 민간 기관을 훈련기관으로 선정하여 인력양성훈련 과정을 운영한다.

② 폴리텍 대학의 미래 유망분야 중심과정을 신설하고 이를 확산해 나가고 있다.

③ 인력양성훈련 과정 참여자들의 관련 기업에 대한 취업을 알선해 주고 있다.

④ '3D프린터', '로봇' 등 미래 유망분야의 새로운 직업과 관련된 자격 종목을 신설하고 있다.

08 다음 글의 내용으로 적절하지 않은 것은?

지대는 3가지 생산요소, 즉 토지, 자본, 노동의 소유자인 지주, 자본가, 노동자에게 돌아가는 정상적인 분배몫을 제외하고 남는 잉여 부분을 말한다. 가령 시장에서 인기가 많은 과일이 어느 특정 지역에서만 생산된다면 이곳에 땅을 가진 사람들은 자신들이 정상적으로 땅을 빌려주고 받을 수 있는 소득보다 훨씬 높은 잉여이익을 챙길 수 있을 것이다. 강남에 부동산을 가진 사람들은 그곳에 좋은 학군이 있고 좋은 사설학원들이 있기 때문에 다른 곳보다 훨씬 비싼 값에 부동산을 팔거나 임대할 수 있다. 정상적인 이익을 넘어서는 과도한 이익, 이것이 전통적인 지대 개념이다.

마셜은 경제가 발전하고 복잡해짐에 따라 원래 땅에서 생겨난 이 지대 개념을 다른 산업분야로 확장하고 땅으로부터 잉여이익과 차별화하기 위해 '준지대'라는 이름을 붙였다. 즉, 특정 산업부문에 진입 장벽이나 규제가 있어 진입 장벽을 넘은 사람들이 실제보다 더 많은 잉여이익을 얻는 경우를 모두 총괄해서 준지대라고 하는 것이다. 가령 정부가 변호사와 의사 숫자를 대폭 제한하는 법이나 규제를 만들 경우 이미 진입 장벽을 넘은 변호사나 의사들은 자신들이 제공하는 전문적 서비스 이상으로 소득이 늘게 되는데 이것이 준지대가 되는 것이다. 또 특정 IT 기술자에 대한 수요가 급증했는데 자격을 가진 사람이 적어서 노동 공급이 한정된 경우 임금이 정상적 상태를 넘어서 대폭 상승한다. 이때의 임금상승은 생산요소의 한정적 공급에 따른 것으로 역시 준지대적 성격을 가진다.

원래 마셜이 생각했던 준지대는 일시적 현상으로서 시간이 지나면 해소되는 것이었다. 가령 특정 IT 기술자에 대한 수요가 오랫동안 꾸준할 경우 이 기술을 배우려는 사람이 늘어나고 노동 공급이 증가해 임금이 하락하게 된다. 시간이 지나면서 준지대가 해소되는 것이다. 그러나 정부가 어떤 이유로든 규제 장치나 법률을 제정해서 장벽을 쌓으면 준지대는 계속 유지될 수 있을 것이다. 이렇게 특정 산업의 로비스트들이 준지대를 유지하기 위하여 정부에 로비하고 정치권에 영향력을 행사하는 행위를 '지대추구 행위'라고 한다.

역사적으로 지대추구의 대표적인 사례는 길드조직이었다. 남들보다 먼저 도시에 자리잡은 수공업자들은 각종 길드를 만들어 업종 칸막이를 했다. 한 길드는 비슷한 품목을 만들어내는 다른 길드의 영역을 침범할 수 없었고 심지어 큰 포도주 통을 만드는 사람은 작은 포도주 통을 만들지 못하도록 금지되었다. 당시 길드의 가장 큰 목적은 새로운 인력의 진입을 봉쇄하는 것이었다.

중세 봉건사회가 해체되면서 도시로 몰려들고 있는 저임금 노동자들이 더 싼 임금으로 수공업에 진출하려고 하자, 기득권을 지닌 도시 수공업자들이 귀족들의 비호 아래 길드조직을 법으로 보호해 저임금 신규인력 진출을 막고 자신들의 높은 이익을 보호하려 한 것이다.

① 지대는 토지와 자본, 노동의 대가를 제외한 나머지 부분을 일컫는다.

② 전통적으로 지대를 통해 비정상적으로 과도한 이익을 얻는 경우가 많았다.

③ 특정 농산물의 수요가 증가한다면, 그 지역의 지대는 평소보다 증가한다.

④ 정부는 규제 장치나 법률 제정으로 지대추구 행위를 억제하려고 노력한다.

09 다음 글의 제목으로 가장 적절한 것은?

1894년, 화성에 고도로 진화한 지적 생명체가 존재한다는 주장이 언론의 주목을 받았다. 이러한 주장은 당시 화성의 지도들에 나타난, '운하'라고 불리던 복잡하게 엉킨 선들에 근거를 두고 있었다. 화성의 운하는 1878년에 처음 보고된 뒤 거의 30년간 여러 화성 지도에 계속해서 나타났다. 존재하지도 않는 화성의 운하들이 어떻게 그렇게 오랫동안 천문학자들에게 받아들여질 수 있었을까?
19세기 후반에 망원경 관측을 바탕으로 한 화성의 지도가 많이 제작되었다. 특히 1877년 9월은 지구가 화성과 태양에 동시에 가까워지는 시기여서 화성의 표면이 그 어느 때보다도 밝게 보였다. 영국의 아마추어 천문학자 그린은 대기가 청명한 포르투갈의 마데이라섬으로 가서 13인치 반사 망원경을 사용해서 화성을 보이는 대로 직접 스케치했다. 그린은 화성 관측 경험이 많았으므로 이전부터 이루어진 자신의 관측 결과를 참고하고, 다른 천문학자들의 관측 결과까지 반영하여 당시로써는 가장 정교한 화성 지도를 제작하였다.
그런데 이듬해 이탈리아의 천문학자인 스키아파렐리의 화성 지도가 등장하면서 이 지도의 정확성을 의심하게 되었다. 그린과 같은 시기에 수행한 관측을 토대로 제작한 스키아파렐리의 지도에는, 그린의 지도에서 흐릿하게 표현된 지역에 평행한 선들이 그물 모양으로 교차하는 지형이 나타나 있었기 때문이었다. 스키아파렐리는 이것을 '카날리(Canali)'라고 불렀는데, 이것은 '해협'이나 '운하'로 번역될 수 있는 용어였다.
절차적 측면에서 보면 그린이 스키아파렐리보다 우위를 점하고 있었다. 우선 스키아파렐리는 전문 천문학자였지만 화성 관측은 이때가 처음이었다. 게다가 그는 마데이라섬보다 대기의 청명도가 떨어지는 자신의 천문대에서 관측을 했고, 배율이 상대적으로 낮은 8인치 반사 망원경을 사용했다. 또한 그는 짧은 시간에 특징만을 스케치하고 나중에 기억에 의존해 그것을 정교화했으며, 자신만의 관측을 토대로 지도를 제작했던 것이다.
그런데도 승리는 스키아파렐리에게 돌아갔다. 그가 천문학계에서 널리 알려진 존경받는 천문학자였던 것이 결정적이었다. 대다수의 천문학자는 그들이 존경하는 천문학자가 눈에 보이지도 않는 지형을 지도에 그려 넣었으리라고는 생각하기 어려웠다. 게다가 스키아파렐리의 지도는 지리학의 채색법을 그대로 사용하여 그린의 지도보다 호소력이 강했다. 그 후 스키아파렐리가 몇 번 더 운하의 관측을 보고하자 다른 천문학자들도 운하의 존재를 보고하기 시작했고, 이후 더 많은 운하들이 화성 지도에 나타나게 되었다.
일단 권위자가 무엇인가를 발견했다고 알려지면 그것이 존재하지 않는다는 것을 입증하기란 쉽지 않다. 더구나 관측의 신뢰도를 결정하는 척도로 망원경의 성능보다 다른 조건들이 더 중시되던 당시 분위기에서는 이러한 오류가 수정되기 어려웠다. 성능이 더 좋아진 대형 망원경으로는 종종 운하가 보이지 않았는데, 놀랍게도 운하 가설 옹호자들은 이것에 대해 대형 망원경이 높은 배율 때문에 어떤 대기 상태에서는 오히려 왜곡이 심해서 소형 망원경보다 해상도가 떨어질 수 있다고 해명하곤 했던 것이다.

① 과학의 방법 : 경험과 관찰
② 과학사의 그늘 : 화성의 운하
③ 과학의 신화 : 화성 생명체 가설
④ 설명과 해명 : 그린과 스키아파렐리

10 다음 문단을 논리적 순서대로 바르게 나열한 것은?

(가) 좋은 체력은 하루 이틀 사이에 이루어지지 않으며, 이를 위해서는 공부, 식사, 수면, 운동의 개인별 특성에 맞는 규칙적인 생활관리와 알맞은 영양공급이 필수적이다. 또 이 시기는 신체적으로도 급격한 성장과 성숙이 이루어지는 중요한 시기로, 좋은 영양상태를 유지하는 것은 수험을 위한 체력의 기반을 다지는 것뿐만 아니라 건강하고 활기찬 장래를 위한 준비가 된다는 점을 간과해서는 안 된다.

(나) 우리나라의 중·고교생들은 많은 수가 입시전쟁을 치러야 하는 입장에 있다. 입시 준비 기간이라는 어려운 기간을 잘 이겨내어 각자가 지닌 목표를 달성하려면 꾸준한 노력과 총명한 두뇌가 중요하지만 마지막 승부수는 체력일 것이다.

(다) 그러나 학생들은 많은 학습량, 수험으로 인한 스트레스, 밤새우기 등 불규칙한 생활을 하기도 하고, 식생활에 있어서도 아침을 거르고, 제한된 도시락 반찬으로 인한 불충분한 영양소 섭취, 잦은 야식, 미용을 위하여 무리하게 식사를 거르거나 절식을 하여 건강을 해치기도 한다. 또한 집 밖에서 보내는 시간이 많아 주로 패스트푸드, 편의식품점, 자동판매기를 통해 식사를 대체하고 있다.

① (가) – (나) – (다)
② (가) – (다) – (나)
③ (나) – (가) – (다)
④ (나) – (다) – (가)

11 K중학교에서 2 ~ 3학년을 대상으로 체육시험을 실시하였다. 2 ~ 3학년 학생 수는 200명이며, 전체 평균점수는 59.6점이었다. 3학년 학생 수는 전체 학생 수의 51%이고, 3학년 학생의 평균점수는 2학년 학생 평균점수의 3배보다 2점이 높을 때, 2학년과 3학년의 평균은 각각 얼마인가?

	2학년	3학년
①	26점	80점
②	27점	83점
③	28점	86점
④	29점	89점

12 12층에 사는 수진이는 출근하려고 나왔다가 중요한 서류를 깜빡한 것이 생각나 다시 집에 다녀오려고 한다. 엘리베이터 고장으로 계단을 이용해야 하는데 1층부터 6층까지 쉬지 않고 올라갈 때, 35초가 걸리고, 7층부터는 한 층씩 올라갈 때마다 5초씩 쉬려고 한다. 수진이가 1층부터 12층까지 올라가는 데 걸린 시간은?(단, 6층에서는 쉬지 않는다)

① 102초
② 107초
③ 109초
④ 112초

13 A, B그릇에는 각각 농도 6%, 8%의 소금물 300g이 들어 있다. A그릇에서 소금물 100g을 퍼서 B그릇에 옮겨 담고, 다시 B그릇에서 소금물 80g을 퍼서 A그릇에 옮겨 담았다. 이때, A그릇에 들어 있는 소금물의 농도는 얼마인가?(단, 소수점 둘째 자리에서 반올림한다)

① 5%
② 5.6%
③ 6%
④ 6.4%

14 K사에서 환경미화를 위해 올해에도 실내공기 정화식물을 구입하기로 하였다. 작년에 구입한 식물은 올해 구입할 식물 수보다 2.5배 많으며, 16%가 시들었다. 작년에 시든 식물이 20그루라고 할 때, 올해 구입할 실내공기 정화식물의 수는?

① 45그루
② 50그루
③ 55그루
④ 60그루

15 다음은 2019 ~ 2023년 자원봉사 참여현황에 대한 자료이다. 이를 참고할 때, 참여율이 4번째로 높은 해의 전년 대비 참여율의 증가율은?(단, 소수점 둘째 자리에서 반올림한다)

〈자원봉사 참여현황〉

(단위 : 명, %)

구분	2019년	2020년	2021년	2022년	2023년
총 성인 인구수	39,377,310	39,832,282	40,287,814	40,747,638	41,210,561
자원봉사 참여 성인 인구수	5,077,428	5,823,697	6,666,477	7,169,252	7,998,625
참여율	12.9	14.6	16.5	17.6	19.4

① 7.5%
② 9.6%
③ 11.6%
④ 13.2%

※ 다음은 어느 나라의 관광객 유동인원에 대한 자료이다. 이어지는 질문에 답하시오. **[16~17]**

〈2018년 관광객 유동인원〉

(단위 : 천 명)

출신지 \ 여행지	동부지역	남부지역	서부지역	북부지역	합계
동부지역	550	80	250	300	1,180
남부지역	200	400	510	200	1,310
서부지역	390	300	830	180	1,700
북부지역	80	200	80	420	780
합계	1,220	980	1,670	1,100	4,970

〈2023년 관광객 유동인원〉

(단위 : 천 명)

출신지 \ 여행지	동부지역	남부지역	서부지역	북부지역	합계
동부지역	500	200	400	200	1,300
남부지역	200	300	500	300	1,300
서부지역	400	400	800	200	1,800
북부지역	100	300	100	300	800
합계	1,200	1,200	1,800	1,000	5,200

16 2023년 동부지역 관광객 중 서부지역 출신 대비 2018년 서부지역 관광객 중 남부지역 출신의 비율은?(단, 소수점 첫째 자리에서 반올림한다)

① 119%
② 122%
③ 125%
④ 128%

17 다음 중 자료에 대한 설명으로 옳은 것은?(단, 소수점 둘째 자리에서 반올림한다)

① 5년 사이에 전체적으로 관광객이 증가하였고, 지역별로도 모든 지역에서 관광객이 늘었다.
② 남부지역 관광객 중 서부지역 출신이 차지하는 비율은 5년 동안 증가했다.
③ 본인의 출신지를 여행하는 관광객이 차지하는 비중은 2018년에 비해 2023년에 증가하였다.
④ 모든 관광객이 동일한 지출을 한다고 가정했을 때, 2018년에 관광수지가 적자인 곳은 2곳이었지만, 2023년에는 1곳이다.

18 다음은 2024년도 경기전망을 나타낸 자료이다. 경제성장률이 2%p씩 상승하는 경우 경제성장률의 기댓값은?

〈2024년도 경기전망〉

경제성장률(확률변수)	확률
5%	0.2
15%	0.4
20%	0.4

※ (기댓값)=(확률변수)×(확률)의 합

① 14%
② 15%
③ 16%
④ 17%

19 다음은 청소년의 경제의식에 대한 설문조사 결과이다. 이에 대한 설명으로 옳은 것은?

〈경제의식에 대한 설문조사 결과〉

(단위 : %)

설문 내용	구분	전체	성별		학교별	
			남	여	중학교	고등학교
용돈을 받는지 여부	예	84.2	82.9	85.4	87.6	80.8
	아니오	15.8	17.1	14.6	12.4	19.2
월간 용돈 금액	5만 원 미만	75.2	73.9	76.5	89.4	60
	5만 원 이상	24.8	26.1	23.5	10.6	40
금전출납부 기록 여부	기록한다.	30	22.8	35.8	31	27.5
	기록 안 한다.	70	77.2	64.2	69.0	72.5

① 용돈을 받는 남학생의 비율이 용돈을 받는 여학생의 비율보다 높다.
② 월간 용돈을 5만 원 미만으로 받는 비율은 중학생이 고등학생보다 높다.
③ 고등학생 전체 인원을 100명이라 한다면, 월간 용돈을 5만 원 이상 받는 학생은 40명이다.
④ 금전출납부는 기록하는 비율이 기록 안 하는 비율보다 높다.

20 **일정한 규칙으로 수를 나열할 때, 빈칸에 들어갈 알맞은 수는?**

<u>−7　3　2</u>　<u>(　)　−4　−13</u>　<u>27　5　−16</u>

① 15　　② 25

③ 30　　④ 35

21 **다음은 문제해결절차의 문제 인식 단계에 대한 설명이다. 빈칸에 들어갈 말이 바르게 연결된 것은?**

문제 인식 단계에서는 일련의 절차를 통해 해결해야 할 문제를 파악한다. 문제가 발생하였을 때, 가장 먼저 해야 하는 일은 ___㉠___(으)로, 주로 3C 분석이나 SWOT 분석이 사용된다. ___㉠___을 통해 현상을 파악한 후에는 ___㉡___의 단계를 거친다. ___㉡___을 위해서는 다양한 후보안을 찾는 것이 바람직하다. 마지막으로 ___㉢___은 과제안 중 효과 및 실행 가능성 측면을 평가하여 우선순위를 부여하여 가장 우선순위가 높은 안을 선정하며, 우선순위 평가 시에는 과제의 목적, 목표 등을 종합적으로 고려하여 평가한다.

	㉠	㉡	㉢
①	과제 도출	과제 선정	과제 실행
②	과제 분석	주요 과제 도출	과제 선정
③	환경 분석	주요 과제 도출	과제 선정
④	환경 분석	과제 선정	주요 과제 도출

22 **K전자회사의 기획팀에 근무 중인 A사원은 자사에 대한 마케팅 전략 보고서를 작성하려고 한다. A사원이 SWOT 분석을 한 결과가 다음과 같을 때, 분석 결과에 대응하는 전략과 그 내용의 연결이 옳지 않은 것은?**

〈SWOT 분석 결과〉

강점(Strength)	약점(Weakness)
• 세계 판매량 1위의 높은 시장 점유율 • 제품의 뛰어난 내구성 • 다수의 특허 확보	• 보수적 기업 이미지 • 타사 제품에 비해 높은 가격 • 경쟁업체 제품과의 차별성 약화
기회(Opportunity)	**위협(Threat)**
• 경쟁업체 제품의 결함 발생 • 해외 신규시장의 등장 • 인공지능, 사물인터넷 등 새로운 기술 등장	• 중국 업체의 성장으로 가격 경쟁 심화 • 미·중 무역전쟁 등 시장의 불확실성 증가에 따른 소비 위축

① SO전략 : 뛰어난 내구성을 강조한 마케팅 전략 수립

② WO전략 : 안정적 기업 이미지를 활용한 홍보 전략으로 해외 신규시장 진출

③ ST전략 : 해외 공장 설립으로 원가 절감을 통한 가격 경쟁력 확보

④ WT전략 : 경쟁업체와 차별화된 브랜드 고급화 전략 수립

23 **초등학교 담장에 벽화를 그리기 위해 바탕색을 칠하려고 한다. 5개의 벽에 바탕색을 칠해야 하고, 벽은 일자로 나란히 배열되어 있다고 한다. 다음 〈조건〉을 지켜가며 칠한다고 했을 때, 항상 옳은 것은?(단, 칠해야 할 색은 빨간색, 주황색, 노란색, 초록색, 파란색이다)**

〈조건〉

• 주황색과 초록색은 이웃해서 칠한다.
• 빨간색과 초록색은 이웃해서 칠할 수 없다.
• 파란색은 양 끝에 칠할 수 없으며, 빨간색과 이웃해서 칠할 수 없다.
• 노란색은 왼쪽에서 두 번째에 칠할 수 없다.

① 노란색을 왼쪽에서 첫 번째에 칠할 때, 주황색은 오른쪽에서 세 번째에 칠하게 된다.

② 칠할 수 있는 경우의 수 중에 한 가지는 주황 – 초록 – 파랑 – 노랑 – 빨강이다.

③ 파란색을 오른쪽에서 두 번째에 칠할 때, 주황색은 왼쪽에서 첫 번째에 칠하게 된다.

④ 주황색은 왼쪽에서 첫 번째에 칠할 수 없다.

※ K자동차 회사는 자동차 엔진마다 시리얼 번호를 부여하였으며, 부여방식은 아래와 같다. 이어지는 질문에 답하시오. **[24~25]**

(첫째 자리 수)=(제조년)												
1999년	2000년	2001년	2002년	2003년	2004년	2005년	2006년	2007년	2008년	2009년	2010년	2011년
V	W	X	Y	1	2	3	4	5	6	7	8	9
2012년	2013년	2014년	2015년	2016년	2017년	2018년	2019년	2020년	2021년	2022년	2023년	2024년
A	B	C	D	E	F	G	H	J	K	L	M	N

(둘째 자리 수)=(제조월)											
1월	2월	3월	4월	5월	6월	7월	8월	9월	10월	11월	12월
A	C	E	G	J	L	N	Q	S	U	W	Y
B	D	F	H	K	M	P	R	T	V	X	Z

※ 셋째 자리 수부터 여섯째 자리 수까지는 엔진이 생산된 순서의 번호이다.

24 다음 중 시리얼 번호가 바르게 표시된 것은?

① OQ3258
② LI2316
③ SU3216
④ HS1245

25 다음 중 1999 ~ 2002년, 2016 ~ 2020년에 생산된 엔진의 시리얼 번호에 해당되지 않는 것은?

① FN4568
② HH2314
③ WS2356
④ DU6548

26 컨설팅 회사에 근무 중인 A사원은 최근 컨설팅 의뢰를 받은 K사진관에 대해 SWOT 분석을 진행하기로 하였다. 다음 ㉠~㉣ 중 SWOT 분석에 들어갈 내용으로 적절하지 않은 것은?

〈SWOT 분석〉

구분	내용
강점(Strength)	• ㉠ 넓은 촬영 공간(야외 촬영장 보유) • 백화점 인근의 높은 접근성 • ㉡ 다양한 채널을 통한 홍보로 높은 인지도 확보
약점(Weakness)	• ㉢ 직원들의 높은 이직률 • 회원 관리 능력 부족 • 내부 회계 능력 부족
기회(Opportunity)	• 사진 시장의 규모 확대 • 오프라인 사진 인화 시장의 성장 • ㉣ 전문가용 카메라의 일반화
위협(Threat)	• 저가 전략 위주의 경쟁 업체 증가 • 온라인 사진 저장 서비스에 대한 수요 증가

① ㉠ ② ㉡
③ ㉢ ④ ㉣

27 다음은 부품별 한 개당 가격, 마우스 부품 조립 시 소요시간과 필요 개수에 대한 자료이고, 마우스는 A~F부품 중 3가지 부품으로 구성된다. 마우스를 최대한 비용과 시간을 절약하여 완성할 경우 A~F부품 중 〈조건〉에 부합하는 부품 구성으로 가장 적절한 것은?

〈부품 한 개당 가격 및 시간〉

부품	가격	시간	필요개수	부품	가격	시간	필요개수
A	20원	6분	3개	D	50원	11분 30초	2개
B	35원	7분	5개	E	80원	8분 30초	1개
C	33원	5분 30초	2개	F	90원	10분	2개

※ 시간은 필요개수 모두를 사용한 시간이다.

〈조건〉

• 완제품을 만들 때 부품의 총가격이 가장 저렴해야 한다.
• 완제품을 만들 때 부품의 총개수는 상관없다.
• 완제품을 만들 때 총소요시간이 25분 미만으로 한다.
• 총가격 차액이 100원 미만일 경우 총소요시간이 가장 짧은 구성을 택한다.

① A, B, E ② A, C, D
③ B, C, E ④ B, D, F

28 K회사에서는 소비자에게 어필할 수 있는 마케팅 전략을 수립하기 위해, 다음과 같은 자료를 참고하여 회의를 진행하고자 한다. 회의에 참여한 A ~ D 중 자신의 주장에 대해 근거가 타당하지 않은 사람은?

〈금융 소비자의 유형별 비중 및 구성비〉

유형	내용	비중	소득 하위 17% / 상위 17% 구성비	저연령층 / 고연령층 구성비
Digital Lifestyles	IT 기기의 선호도가 높음	7%	18% / 15%	51% / 12%
Trust	정직, 신뢰에 높은 가치를 둠	37%	18% / 15%	33% / 27%
Convenience	자신에게 적합한 시간, 원하는 방식을 선택하는 것을 선호	13%	19% / 15%	46% / 18%
Exclusivity	평균 이상의 높은 품질의 상품 및 서비스를 소비	5%	17% / 21%	48% / 12%
Individualism	특성 분류로 규정하기 어려움	4%	18% / 19%	39% / 23%
Responsibility	스스로가 선택하고 의사 결정하는 것을 중요시	23%	18% / 16%	37% / 22%
Fear	제반 여건을 모두 검토한 후에 행동	6%	19% / 15%	42% / 17%
Evolving Landscapes	새로운 상품과 서비스를 즐김	5%	18% / 21%	52% / 10%

※ 저연령층 : 18 ~ 34세 / 고연령층 : 55세 이상

① A : 가장 큰 비중을 차지하는 Trust 유형에서는 신뢰도를 높이기 위해 단순한 교차판매보다 서비스 질 향상을 위해 집중하는 것이 좋겠습니다.

② B : Exclusivity, Evolving Landscapes 유형에서는 고소득자의 구성비가 높았는데, 평균 이상의 특별한 서비스와 혁신적인 상품으로 접근하면 효과적일 것으로 판단됩니다.

③ C : Convenience, Fear 유형에서는 저소득자의 구성비가 가장 높게 나타나긴 했으나 타 유형이 17 ~ 18%인 것을 감안하면 유의미한 차이로 보기 어렵습니다.

④ D : 저연령층은 Digital Lifestyles, Convenience, Responsibility 등의 유형에서 구성비가 높게 나타났는데, 이들은 IT 기기에 친숙하고 새로운 것을 좋아하므로 최신 트렌드의 반영, 온라인 및 모바일 채널 확대 등을 고려할 필요가 있습니다.

29 신입사원인 수호, 민석, 종대는 임의의 순서로 검은색 · 갈색 · 흰색 책상에 이웃하여 앉아 있고, 커피 · 주스 · 콜라 중 한 가지씩 좋아한다. 또한 기획 · 편집 · 디자인의 서로 다른 업무를 하고 있다. 알려진 정보가 다음 〈조건〉과 같을 때, 반드시 참인 것을 〈보기〉에서 모두 고르면?

〈조건〉

- 종대는 갈색 책상에 앉아 있다.
- 검은색 책상에 앉은 사람은 편집 업무를 담당한다.
- 기획 담당과 디자인 담당은 서로 이웃해 있지 않다.
- 디자인을 하는 사람은 커피를 좋아한다.
- 수호는 편집 담당과 이웃해 있다.
- 수호는 주스를 좋아한다.

〈보기〉

ㄱ. 종대는 커피를 좋아한다.
ㄴ. 민석이와 종대는 이웃해 있다.
ㄷ. 수호는 편집을 하지 않고, 민석이는 콜라를 좋아하지 않는다.
ㄹ. 민석이는 흰색 책상에 앉아 있다.
ㅁ. 수호는 기획 담당이다.

① ㄱ, ㄴ
② ㄴ, ㄷ
③ ㄷ, ㄹ
④ ㄱ, ㄴ, ㅁ

30 사내 시설 예약을 담당하는 A사원은 K서포터즈 발대식 안내문을 받고 〈조건〉에 따라 시설을 예약하려고 한다. 다음 중 A사원이 예약할 시설로 가장 적절한 것은?

〈K서포터즈 발대식 안내〉

– 일시 : 11월 17 ~ 18일(1박 2일)
– 대상인원 : 서포터즈 선발인원 117명, 아나운서 6명

… (하략) …

〈사내 시설 현황〉

구분	최대 수용인원	시설 예약 현황			부대시설	
		8월 16일	8월 17일	8월 18일	마이크	프로젝터
한빛관	166명	–	–	09:00 ~ 11:00	○	×
비전홀	158명	15:00 ~ 17:00	–	–	○	○
대회의실	148명	09:00 ~ 10:00	–	–	○	○
세미나실	124명	–	–	–	×	×

〈조건〉

- 운영인원 10명을 포함한 전체 참여인원을 수용할 수 있어야 한다.
- 마이크와 프로젝터가 모두 있어야 한다.
- 발대식 전날 정오부터 대여가 가능해야 한다.

① 한빛관
② 비전홀
③ 대회의실
④ 세미나실

31 K공단에서는 매월 초 인트라넷을 통해 윤리경영 자기진단을 실시한다. 아침 회의 시 부서장은 오늘 내에 부서 구성원이 모두 참여할 수 있는 별도의 시간을 정하여 가능한 빨리 완료할 것을 지시하였다. 이에 과장은 A사원에게 다음의 업무 스케줄을 보고 적당한 시간을 확인하여 보고할 것을 당부하였다. 자기진단 시간으로 1시간이 소요될 때 가장 적절한 시간은?

〈업무 스케줄〉

시간	직급별 스케줄				
	부장	차장	과장	대리	사원
09:00 ~ 10:00	부서장 회의				
10:00 ~ 11:00					
11:00 ~ 12:00			타부서 협조회의		
12:00 ~ 13:00	점심식사				
13:00 ~ 14:00	부서 업무 회의				비품 신청
14:00 ~ 15:00					
15:00 ~ 16:00			일일 업무 결산		
16:00 ~ 17:00		업무보고			
17:00 ~ 18:00	업무보고				

① 15:00 ~ 16:00
② 14:00 ~ 15:00
③ 12:00 ~ 13:00
④ 10:00 ~ 11:00

32 A사원은 인적자원의 효과적 활용에 대한 강연을 듣고, 인맥을 활용하였을 때의 장점에 대해 다음과 같이 정리하였다. 밑줄 친 ㉠ ~ ㉣ 중 A사원이 잘못 메모한 내용은 모두 몇 개인가?

〈인적자원의 효과적 활용〉

• 인적자원이란?

… 중략 …

• 인맥 활용 시 장점
  – ㉠ <u>각종 정보와 정보의 소스 획득</u>
  – ㉡ <u>'나' 자신의 인간관계나 생활에 대해서 알 수 있음</u>
    ↳ ㉢ <u>자신의 인생에 탄력이 생김</u>
  – ㉣ <u>'나' 자신만의 사업을 시작할 수 있음 ← 참신한 아이디어 획득</u>

① 없음
② 1개
③ 2개
④ 3개

33 **다음은 예산관리 시스템의 유형 중 하나인 '영(Zero)기준 예산관리'에 대해 설명한 글이다. 이를 토대로 영(Zero)기준 예산관리의 특징으로 보기 어려운 것은?**

영(Zero)기준 예산관리는 전년도 예상과는 무관하게 영(Zero)의 상태에서 기존의 프로그램이나 신규 프로그램의 정당화를 역설하고, 프로그램의 우선순위에 따라 예산을 편성하는 형식으로서 현재의 프로그램의 효과성과 효율성, 시급성에 따라 예산의 증감을 결정한다.

① 예산절약과 프로그램의 쇄신에 기여할 수 있다.
② 재정자원의 합리적인 배분과 탄력성에 기여할 수 있다.
③ 프로그램의 심리적인 요인을 강조하며, 장기적인 프로그램의 예산계획으로 적절하다.
④ 프로그램 평가에 대한 관리자의 전문성과 객관성이 요구된다.

34 **다음 사례에 나타난 A씨의 자원 낭비 요인은?**

A씨는 요즘 밤늦게까지 게임을 하느라 잠이 부족하다. 어젯밤에도 다음날 오전에 친구와 약속이 있다는 것을 알면서도 새벽까지 게임을 하느라 아침이 다 되어 잠이 들었다. 알람이 울려 잠시 눈을 떴지만, 잠을 더 자야겠다는 생각에 알람을 끄고 다시 눈을 감았다. 결국 해가 중천에 뜨고 나서야 일어난 A씨는 잔뜩 화가 난 친구의 문자를 확인하고 친구에게 전화를 걸었지만, 친구는 전화를 받지 않았다.

① 비계획적 행동
② 편리성 추구
③ 자원에 대한 인식 부재
④ 노하우 부족

35 일본 도쿄에 있는 거래처에 방문한 K씨는 회사에서 삿포로에 위치한 거래처에도 다녀오라는 연락을 받았다. 이때 K씨가 선택할 수 있는 A ~ D교통편과 결정조건이 다음과 같을 때, K씨가 선택할 교통편은?(단, 소수점 셋째 자리에서 반올림한다)

〈교통수단별 시간 및 요금〉

구분	교통수단	시간(시간)	편안함 계수	요금(원)
A	일반열차	10	5	50,000
B	일반열차	8	5	60,000
C	고속열차	6	7	80,000
D	고속열차	5	7	100,000

※ 편안함 계수 : 1 ~ 10까지의 숫자로 산정하며, 계수가 클수록 편안하다.

〈교통수단의 결정조건〉

- 결정조건계수가 가장 큰 교통수단을 선택한다.
- $(\text{결정조건계수}) = \frac{(\text{편안함 계수}) \times 700}{(\text{시간}) \times 1{,}000 + (\text{요금}) \times 0.5}$

① A
② B
③ C
④ D

36 I사원은 회사 법인카드를 사용하여 부장 3명과 대리 2명의 제주 출장을 위해 왕복항공권을 구입하려고 한다. 다음은 항공사별 좌석에 따른 편도 비용에 대한 자료이다. 부장은 비즈니스석, 대리는 이코노미석을 이용한다고 할 때, 다음 중 가장 저렴하게 항공권을 구입할 수 있는 항공사는?(단, 모두 같은 항공사를 이용한다)

〈항공사별 좌석 편도 비용 현황〉

항공사	비즈니스석	이코노미석	비고
A항공사	120,000원	85,000원	-
B항공사	150,000원	95,000원	법인카드 사용 시 20% 할인
C항공사	150,000원	80,000원	왕복권 구매 시 10% 할인
D항공사	130,000원	75,000원	-

① A항공사
② B항공사
③ C항공사
④ D항공사

37 K공단은 상반기 인사이동을 통해 품질안전본부의 승진대상자 중 승진할 직원 2명을 선정하고자 한다. 승진자 결정방식 및 승진대상자 정보가 다음과 같을 때, 승진하게 되는 직원을 바르게 짝지은 것은?

〈승진자 결정방식〉

- 품질안전본부의 승진대상자인 갑, 을, 병, 정, 무 중 승진점수가 가장 높은 직원 2명이 승진하게 된다.
- 승진점수는 업무실적점수(20점), 사고점수(10점), 근무태도점수(10점), 가점 및 벌점(최대 5점)을 합산하여 산정한다.
- 업무실적점수 산정기준(20점 만점)

A	B	C	D
20점	17점	13점	10점

- 사고점수 산정기준(10점 만점) : 만점인 10점에서 사고유형 및 건수에 따라 차감하여 계산한다.

구분	1건당 벌점
경미·과실	1점
중대·고의	3점

- 근무태도점수 산정기준(10점 만점)

우수	보통	미흡
10점	7점	4점

- 가점 및 벌점 부여기준(최대 5점)
  - 무사고(모든 유형의 사고 건수 0건) : 가점 2점
  - 수상실적 : 1회당 가점 2점
  - 사고유형 중 중대·고의 사고 건수 2건 이상 : 벌점 4점

〈승진대상자 정보〉

구분	업무실적등급	사고건수		근무태도등급	수상실적
		경미·과실	중대·고의		
갑	A	–	1	보통	1회
을	B	1	–	우수	2회
병	C	2	–	보통	–
정	A	1	1	미흡	–
무	D	–	–	우수	1회

① 갑, 을　　② 갑, 정
③ 을, 무　　④ 병, 정

38 K마트는 12월 한 달간 이웃사랑 나눔 행사를 개최하고자 한다. 한 달 동안 K마트에서 상품을 구매한 모든 고객들에게 경품 응모권을 증정하여 추첨으로 고객들에게 소정의 사은품을 나누어 주는 행사이다. 행사에 필요한 예산을 중앙회에 요청하기 위해 다음과 같이 예산안을 작성하였다면, 필요한 총예산은?(단, 행사에 참여한 모든 고객들은 경품에 당첨된다)

〈기획안〉

■ 행사제목 : K마트 12월 이웃사랑 나눔 행사
■ 행사기간 : 2024년 12월 1일(일) ~ 12월 31일(화)
■ 참여대상 : K마트에서 상품을 구매한 모든 고객
■ 추첨방법 : 경품 응모권 추첨(1월 4일 토요일 K마트 게시판에 당첨자 안내)
■ 예상 참여인원 : 200명(전년 동월 방문고객 수 참고 인원)
■ 경품내역

구분	경품내역
1등(2명)	K마트 상품권(10만 원)
2등(5명)	쌀(20kg)
3등(10명)	김치(5kg)
4등(15명)	라면(1Box)
5등(26명)	김(묶음)
6등(42명)	밀폐용기(세트)
7등(100명)	주방세제(세트)

■ 구매상품별 단가

구분	상품권 (10만 원)	쌀 (20kg)	김치 (5kg)	라면 (1Box)	김 (묶음)	밀폐용기 (세트)	주방세제 (세트)
단가(원)	100,000	30,000	20,000	20,000	15,000	10,000	10,000

① 2,250,000원
② 2,300,000원
③ 2,660,000원
④ 3,200,000원

39 다음은 K공단에서 외국국적동포를 대상으로 외국인 취업교육을 실시하기 위해 조사한 A ~ D지역에 대한 자료이다. 이를 바탕으로 선정될 지역으로 가장 적절한 곳은?

〈지역별 조사 현황〉

구분	외국인 인구	지역 지원예산	선호도
A지역	20명	200만 원	48점
B지역	35명	220만 원	40점
C지역	16명	190만 원	45점
D지역	44명	280만 원	32점

〈외국인 인구 범위별 점수〉

10명 미만	20명 미만	30명 미만	30명 이상
20점	30점	40점	50점

〈지역 지원예산 금액별 점수〉

150만 원 이하	200만 원 이하	250만 원 이하	250만 원 초과
20점	30점	40점	50점

〈항목별 가중치〉

외국인 인구	지역 지원예산	선호도
50%	30%	20%

※ 가중치를 적용한 총점이 가장 높은 지역을 선정한다.

① A지역　　② B지역

③ C지역　　④ D지역

40 K빌딩의 경비원 김갑돌 씨와 이을동 씨 중 김갑돌 씨는 청력이 좋지 않아 특정 날씨 조건에 따라 '삼'과 '천'을 바꾸어 알아듣는다. 예를 들면 '301호'를 '천일호'로, '1101호'를 '삼백일호'라고 알아듣는다. 한편 이 빌딩 ○○○호 직원은 전화 통화로 경비원에게 맡겨진 자신의 물건을 가져다 줄 것을 부탁하였다. 11월 1일에서 11월 7일까지의 상황이 다음과 같다고 할 때, 경비원 김갑돌 씨와 이을동 씨가 7일간 301호와 1101호에 전달한 내용물을 바르게 나열한 것은?

〈통화 내용〉

○○○호 직원 : 여기 ○○○호 직원인데요. 관리실에 맡겨져 있는 △△(주인과 호수가 표시되어 있지 않음)을 저희 사무실에 갖다 주시면 고맙겠습니다.

경비원 : 알겠습니다.

〈상황〉

• 근무 일정 및 날씨

일자 / 날씨	11월 1일 / 종일 맑음	11월 2일 / 종일 비	11월 3일 / 종일 맑음	11월 4일 / 종일 맑음	11월 5일 / 종일 맑음	11월 6일 / 종일 흐림	11월 7일 / 종일 비
근무자	김갑돌	이을동	김갑돌	이을동	김갑돌	이을동	김갑돌
발신자	1101호 직원	1101호 직원	–	–	301호 직원	301호 직원	–
요청사항	천 묶음 전달	삼 묶음 전달	–	–	천백 원 봉투 전달	삼백 원 봉투 전달	–

• 김갑돌 씨와 이을동 씨는 1일씩 근무하고 자정에 교대한다.
• 이 경비실에는 상기 기간 동안 천 2묶음, 삼 2묶음, 천백 원 봉투 2개, 삼백 원 봉투 2개가 맡겨져 있다.
• 청력 상태
  – 김갑돌 : 날씨가 맑지 않으면 위와 같이 '삼'과 '천'을 바꾸어 알아듣는다.
  – 이을동 : 날씨에 아무런 영향을 받지 않고, 정상적으로 알아듣는다.
• 특이사항 : 이을동 씨는 11월 2일에 전화받은 내용을 미처 실행에 옮기지 못하여 김갑돌 씨에게 교대하기 10분 전에 "삼 묶음을 1101호에 내일 전달해 주세요."라고 말하였고, 김갑돌 씨는 알아들었다고 했다.

	301호	1101호
①	천 묶음, 천백 원 봉투, 삼백 원 봉투	천 묶음
②	삼 묶음, 천 묶음	삼백 원 봉투, 천백 원 봉투
③	천 묶음, 삼백 원 봉투	천 묶음, 삼 묶음
④	삼백 원 봉투, 천백 원 봉투	천 묶음, 삼백 원 봉투

| 02 | 사무직

41 **다음을 보고 A사원이 처리할 첫 업무와 마지막 업무를 바르게 나열한 것은?**

> A씨, 우리 팀이 준비하는 프로젝트가 마무리 단계인 건 알고 있죠? 이제 곧 그동안 진행해 온 팀 프로젝트를 발표해야 하는데 A씨가 발표자로 선정되어서 몇 가지 말씀드릴 게 있어요. 9월 둘째 주 월요일 오후 4시에 발표를 할 예정이니 그 시간에 비어있는 회의실을 찾아보고 예약해 주세요. 오늘이 벌써 첫째 주 수요일이네요. 보통 일주일 전에는 예약해야 하니 최대한 빨리 확인하고 예약해 주셔야 합니다. 또 발표 내용을 PPT 파일로 만들어서 저한테 메일로 보내 주세요. 검토 후 수정사항을 회신할 테니 반영해서 최종본 내용을 브로슈어에 넣어 주세요. 최종본 내용을 모두 입력하면 디자인팀 D대리님께 파일을 넘겨줘야 해요. 디자인팀에서 작업 후 인쇄소로 보낼 겁니다. 최종 브로슈어는 1층 인쇄소에서 받아오시면 되는데 원래는 한나절이면 찾을 수 있지만 이번에 인쇄 주문 건이 많아서 다음 주 월요일에 찾을 수 있을 거예요. 아, 그리고 브로슈어 내용 정리 전에 작년에 프로젝트 발표자였던 B주임에게 물어보면 어떤 식으로 작성해야 할지 이야기해 줄 거예요.

① PPT 작성 – D대리에게 파일 전달
② 회의실 예약 – B주임에게 조언 구하기
③ 회의실 예약 – 인쇄소 방문
④ B주임에게 조언 구하기 – 인쇄소 방문

42 **다음 사례에 나타난 기업 간 통합의 특징으로 옳은 것은?**

> 자동차 부품 제조 기술로 성장하던 현대자동차가 2010년 일관제철소를 완공하면서 세계에서 처음으로 일관제철소를 소유한 자동차 회사가 되었다. 일관제철소는 제선, 제강, 압연의 세 공정을 모두 갖춘 제철소로, 현대자동차는 이를 소유하면서 철강 부품의 수급과 관련된 생산 공정을 확보하게 되어 더 크게 성장할 수 있었다.

① 현대자동차가 기아자동차를 인수 합병한 것도 한 예가 된다.
② 생산비용 및 시장비용을 절감할 수 있다.
③ 중소기업의 경우 생산설비능력이 증가하여 생산규모를 확대할 수 있다.
④ 환경 변화에 대한 대응이 빠르고, 유연성이 높다.

43 **직장생활을 하면 해외 바이어를 만날 일이 생기기도 한다. 다음 중 이를 대비해 알아두어야 할 국제매너로 옳지 않은 것은?**

① 악수를 한 후 명함을 건네는 것이 순서이다.
② 러시아, 라틴아메리카 사람들은 포옹으로 인사를 하는 경우도 많다.
③ 이라크 사람들은 상대방이 약속시간이 지나도 기다려 줄 것으로 생각한다.
④ 미국인들과 악수를 할 때에는 손끝만 살짝 잡아야 한다.

※ 다음은 창의적 사고 개발 기법 중 하나인 '스캠퍼(SCAMPER) 기법'에 대한 자료이다. 이어지는 질문에 답하시오. [44~45]

▸ 스캠퍼(SCAMPER) 기법
– 창의력 증진기법으로 아이디어를 얻기 위해 의도적으로 시험할 수 있는 7가지 규칙을 의미한다.

▸ 스캠퍼 기법의 유형

S	Substitute(대체)	기존 사물의 형태, 용도, 방법 등을 다른 것으로 대체하는 것이다.
C	Combine(조합)	두 가지 또는 그 이상의 것들을 결합·혼합해서 새로운 것을 생각하는 것이다.
A	Adapt(적용)	어떤 형태나 원리, 방법을 다른 분야의 조건이나 목적에 맞도록 적용하는 것이다.
M	Modify(수정)	기존 상품이나 아이디어에 색, 모양, 의미 등을 조금 수정해서 변화를 주는 것이다.
	Magnify(확대)	보다 크게, 무겁게, 강하게 만드는 것이다.
	Minify(축소)	작게, 가볍게, 가늘게 축소하여 만드는 것이다.
P	Put to Other Use(다른 용도)	어떤 사물이나 아이디어를 다른 방법으로 활용하는 방법이다.
E	Eliminate(삭제)	사물의 한 부분을 삭제해서 새로운 것이나 더 발전된 아이디어를 떠올리는 방법이다.
R	Rearrange(재배치)	형식, 순서, 구성 등을 바꾸어서 새로운 상품이나 문제 해결의 아이디어를 얻는 방법이다.
	Reverse(반전)	앞과 뒤, 왼쪽과 오른쪽, 안과 밖, 위와 아래, 원인과 결과 등 형태, 순서, 방법, 아이디어를 거꾸로 뒤집어서 새로운 것을 떠올리는 방법이다.

44 K사는 다음 달에 신제품으로 '베개'를 출시하기 위해 아래와 같이 베개에 대한 아이디어 회의를 진행하였다. 다음 중 스캠퍼 기법이 적용된 아이디어 내용으로 거리가 먼 것은?

① 베개 외피를 제거하여 베개를 일체형으로 만들어보면 어떨까요?
② 캠핑족들을 위해 베개를 더 작고 가볍게 만들어 보는 것은 어떨까요?
③ 다른 경쟁사들의 베개와 비교해보는 것은 어떨까요?
④ 베개 속을 기존과 다르게 한약재나 구슬 등으로 바꿔보면 어떨까요?

45 다음 중 스캠퍼 기법의 유형에서 Adapt(적용) 유형의 사례로 옳은 것은?

① 새로운 소스를 개발하여 만든 파스타
② 씨앗이 옷에 붙는 것을 보고 만든 벨크로 찍찍이
③ 내구성을 더 강화시킨 강화유리
④ 불량 접착제를 활용해 만든 포스트 잇

46 **다음 중 조직과 개인의 관계에 대한 설명으로 옳지 않은 것은?**

① 개인이 조직이 정해준 범위 외에서 업무를 성취하면 보통 조직에 더 큰 이익을 가져온다.

② 개인별 역량의 결과가 조직의 성과로 이어진다.

③ 개인은 조직에 필요한 지식, 기술, 경험 등 개인이 갖고 있는 여러 가지 자원을 제공한다.

④ 개인과 조직은 유기적인 관계를 맺고 있기 때문에 하나가 잘못되면 다른 하나는 영향을 받게 된다.

47 **다음은 마이클 포터(Michael E. Porter)의 본원적 경쟁전략에 대한 설명이다. 다음 중 ㉠~㉢에 들어갈 말을 바르게 연결한 것은?**

> 본원적 경쟁전략은 해당 사업에서 경쟁우위를 확보하기 위한 전략으로 ___㉠___ 전략, ___㉡___ 전략, ___㉢___ 전략으로 구분된다. ___㉠___ 전략은 원가절감을 통해 해당 산업에서 우위를 점하는 전략으로, 이를 위해서는 대량생산을 통해 단위 원가를 낮추거나 새로운 생산기술을 개발할 필요가 있다. 여기에는 70년대 우리나라의 섬유업체나 신발업체, 가발업체 등이 미국시장에 진출할 때 취한 전략이 해당한다. ___㉡___ 전략은 조직이 생산품이나 서비스를 ___㉡___하여 고객에게 가치가 있고 독특하게 인식되도록 하는 전략이다. ___㉡___ 전략을 활용하기 위해서는 연구개발이나 광고를 통하여 기술, 품질, 서비스, 브랜드이미지를 개선할 필요가 있다. ___㉢___ 전략은 특정 시장이나 고객에게 한정된 전략으로, ___㉠___나 ___㉡___ 전략이 산업 전체를 대상으로 하는데 비해 ___㉢___ 전략은 특정 산업을 대상으로 한다. 즉, ___㉢___ 전략에서는 경쟁조직들이 소홀히 하고 있는 한정된 시장을 ___㉠___나 ___㉡___ 전략을 써서 집중적으로 공략하는 방법이다.

	㉠	㉡	㉢
①	원가우위	차별화	집중화
②	원가우위	집중화	차별화
③	차별화	집중화	원가우위
④	집중화	원가우위	차별화

48 다음 글에 대한 설명으로 가장 적절한 것은?

총무부는 회사에 필요한 사무용품을 대량으로 주문하였다. 주문서는 메일로 보냈는데, 배송 온 사무용품을 확인하던 중 책꽂이의 수량과 연필꽂이의 수량이 바뀌어서 배송된 것을 알았다. 주문서를 보고 주문한 수량을 한 번 더 확인한 후 바로 문구회사에 전화를 하니 상담원은 처음 발주한 수량대로 제대로 보냈다고 한다. 메일을 확인해보니, 수정 전의 파일이 발송되었다.

① 문구회사는 주문서를 제대로 보지 못하였다.
② 주문서는 메일로 보내면 안 된다.
③ 메일에 자료를 첨부할 때는 꼼꼼히 확인하여야 한다.
④ 책꽂이는 환불을 받는다.

49 다음의 대화를 읽고 조직 목표의 기능과 특징으로 적절하지 않은 것은?

이대리 : 박부장님께서 우리 회사의 목표가 무엇인지 생각해 본 적 있냐고 하셨을 때 당황했어. 평소에 딱히 생각하고 지내지 않았던 것 같아.
김대리 : 응, 그러기 쉽지. 개인에게 목표가 있어야 그것을 위해서 무언가를 하는 것처럼 당연히 조직에도 목표가 있어야 하는데 조직에 속해 있으면 당연히 알아두어야 한다고 생각해.

① 조직이 존재하는 정당성을 제공한다.
② 의사 결정을 할 때뿐만 아니라 하고 나서의 기준으로도 작용한다.
③ 공식적 목표와 실제 목표는 다를 수 있다.
④ 동시에 여러 개를 추구하는 것보다 하나씩 순차적으로 처리해야 한다.

50 다음 중 조직 구조의 형태에 대한 설명으로 적절하지 않은 것은?

① 조직도를 통해 조직 내적인 구조는 확인할 수 있지만, 구성원들의 임무, 수행하는 과업, 근무 장소 등과 같이 일하는 방식과 관련된 체계는 알 수 없다.
② 대부분의 소규모 조직은 CEO가 조직의 최상층에 있고, 조직구성원들이 단계적으로 배열되는 구조를 가지고 있다.
③ 안정적인 환경, 일상적인 기술, 조직의 내부 효율성을 중요시하며 기업의 규모가 작을 때에는 업무의 내용이 유사하고 관련성이 있는 것들을 결합해서 기능적 조직 구조 형태를 이룬다.
④ 급변하는 환경변화에 효과적으로 대응하고 제품・지역・고객별 차이에 신속하게 적응하기 위하여 분권화된 의사결정이 가능한 사업별 조직 구조가 나타나게 되었다.

| 03 | 기술직

※ 실내 공기 관리에 대한 필요성을 느낀 K공단은 사무실에 공기청정기를 구비하기로 결정하였다. 다음 제품설명서를 보고 이어지는 질문에 답하시오. **[41~43]**

〈제품설명서〉

■ **설치 확인하기**

- 직사광선이 닿지 않는 실내공간에 두십시오(제품 오작동 및 고장의 원인이 될 수 있습니다).
- TV, 라디오, 전자제품 등과 간격을 두고 설치하십시오(전자파 장애로 오작동의 원인이 됩니다).
- 단단하고 평평한 바닥에 두십시오(약하고 기울어진 바닥에 설치하면 이상 소음 및 진동이 생길 수 있습니다).
- 벽면과 10cm 이상 간격을 두고 설치하십시오(공기청정 기능을 위해 벽면과 간격을 두고 설치하는 것이 좋습니다).
- 습기가 적고 통풍이 잘되는 장소에 두십시오(감전되거나 제품에 녹이 발생할 수 있고, 제품 성능이 저하될 수 있습니다).

■ **필터 교체하기**

종류	표시등	청소주기	교체주기
프리필터	–	2회 이상/월	반영구
탈취필터	필터 교체 표시등 켜짐	–	6개월 ~ 1년
헤파필터			

- 실내의 청정한 공기 관리를 위해 교체주기에 맞게 필터를 교체해 주세요.
- 필터 교체주기는 사용 환경에 따라 차이가 날 수 있습니다.
- 냄새가 심하게 날 경우, 탈취필터를 확인 및 교체해 주세요.

■ **스마트에어 서비스 등록하기**

1) 앱스토어에서 '스마트에어'를 검색하여 앱을 설치합니다(안드로이드 8.0 오레오 이상 / iOS 9.0 이상의 사양에 최적화되어 있으며, 사용자의 스마트폰에 따라 일부 기능은 지원하지 않을 수 있습니다).
2) 스마트에어 서비스 앱을 실행하여 회원가입 완료 후 로그인합니다.
3) 새 기기 추가 선택 후 제품을 선택합니다.
4) 공기청정기 기기의 페어링 모드를 작동시켜 주세요(기기의 Wi-Fi 버튼을 3초간 눌러 주세요).
5) 기기명이 나타나면 기기를 선택해 주세요.
6) 완료 버튼을 눌러 기기등록을 완료합니다.
7) 기기등록이 안될 경우, 다음 사항을 확인해 주세요.
   - 지원가능 Wi-Fi 무선공유기 사양(802.11b/f/n 2.4GHz)을 확인하세요.
   - 스마트폰의 자동 Wi-Fi 연결 상태 관리 모드를 해제해 주세요.
   - 스마트폰의 Wi-Fi 고급설정 모드에서 '신호가 약한 Wi-Fi 끊기' 기능을 해제해 주세요.
   - 스마트폰의 Wi-Fi 고급설정 모드에서 '신호 세기'와 관련된 기능이 있다면 '전체'를 체크해 주세요.
   - Wi-Fi가 듀얼 밴드 공유기인 경우 〈Wi-Fi 5GHz〉가 아닌 일반 〈Wi-Fi〉를 선택해 주세요.

■ **스마트에어 서비스 이용하기**

스마트에어 서비스는 스마트기기를 통해 공기청정기를 페어링하여 언제 어디서나 원하는 대로 공기를 정화할 수 있는 똑똑한 서비스입니다.

41 **제품설명서를 참고하여 공기청정기를 적절한 장소에 설치하고자 한다. 다음 중 공기청정기 설치 장소로 옳지 않은 것은?**

① 직사광선이 닿지 않는 실내
② 부드러운 매트 위
③ 벽면과 10cm 이상 간격을 확보할 수 있는 곳
④ 습기가 적고 통풍이 잘되는 곳

42 **다음 중 필터 교체와 관련하여 숙지해야 할 사항으로 옳은 것은?**

① 프리필터는 1개월에 2회 이상 청소해야 한다.
② 탈취필터는 8개월 주기로 교체해야 한다.
③ 헤파필터는 8개월 주기로 교체해야 한다.
④ 프리필터는 1년 주기로 교체해야 한다.

43 **외근이나 퇴근 후에도 공기청정기를 사용할 수 있도록 스마트폰을 통해 스마트에어 서비스 등록을 시도하였으나, 기기 등록에 계속 실패하였다. 다음 중 기기등록을 위해 확인해야 할 사항으로 옳지 않은 것은?**

① 스마트폰이 지원 가능한 사양인지 OS 버전을 확인한다.
② 공기청정기에서 페어링 모드가 작동하고 있는지 확인한다.
③ 무선공유기가 지원 가능한 사양인지 확인한다.
④ 스마트폰의 Wi-Fi 고급설정 모드에서 '개방형 Wi-Fi' 관련 항목을 확인한다.

※ 사내 의무실 체온계의 고장으로 새로운 체온계를 구입하였다. 이어지는 질문에 답하시오. **[44~45]**

■ **사용방법**

1) 체온을 측정하기 전 새 렌즈필터를 부착하여 주세요.
2) 〈ON〉 버튼을 눌러 액정화면이 켜지면 귓속에 체온계를 삽입합니다.
3) 〈START〉 버튼을 눌러 체온을 측정합니다.
4) 측정이 잘 이루어졌으면 '삐' 소리와 함께 측정 결과가 액정화면에 표시됩니다.
5) 60초 이상 사용하지 않으면 자동으로 전원이 꺼집니다.

■ **체온 측정을 위한 주의사항**

- 오른쪽 귀에서 측정한 체온은 왼쪽 귀에서 측정한 체온과 다를 수 있습니다. 그러므로 항상 같은 귀에서 체온을 측정하십시오.
- 체온을 측정할 때는 정확한 측정을 위해 과다한 귀지가 없도록 하십시오.
- 한쪽 귀를 바닥에 대고 누워 있었을 때, 매우 춥거나 더운 곳에 노출되어 있는 경우, 목욕을 한 직후 등은 외부적 요인에 의해 귀 체온측정에 영향을 미칠 수 있으므로 이런 경우에는 30분 정도 기다리신 후 측정하십시오.

■ **문제 및 해결방법**

상태	해결방법	에러 메시지
렌즈필터가 부착되어 있지 않음	렌즈필터를 끼우세요.	— —
체온계가 렌즈의 정확한 위치를 감지할 수 없어 정확한 측정이 어려움	〈ON〉 버튼을 3초간 길게 눌러 화면을 지운 다음 정확한 위치에 체온계를 넣어 측정합니다.	POE
측정체온이 정상범위 (34 ~ 42.2℃)를 벗어난 경우 - HI : 매우 높음 - LO : 매우 낮음	온도가 10℃와 40℃ 사이인 장소에서 체온계를 30분간 보관한 다음 다시 측정하세요.	HI℃ LO℃
건전지 수명이 다하여 체온 측정이 불가능한 상태	새로운 건전지(1.5V AA타입 2개)로 교체하십시오.	— — —

44 **A사원은 근무 중 몸이 좋지 않아 의무실을 내원하여 체온을 측정하려고 한다. 다음 중 체온 측정 과정으로 옳은 것은?**

① 렌즈필터가 깨끗하여 새것으로 교체하지 않고 체온을 측정하였다.
② 오른쪽 귀의 체온이 38℃로 측정되어 다시 왼쪽 귀의 체온을 측정하였다.
③ 정확한 측정을 위해 귓속의 귀지를 제거한 다음 체온을 측정하였다.
④ 정확한 측정을 위해 영점조정을 맞춘 뒤 체온을 측정하였다.

45 **체온계 사용 중 'POE'의 에러 메시지가 떴다. 이에 대한 해결방법으로 옳은 것은?**

① 〈ON〉 버튼을 3초간 길게 눌러 화면을 지운 뒤, 정확한 위치에서 다시 측정한다.
② 렌즈필터가 부착되어 있지 않으므로 깨끗한 새 렌즈필터를 끼운다.
③ 1분간 그대로 둬서 전원을 끈 다음 〈ON〉 버튼을 눌러 다시 액정화면을 켠다.
④ 건전지 삽입구를 열어 1.5V AA타입 2개의 새 건전지로 교체한다.

46 다음은 기술 시스템의 발전 단계를 나타낸 것이다. 빈칸에 들어갈 단계로 가장 적절한 것은?

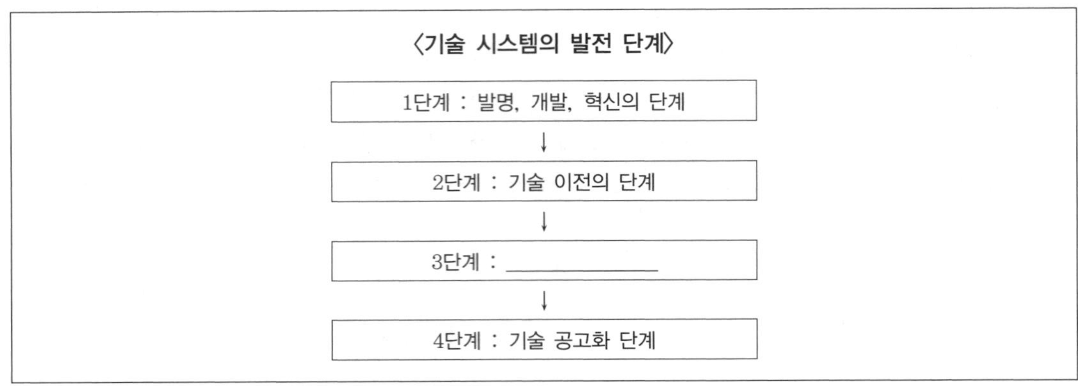

① 기술 협조의 단계
② 기술 경영의 단계
③ 기술 평가의 단계
④ 기술 경쟁의 단계

47 다음 중 산업재해에 해당되는 사례가 아닌 것은?

① 산업활동 중의 사고로 인해 사망하는 경우
② 근로자가 휴가 기간 중 사고로 부상당한 경우
③ 회사에 도보로 통근을 하는 도중 교통사고를 당하는 경우
④ 일용직, 계약직, 아르바이트생이 산업활동 중 부상당하는 경우

48 다음 중 4M 방식에 대한 설명으로 적절하지 않은 것은?

① 좁은 공간에서 일하면서 일어난 사고는 4M 중 Media에 해당된다.
② 기계 점검을 충실히 하지 않아 일어난 사고는 4M 중 Machine에 해당된다.
③ 개인의 당직근무 배치가 원활하지 않아 일어난 사고는 4M 중 Man에 해당된다.
④ 충분한 안전교육이 이루어지지 않아 일어난 사고는 4M 중 Management에 해당된다.

49 **다음 중 네트워크 혁명의 역기능에 대한 설명으로 적절하지 않은 것은?**

① 디지털 격차, 정보화에 따른 실업의 문제 등이 있다.

② 인터넷 보급으로 인해 발생되기 시작하였다.

③ 네트워크 순기능과 잘 분리되지 않는다.

④ 네트워크 역기능을 없애는 것은 쉬운 일이 아니다.

50 **다음은 기술혁신의 과정과 역할을 도표로 나타낸 것이다. (A) ~ (D)에 대한 설명으로 적절하지 않은 것은?**

〈기술혁신의 과정과 역할〉

기술 혁신 과정	혁신 활동	필요한 자질과 능력
아이디어 창안 (Idea Generation)	• 아이디어를 창출하고 가능성을 검증한다. • (A) • 혁신적인 진보를 위해 탐색한다.	• 각 분야의 전문지식 • 추상화와 개념화 능력 • 새로운 분야의 일을 즐기는 능력
(B) 챔피언 (Entrepreneuring or Championing)	• 아이디어를 전파한다. • 혁신을 위한 자원을 확보한다. • 아이디어 실현을 위해 헌신한다.	• 정력적이고 위험을 감수하는 능력 • 아이디어의 응용에 관심을 가짐
프로젝트 관리 (Project Leading)	• 리더십을 발휘한다. • 프로젝트를 기획하고 조직한다. • (C)	• 의사결정 능력 • 업무 수행 방법에 대한 지식
정보 수문장 (Gate Keeping)	• 조직 내 정보원 기능을 수행한다.	• 높은 수준의 기술적 역량 • (D)
후원 (Sponsoring or Coaching)	• 혁신에 대해 격려하고 안내한다. • 불필요한 제약에서 프로젝트를 보호한다. • 혁신에 대한 자원 획득을 지원한다.	• 조직의 주요 의사결정에 대한 영향력

① (A)에 들어갈 내용으로 '일을 수행하는 새로운 방법을 고안한다.'를 볼 수 있다.

② 밑줄 친 (B)는 '기술적인 난관을 해결하는 방법을 찾아 시장상황에 대처할 수 있는 인재'를 의미한다.

③ (C)에 들어갈 내용으로 '조직외부의 정보를 내부 구성원들에게 전달한다.'를 볼 수 있다.

④ (D)에 들어갈 내용으로 '원만한 대인관계능력'을 볼 수 있다.

www.sdedu.co.kr

국가철도공단

최종모의고사 정답 및 해설

국가철도공단 신입직원 필기전형

제1회 모의고사 정답 및 해설

| 01 | 공통

01	02	03	04	05	06	07	08	09	10
④	④	②	②	②	④	④	④	④	③
11	12	13	14	15	16	17	18	19	20
③	③	④	③	②	①	④	①	②	②
21	22	23	24	25	26	27	28	29	30
③	②	②	②	②	③	②	③	①	③
31	32	33	34	35	36	37	38	39	40
②	④	③	②	②	④	②	①	②	④

01 정답 ④

어떤 사안에 대한 '보고'를 한다는 것은 그 내용에 대한 충분한 이해가 되었다는 것이다. 즉, 그 내용과 관련해서 어떤 질문을 받아도 답변이 가능해야 한다.

오답분석

① 설명서에 해당하는 설명이다.
② 기획안에 해당하는 설명이다.
③ 이해를 돕기 위한 자료라 해도 양이 너무 많으면 오히려 내용 파악에 방해가 된다.

02 정답 ④

P과장은 직원들에 대한 높은 관심으로 간섭하려는 경향이 있고, 남에게 자신의 업적을 이야기하며 인정받으려 하는 욕구가 강하다. 따라서 P과장은 타인에 대한 높은 관심과 간섭을 자제하고, 지나친 인정욕구에 대한 태도를 성찰할 필요성이 있다.

오답분석

① P과장이 독단적으로 결정했다는 내용은 언급되어 있지 않다.
②·③ 직원들에게 지나친 관심을 보이는 P과장에게는 적절하지 않은 조언 내용이다.

03 정답 ②

ㄱ. 의사소통의 정의는 어떤 개인 혹은 집단이 다른 개인 혹은 집단에 대해서 정보, 감정, 사상, 의견 등을 전달하고 그것을 받아들이는 과정이다.
ㄹ. 조직 구성원 개개인의 사회적 경험과 지위가 상이한 만큼, 이를 바탕으로 동일한 내용이라도 다양하게 이해하고 반응한다.

오답분석

ㄴ. 직업생활에서의 의사소통이란 공식조직 내부에서 이루어지는 의사소통을 의미한다. 물론 조직 내부에서의 공식적 대화뿐 아니라 비공식적 의사소통도 포함되나, 이는 모두 공식조직 내부에서 이루어지는 의사소통에 포함된다.
ㄷ. 의사소통은 개인 간 정보 교환 등을 통해 조직의 효율성, 효과성을 제고시켜 조직 내 공통 목표에 대한 성과를 직접적으로 결정하는 핵심요소이다.

04 정답 ②

세슘은 공기 중에서도 쉽게 산화하며 가루 세슘 또한 자연발화를 한다. 특히 물과 만나면 물에 넣었을 때 발생하는 반응열이 수소 기체와 만나 더욱 큰 폭발을 일으킨다. 하지만 제시문에서 액체 상태의 세슘을 위험물에서 제외한다는 내용은 제시되어 있지 않다.

05 정답 ②

제시문은 (가) 대상이 되는 연구 방법의 진행 과정과 그 한계 → (마) 융이 기존의 연구 방법에 추가한 과정을 소개 → (라) 기존 연구자들이 간과했던 새로운 사실을 찾아낸 융의 실험의 의의 → (나) 융의 실험을 통해 새롭게 드러난 결과 분석 → (다) 새롭게 드러난 심리적 개념을 정의한 융의 사상 체계에서의 핵심적 요소에 대한 설명 순으로 나열해야 한다.

06 정답 ④

제시문은 조선 왕들의 모습을 이야기하고 있다. 그리고 각기 다른 시대 배경 속에서 백성들과 함께 국가를 이끌어나갈 임무를 부여받았던 전통사회의 왕들에게 필요한 덕목들은 오늘날에도 여전히 유효하다고 설명한다. 따라서 빈칸에 들어갈 내용으로는 ④가 가장 적절하다.

07

정답 ④

제시문은 동영상 압축 기술 중 하나인 허프만 코딩 방식의 과정을 예를 들어서 설명하고 있다. 따라서 제시문의 주제로 '허프만 코딩 방식의 과정'이 가장 적절하다.

오답분석

① 데이터의 표현 방법은 언급되지 않았다.

②·③ 해당 내용이 제시문에 언급되었지만 부분적인 내용이므로 주제로 적절하지 않다.

08

정답 ④

ㄱ. 들리세요 → 들르세요

ㄴ. 꺽으면 → 꺾으면

ㄷ. 옳바른 → 올바른

09

정답 ④

제시문은 길을 만들기 전 이름을 짓기 위해 고민하는 과정과 그 결과를 차례대로 나열하는 글이다. 따라서 (다) 길을 만들기 전 길의 이름부터 짓기로 결심함 → (라) 구상하는 길의 지향점에 대한 설명 → (나) 길을 만드는 이유를 설명함에도 마땅한 이름이 나오지 않음 → (가) '올레'라는 단어를 제시하는 김진애 선배 → (마) 올레라는 단어와 그 의미에 대한 설명의 순으로 나열해야 한다.

10

정답 ③

㉢의 앞에 있는 문장과 ㉢을 포함한 문장은 여름철 감기 예방법을 설명한다. 따라서 나열의 의미를 나타내는 부사 '또한'이 적절하다. '그러므로'는 인과 관계를 나타내므로 적절하지 않다.

오답분석

① ㉠을 포함한 문단은 여름철 감기에 걸리는 원인을 설명하고 있다. 따라서 ㉠은 문단 내용과 어울리지 않아 통일성을 해치므로 삭제한다.

② ㉡의 '노출되어지다'의 형태소를 분석하면 '노출'이라는 어근에 '-되다'와 '지다'가 결합된 것이다. 여기서 '-되다'는 피동의 뜻을 더하고 동사를 만드는 접미사이다. '지다'는 동사 뒤에서 '-어지다' 구성으로 쓰여 남의 힘에 의해 앞말이 뜻하는 행동을 입음을 나타내는 보조 동사이다. 따라서 피동 표현이 중복된 것이다.

④ ㉣에서 '하다'의 목적어는 '기침'이며, '열'을 목적어로 하는 동사가 없다. '하다'라는 동사 하나에 목적어 두 개가 연결된 것인데, '열을 한다.'는 의미가 성립되지 않는다. 따라서 '열이 나거나'로 고쳐야 한다.

11

정답 ③

어느 지점까지의 거리를 $x$km라고 하자.

왕복하는 데 걸리는 시간은 $\frac{x}{3}+\frac{x}{4}=\frac{7}{12}x$시간이다.

2시간에서 3시간 사이에 왕복할 수 있어야 하므로

$2\le\frac{7}{12}x\le3$

$\rightarrow 24\le7x\le36$

$\rightarrow \frac{24}{7}\le x\le\frac{36}{7}$

$\therefore 3.4\le x\le5.1$

따라서 2시간에서 3시간 사이에 왕복할 수 있는 코스는 Q지점과 R지점이다.

12

정답 ③

배의 속력을 $x$km/h, 강물의 유속을 $y$km/h라 하면 다음과 같은 식이 성립한다.

$5(x-y)=30$ ⋯ ㉠

$3(x+y)=30$ ⋯ ㉡

㉠, ㉡을 연립하면 $x=8$, $y=2$이다.

따라서 배의 속력은 8km/h이다.

13

정답 ④

10명의 학생 중에서 임의로 2명을 뽑는 경우의 수는 ${}_{10}C_2=45$가지

(i) 뽑힌 2명의 학생의 혈액형이 모두 A형인 경우의 수는 ${}_2C_2=1$가지

(ii) 뽑힌 2명의 학생의 혈액형이 모두 B형인 경우의 수는 ${}_3C_2=3$가지

(iii) 뽑힌 2명의 학생의 혈액형이 모두 O형인 경우의 수는 ${}_5C_2=10$가지

따라서 뽑은 2명의 학생의 혈액형이 서로 다를 경우의 수는 $45-(1+3+10)=31$가지이다.

14

정답 ③

V지점의 정거장에서 하차한 승객을 x명, 승차한 승객을 y명이라 하면

$53-x+y=41 \rightarrow x-y=12$ ⋯ ㉠

$1{,}050\times x+1{,}350\times y+1{,}450\times(53-x)=77{,}750$

$\rightarrow -8x+27y=18$ ⋯ ㉡

㉠과 ㉡을 연립하면 $x=18$, $y=6$

따라서 V지점의 정거장에서 하차한 승객은 18명이다.

15

정답 ②

전체 일의 양을 1이라고 하자. A기계가 한 시간 동안 작업할 수 있는 일의 양은 $\frac{1}{12}$이고, B기계가 한 시간 동안 작업할 수 있는 일의 양은 $\frac{1}{18}$이다. 이미 절반의 작업이 진행되었으므로 남은 일의 양은 $\frac{1}{2}$이고, A기계로 4시간 동안 작업을 진행했으므로

$\frac{1}{12}\times4+\left(\frac{1}{12}+\frac{1}{18}\right)x=\frac{1}{2}$

→ $12+(3+2)x=18$

→ $5x=6$

$\therefore\ x=\frac{6}{5}$

따라서 작업을 완료하는 데 소요되는 총시간은 4시간($\because$ A기계 작업시간)+1시간 12분=5시간 12분이다.

16

정답 ①

A팀은 C팀의 평균보다 3초 짧고, B팀은 D팀의 평균보다 2초 길다. 각 팀의 평균을 구하면 다음과 같다.

- A팀 : $45-3=42$초
- B팀 : $44+2=46$초
- C팀 : $\frac{51+30+46+45+53}{5}=45$초
- D팀 : $\frac{36+50+40+52+42}{5}=44$초

A팀 4번 선수의 기록을 a초, B팀 2번 선수의 기록을 b초라 하면

A팀 4번 선수의 기록은 $\frac{32+46+42+a+42}{5}=42$

→ $a+162=210$ → $a=48$이고,

B팀의 2번 선수의 기록은 $\frac{48+b+36+53+55}{5}=46$

→ $b+192=230$ → $b=38$이다.

따라서 두 선수의 평균 기록은 $\frac{48+38}{2}=43$초이다.

17

정답 ④

계차의 규칙이 −1, ×2, +3, −4, ×5인 수열이다.

−1 ×2 +3 −4 ×5

+3 +2 +4 +7 +3 +15

−4 −1 1 5 12 15 30

18

정답 ①

- 마지막 조건
  2013년 대비 2023년 독신 가구 실질세부담률이 가장 큰 폭으로 증가한 국가는 C이다. 즉 C는 포르투갈이다.
- 첫 번째 조건
  2023년 독신 가구와 다자녀 가구의 실질세부담률 차이가 덴마크보다 큰 국가는 A, C, D이다. 네 번째 조건에 의하여 C는 포르투갈이므로 A, D는 캐나다, 벨기에 중 한 곳이다.
- 두 번째 조건
  2023년 독신 가구 실질세부담률이 전년 대비 감소한 국가는 A, B, E이다. 즉, A, B, E는 벨기에, 그리스, 스페인 중 한 곳이다. 첫 번째 조건에 의하여 A는 벨기에, D는 캐나다이다.
- 세 번째 조건
  E의 2023년 독신 가구 실질세부담률은 B의 2023년 독신 가구 실질세부담률보다 높다. 즉, B는 그리스, E는 스페인이다.

따라서 A는 벨기에, B는 그리스, C는 포르투갈, D는 캐나다, E는 스페인이다.

19

정답 ②

ㄱ. 자료를 보면 접촉신청 건수는 4월부터 7월까지 매월 증가한 것을 알 수 있다.

ㄷ. 6월 생사확인 건수는 11,795건으로, 접촉신청 건수 18,205건의 70%인 약 12,744건 이하이다. 따라서 옳은 설명이다.

오답분석

ㄴ. 6월부터 7월까지 생사확인 건수는 전월과 동일하였으나, 서신교환 건수는 증가하였으므로 옳지 않은 설명이다.

ㄹ. 5월과 8월의 상봉 건수는 동일하다. 따라서 서신교환 건수만 비교해 보면, 8월은 5월보다 12,288−12,274=14건이 더 많으므로 상봉 건수 대비 서신교환 건수 비율은 증가하였음을 알 수 있다.

20

정답 ②

㉠ 자료에 따르면 생사확인 건수는 6월과 7월에 전월 대비 불변이므로 옳지 않은 설명이다.

㉢ 접촉신청 건수는 자료에서 7월을 포함하여 매월 증가하고 있으므로 옳지 않은 설명이다.

오답분석

㉡ 서신교환의 경우 3월 대비 8월 증가율은 $\frac{12,288-12,267}{12,267}\times100≒0.2\%$로 2% 미만이지만, 매월 증가 추세를 보이고 있으므로 옳은 설명이다.

㉣ 전체 이산가족 교류 건수는 항목별 매월 동일하거나 증가하므로 옳은 설명이다.

21

정답 ③

브레인스토밍(Brainstorming)

• 한 사람이 생각하는 것보다 다수가 생각하는 것이 아이디어가 많다.
• 아이디어 수가 많을수록 질적으로 우수한 아이디어가 나올 수 있다.
• 아이디어는 비판이 가해지지 않으면 많아진다.

오답분석

① 스캠퍼(Scamper) 기법 : 창의적 사고를 유도하여 신제품이나 서비스 등을 생각하는 발상 도구이다.
② 여섯 가지 색깔 모자(Six Thinking Hats) : 각각 중립적, 감정적, 부정적, 낙관적, 창의적, 이성적 사고를 뜻하는 여섯 가지 색의 모자를 차례대로 바꾸어 쓰면서 모자 색깔이 뜻하는 유형대로 생각해보는 방법이다.
④ TRIZ(Teoriya Resheniya Izobretatelskikh Zadatch) : 문제에 대하여 이상적인 결과를 정하고, 그 결과를 얻는 데 모순이 되는 것을 찾아 모순을 극복할 수 있는 해결안을 찾는 40가지 방법에 대한 이론이다.

22

정답 ②

도색이 벗겨진 차선과 지워지기 직전의 흐릿한 차선은 현재 직면하고 있으면서 바로 해결 방법을 찾아야 하는 문제이므로 눈에 보이는 발생형 문제에 해당한다. 발생형 문제는 기준을 일탈함으로써 발생하는 일탈 문제와 기준에 미달하여 생기는 미달 문제로 나누어 볼 수 있는데, 기사에서는 정해진 규격 기준에 미달하는 불량 도료를 사용하여 문제가 발생하였다고 하였으므로 이를 미달 문제로 분류할 수 있다. 따라서 기사에 나타난 문제는 발생형 문제로, 미달 문제에 해당한다.

23

정답 ②

K사는 모바일 게임 시장은 곧 사라질 것이라는 과거의 고정관념에서 벗어나 인식의 틀을 전환하여 신기술인 AR을 게임에 도입하여 큰 성공을 거두었다. 즉, K사는 기존에 가지고 있는 인식의 틀을 전환하여 새로운 관점에서 사물과 세상을 바라보는 발상의 전환을 통해 문제를 해결한 것이다.

24

정답 ②

다음의 논리 순서를 따라 주어진 조건을 정리하면 쉽게 접근할 수 있다.

• 세 번째 조건 : 한국은 월요일에 대전에서 연습을 한다.
• 다섯 번째 조건 : 미국은 월요일과 화요일에 수원에서 연습을 한다.
• 여섯 번째 조건 : 미국은 목요일에 인천에서 연습을 한다.
• 일곱 번째 조건 : 금요일에 중국과 미국은 각각 서울과 대전에서 연습을 한다.
• 마지막 조건 : 한국은 월요일에 대전에서 연습하므로, 화요일과 수요일에 이틀 연속으로 인천에서 연습을 한다.

이때, 미국은 자연스럽게 수요일에 서울에서 연습함을 유추할 수 있고, 한국은 금요일에 인천에서 연습을 할 수 없으므로, 목요일에는 서울에서, 금요일에는 수원에서 연습함을 알 수 있다. 그리고 만약 중국이 수요일과 목요일에 이틀 연속으로 수원에서 연습을 하게 되면 일본은 수원에서 연습을 못하게 되므로, 중국은 월요일과 목요일에 각각 인천과 수원에서 연습하고, 화요일과 수요일에 대전에서 이틀 연속으로 연습해야 함을 유추할 수 있다. 나머지는 일본이 모두 연습하면 된다. 이 사실을 종합하여 주어진 조건을 표로 정리하면 다음과 같다.

구분	월요일	화요일	수요일	목요일	금요일
서울	일본	일본	미국	한국	중국
수원	미국	미국	일본	중국	한국
인천	중국	한국	한국	미국	일본
대전	한국	중국	중국	일본	미국

따라서 수요일에 대전에서는 중국이 연습을 한다.

25

정답 ②

초고령화 사회는 실버산업(기업)의 외부 환경 요소로 볼 수 있으므로, 기회 요인으로 보는 것이 적절하다.

오답분석

① 제품의 우수한 품질은 기업의 내부 환경 요소로 볼 수 있으므로, 강점 요인으로 보는 것이 적절하다.
③ 기업의 비효율적인 업무 프로세스는 기업의 내부 환경 요소로 볼 수 있으므로, 약점 요인으로 보는 것이 적절하다.
④ 살균제 달걀 논란은 빵집(기업)을 기준으로 외부 환경 요소로 볼 수 있으므로, 위협 요인으로 보는 것이 적절하다.

26

정답 ③

가습기 → ㅈㅊ
전북 → ㅜ
2024년 → a
예약 → 04
설치 → 14

오답분석

① ㅈㅊㅜa0514 → 가습기, 전북, 2024년, 교환, 설치
② ㅈㅊㅗa0414 → 가습기, 경북, 2024년, 예약, 설치
④ ㅈㅊㅜe0414 → 가습기, 전북, 2020년, 예약, 설치

27

정답 ②

접수 현황을 정리하면 다음과 같다.

ㅅㅇㅔb02	ㄷㄹㅏe15	ㅅㅇㅗc15	ㅁㅂㅣb0511
냉장고, 경기, 2023년, 질문	TV, 서울, 2020년, 기타	냉장고, 경북, 2022년, 기타	컴퓨터, 강원, 2023년, 교환, 수리
ㄱㄷㅜa03	ㅅㅇㅣb1214	ㅈㅊㅔa02	ㄱㄴㅗc03
ㄱㄷ 없음 잘못된 접수	냉장고, 강원, 2023년, 방문, 설치	가습기, 경기, 2024년, 질문	스마트폰, 경북, 2022년, 불만
ㄷㄹㅣa0103	ㅁㅂㅔd0405	ㄱㄴㅗd0013	ㅅㅇㅏa14
TV, 강원, 2024년, 환불, 불만	컴퓨터, 경기, 2021년, 예약, 교환	00 없음 잘못된 접수	냉장고, 서울, 2024년, 설치

따라서 잘못된 접수는 2개이다.

28

정답 ③

질문, 기타, 교환, 설치, 불만이 2번 접수된 문의내용이다.
수리, 방문, 환불, 예약은 1번 접수되었으며, 반송은 0번 접수되었다.

29

정답 ①

'ㅔ' → 경기
'11' → 수리
'b' → 2023년
'02' → 질문
'ㄷㄹ' → TV
'05' → 교환

30

정답 ③

먼저 모든 면접위원의 입사 후 경력은 3년 이상이어야 한다는 조건에 따라 A, E, F, H, I, L직원은 면접위원으로 선정될 수 없다. 이사 이상의 직급으로 6명 중 50% 이상 구성되어야 하므로 자격이 있는 C, G, N은 반드시 면접위원으로 포함한다. 다음으로 인사팀을 제외한 부서는 두 명 이상 선출할 수 없으므로 이미 N이사가 선출된 개발팀은 더 선출할 수 없고, 인사팀은 반드시 2명을 포함해야 하므로 D과장은 반드시 선출된다. 이를 정리하면 다음과 같다.

구분	1	2	3	4	5	6
경우 1	C이사	D과장	G이사	N이사	B과장	J과장
경우 2	C이사	D과장	G이사	N이사	B과장	K대리
경우 3	C이사	D과장	G이사	N이사	J과장	K대리

따라서 B과장이 면접위원으로 선출됐더라도 K대리가 선출되지 않는 경우도 있다.

31

정답 ②

ⓐ 다음 주에 상부에 보고해야 하는 업무는 중요하지만, 아직 시간이 조금 남아있는 상태이므로 긴급한 업무는 아니다. 그러므로 제2사분면에 위치하는 것이 가장 적절하다.
ⓑ 고객이 당장 오늘 내로 문제 해결 방법을 알려달라는 강한 불만을 제기했으므로 긴급하면서도 중요한 문제이다. 그러므로 제1사분면에 위치하는 것이 가장 적절하다.
ⓒ 친구와의 약속은 업무에서 중요하지 않고 긴급한 일이 아니다. 그러므로 제4사분면에 위치하는 것이 가장 적절하다.

32

정답 ④

선정방식에 따라 업체별 경영건전성 점수, 시공실적 점수, 전력절감 점수, 친환경 점수를 합산한 값의 평균에 가점을 가산하여 최종점수를 구하면 다음과 같다.

(단위 : 점)

구분	A업체	B업체	C업체	D업체
경영건전성 점수	85	91	79	88
시공실적 점수	79	82	81	71
전력절감 점수	71	74	72	77
친환경 점수	88	75	85	89
평균	80.75	80.5	79.25	81.25
가점	수상 2점	무사고 1점, 수상 2점	입찰가격 2점	무사고 1점, 입찰가격 2점
최종점수	82.75	83.5	81.25	84.25

따라서 선정될 업체는 최종점수가 84.25점으로 가장 높은 D업체이다.

33

정답 ③

4월 22일 중간보고에는 보고자인 K대리를 포함해 A팀장, B주임, C주임, D책임연구원까지 총 5명이 참석하므로 K대리는 적어도 5인 이상을 수용할 수 있는 세미나실을 대여해야 한다. 그런데 '호텔 아뜰리에'는 보수공사로 인해 4인실만 이용가능하며, '대전 베일리쉬'의 세미나실은 4인실이므로 '호텔 아뜰리에'와 '대전 베일리쉬'는 고려하지 않는다. 나머지 호텔들의 총비용을 계산하면 다음과 같다.

호텔명	총비용(원)
글래드 대전	(78,000×2)+48,000=204,000
스카이뷰 호텔	(80,000×0.90×2)+50,000=194,000
이데아 호텔	(85,000×0.95×2)+30,000=191,500
대전 하운드	(80,000×2)+(80,000×0.60)=208,000

'글래드 대전'과 '대전 하운드'의 경우 예산범위인 200,000원을 초과하므로 K대리가 예약 가능한 호텔은 '스카이뷰 호텔'과 '이데아 호텔'이다.

34

정답 ②

K씨가 구매한 게임기는 미국에 납부한 세금 및 미국 내 운송료가 없고, 미국에서 한국까지의 운송료는 국제선편요금을 적용하므로 판매자에게 지급한 물품가격을 원화로 환산한 뒤 해당 국제선편요금을 더해 과세표준을 구한다.

- 게임기의 원화환산 가격 : 120×1,100=132,000원(∵ 고시환율)
- 국제선편요금 : 10,000원

∵ 과세표준 : 132,000+10,000=142,000원

즉, 과세표준이 15만 원 미만이고 개인이 사용할 목적으로 수입했기 때문에 관세는 면제된다. 따라서 K씨가 게임기 구매로 지출한 원화금액은 (120+35)×1,200=186,000원이다.

35

정답 ②

인적자원은 조직차원뿐만 아니라 개인에게 있어서도 매우 중요하다.

36

정답 ④

A씨가 이번 달에 내야 하는 전기료는 (200×100)+(150×200)=50,000원이다. 이때 B씨가 내야 하는 전기료는 A씨의 2배인 10만 원이므로 전기 사용량은 400kWh를 초과했음을 알 수 있다. B씨가 사용한 전기량을 (400+x)kWh로 정하고 전기료에 대한 방정식을 풀면 다음과 같다.

(200×100)+(200×200)+(x×400)=100,000

→ 400x=100,000−60,000

∴ x=100

따라서 B씨가 사용한 전기량은 총 400+100=500kWh이다.

37

정답 ②

기업별 진입 장벽 점수의 합계를 계산하면 다음 표와 같다.

(단위 : 점)

구분	정부의 규제	규모의 경제성	자금 동원 능력	소비자의 브랜드 선호도	합계
A	4	1	3	1	9
B	1	4	5	3	13
C	3	2	4	5	14
합계	8	7	12	9	

이때, 진입 장벽 요인 중 소비자의 브랜드 선호도 점수가 가장 높은 C기업은 소비자들에게 잘 알려지지 않았음을 유추할 수 있다.

오답분석

① 기업별 진입 장벽 점수를 합하면 A기업은 9점, B기업은 13점, C기업은 14점으로, A기업이 가장 낮으므로 시장 진입에 유리하다.

③ 진입 장벽 요인 중 자금 동원 능력에서 5점을 받은 B기업은 시장 진입 시 자금 조달이 어렵다.

④ 평가요소별 진입 장벽 점수를 더하면 자금 동원 능력이 12점으로 가장 높다.

38

정답 ①

각 자동차의 유지비는 다음과 같다.

- A자동차
  (연료비)=150,000÷12×1,400=1,750만 원
  (유지비)=1,750+2,000=3,750만 원
- B자동차
  (연료비)=150,000÷8×900=1,687.5만 원
  (유지비)=1,687.5+2,200=3,887.5만 원
- C자동차
  (연료비)=150,000÷15×1,150=1,150만 원
  (유지비)=1,150+2,700=3,850만 원
- D자동차
  (연료비)=150,000÷20×1,150=862.5만 원
  (유지비)=862.5+3,300=4,162.5만 원

따라서 유지비가 가장 적은 A자동차를 구매할 것이다.

39

정답 ②

제시문은 RFID에 관한 내용이다. RFID의 저주파(300MHz 이하) 시스템은 판독 거리가 짧고 가격이 저렴한 반면, 고주파(400MHz 이상) 시스템은 판독 거리가 길다.

오답분석

① 태그에는 전원 공급이 필요한 능동형과 전원 공급이 필요하지 않은 수동형이 있다. 능동형은 상대적으로 더 먼 거리를 인식할 수 있지만 가격이 비싸다.
③ RFID 기술은 태그에 저장된 데이터를 무선 주파수를 이용하여 비접촉으로 읽어내는 인식시스템이다.
④ 제2차 세계대전 때 영국이 자국의 전투기와 적국의 전투기를 식별하기 위해 개발하였으며, 이후 태그의 소형화가 이루어지면서 다양한 분야에 적용되었다.

40

정답 ④

(나) 국내에서 파견할 근로자들을 선발하고, 현지 업체를 통해 현지 근로자들을 고용하는 것은 교량 건설을 위한 '이용 가능한 자원을 수집하기' 단계에 해당한다.
(라) 기존 계획을 필요에 따라 수정하기도 하면서 교량 건설 계획을 시행하는 것은 '계획대로 수행하기' 단계에 해당한다. 실제 사업 환경에는 가변적인 요소가 많으므로 필요에 따라 적절히 계획을 수정하는 것이 바람직하다.

오답분석

(가) 근로자들의 순환 일정 및 공정 진행에 따른 설비 투입 계획을 세우는 것은 '자원 활용 계획 세우기' 단계에 해당한다.
(다) 교량 건설에 필요한 자재 및 인력을 동원하기 위한 비용을 조사하는 것은 첫 번째의 '필요한 자원의 종류와 양 확인하기' 단계에 해당한다.

| 02 | 사무직

41	42	43	44	45	46	47	48	49	50
②	④	③	④	①	②	②	④	④	②

41

정답 ②

매트릭스 조직은 기존의 기능부서 상태를 유지하면서 특정한 프로젝트를 위해 서로 다른 부서의 인력이 함께 일하는 현대적인 조직설계방식이다.

오답분석

① 네트워크 조직 : 네트워크를 이용하거나 네트워크 방식을 활용한 조직이다.
③ 관료제 조직 : 특정 목표를 달성하기 위해 구성원의 역할을 명확하게 구분하고, 공식적인 규칙과 규정에 따라 운영하는 규모위계 조직이다.
④ 팀제 조직 : 조직 간의 수직적 장벽을 허물고 보다 자율적인 환경 속에서 경영자원의 효율성을 극대화하기 위해 내부운영에 유연성을 부여한 조직이다.

42

정답 ④

명령통일의 원리는 조직의 각 구성원은 누구나 한 사람의 직속상관에게만 보고하고, 또 그로부터 명령을 받아야 한다는 것을 의미한다.

오답분석

① 계층의 원리 : 조직의 목표를 달성하기 위한 업무를 수행함에 있어 권한과 책임의 정도에 따라 직위가 수직적으로 서열화되어 있는 것을 의미한다.
② 기능적 분업의 원리 : 조직의 업무를 직능 또는 성질별로 구분하여 한 사람에게 동일한 업무를 분담시키는 것을 의미한다.
③ 조정의 원리 : 조직 내에서 업무의 수행을 조절하고 조화로운 인간관계를 유지함으로써 협동의 효과를 최대한 거두려는 것을 의미한다.

43

정답 ③

가장 먼저 처리해야 할 일은 오늘 점심에 있을 중요한 미팅으로 인해 오후 미팅을 연기하는 것이다. 따라서 대화가 끝난 후 바로 오후 미팅 시간을 변경해야 한다.

44

정답 ④

회의에는 경영팀, 회계팀, 인사팀, 영업팀에서 각 2명씩 8명과 기획팀에서 Z과장과 Y사원으로 2명, 그리고 회의 진행을 맡은 전략팀 D대리까지 총 11명이 참여한다.

45
정답 ①

제시문의 '이 단체'는 노동조합으로 공식적 집단에 해당한다. 공식적 집단은 조직의 공식적인 목표를 추구하기 위해 조직에서 의식적으로 만든 집단이다. 따라서 공식적 집단의 목표나 임무는 비교적 명확하게 규정되어 있으며, 여기에 참여하는 구성원들도 인위적으로 결정되는 경우가 많다. 공식적 집단의 예로는 상설 혹은 임시위원회, 임무수행을 위한 작업팀 등이 있다.

오답분석

②·③ 비공식적 집단의 순기능에 해당한다.
④ 비공식적 집단의 역기능에 해당한다.

비공식적 집단

- 순기능
  - 조직 구성원은 비공식적 집단을 통해 안정감을 느끼게 되고 사회·심리적 욕구가 충족된다.
  - 비공식적 집단은 구성원 간의 업무 협조를 통해 능률성을 상승시키고 공식적인 기능을 보완해 주는 역할을 한다.
  - 비공식적 집단이 활성화될수록 구성원의 사기와 생산력이 높아진다.
  - 갈등 상황이나 권력 관계 등 조직의 실상을 파악하는 데 도움이 된다.
  - 비공식적 집단을 통해 자아정체감을 확립하는 등 사회화 역할을 한다.
- 역기능
  - 비공식적 집단은 파벌 등을 만들어 조직의 분열을 조장할 수 있다.
  - 조직목표에 불만이 있을 경우 공식적인 조직의 목표에 대항하여 조직을 저해하기도 한다.
  - 집단이 사적인 이익을 도모하는 데 이용될 수 있다.
  - 비공식적 집단은 근거 없는 헛소문이나 거짓 정보를 만들어 유포시키는 역기능을 할 수도 있다.

46
정답 ②

민츠버그의 경영자 역할

- 대인적 역할 : 상징자 혹은 지도자로서 대외적으로 조직을 대표하고, 대내적으로 조직을 이끄는 리더로서 역할을 의미한다.
- 정보적 역할 : 조직을 둘러싼 외부 환경의 변화를 모니터링하고, 이를 조직에 전달하는 정보전달자의 역할을 의미한다.
- 의사결정적 역할 : 조직 내 문제를 해결하고 대외적 협상을 주도하는 협상가, 분쟁조정자, 자원배분자로서의 역할을 의미한다.

47
정답 ②

업무의 종류, 성격, 범위를 명확하게 하고 구분하는 기준에 따라 배정해야 한다.

48
정답 ④

조직의 경영자는 조직을 둘러싼 외부 환경에 대해 항상 관심을 가져야 하며, 외부 환경에 변화가 생겼을 경우 이를 조직에 전달해야 한다.

49
정답 ④

미국 정부의 전자여행 허가제(ESTA)

대한민국 국민으로서 관광 및 상용 목적으로 90일 이내의 기간 동안 미국을 방문하고자 하는 경우, 2008년 11월 17일부터 원칙적으로 비자 없이 미국 입국 가능하지만, 미국 정부의 전자여행허가제에 따라 승인을 받아야만 한다.

50
정답 ②

ㄴ·ㄹ. 전략과 구조 측면의 변화에 해당한다.

오답분석

ㄱ. 제품과 서비스 측면의 변화에 해당한다.
ㄷ. 기술 측면의 변화에 해당한다.
ㅁ. 문화 측면의 변화에 해당한다.

| 03 | 기술직

41	42	43	44	45	46	47	48	49	50
③	④	④	①	③	②	①	④	④	①

41

정답 ③

노하우는 경험적이고 반복적인 행위에 의해 얻어지는 것이며, 이러한 성격의 지식을 흔히 Technique 혹은 Art라고 부른다.

오답분석

① 노하우에 대한 설명이다.
② 노와이에 대한 설명이다.
④ 기술은 원래 노하우의 개념이 강했으나, 시간이 지나면서 노와이와 노하우가 결합하게 되었다.

42

정답 ④

산업재해의 예방 대책 순서

1. 안전 관리 조직 : 경영자는 안전 목표를 설정하고, 안전 관리 책임자를 선정하며, 안전 계획을 수립하고, 이를 시행·감독
2. 사실의 발견 : 사고 조사, 안전 점검, 현장 분석, 작업자의 제안 및 여론 조사, 관찰 및 보고서 연구 등을 통하여 사실을 발견
3. 원인 분석 : 재해의 발생 장소, 재해 형태, 재해 정도, 관련 인원, 직원 감독의 적절성, 공구 및 장비의 상태 등을 정확히 분석
4. 시정책 선정 : 원인 분석을 토대로 적절한 시정책, 즉 기술적 개선, 인사 조정 및 교체, 교육, 설득, 공학적 조치 등을 선정
5. 시정책 적용 및 뒤처리 : 안전에 대한 교육 및 훈련 실시, 안전 시설과 장비의 결함 개선, 안전 감독 실시 등의 선정된 시정책을 적용

43

정답 ④

문화 및 제도적인 차이에 대한 부분을 통해 글로벌 벤치마킹을 설명하고 있음을 알 수 있다.

오답분석

① 내부 벤치마킹 : 같은 기업 내의 다른 지역, 타 부서, 국가 간의 유사한 활용을 비교 대상으로 한다. 이 방법은 자료 수집이 용이하며 다각화된 우량기업의 경우 벤치마킹의 효과가 큰 반면, 관점이 제한적일 수 있고 편중된 내부 시각에 대한 우려가 있다는 단점이 있다.
② 경쟁적 벤치마킹 : 동일 업종에서 고객을 직접적으로 공유하는 경쟁기업을 대상으로 한다. 이 방법은 경영성과와 관련된 정보 입수가 가능하며 업무 / 기술에 대한 비교가 가능한 반면, 윤리적인 문제가 발생할 소지가 있고 대상의 적대적 태도로 인해 자료 수집이 어렵다는 단점이 있다.
③ 비경쟁적 벤치마킹 : 제품, 서비스 및 프로세스의 단위 분야에 있어 가장 우수한 실무를 보이는 비경쟁적 기업 내의 유사 분야를 대상으로 하는 방법이다. 이 방법은 혁신적인 아이디어의 창출 가능성은 높은 반면, 다른 환경의 사례를 가공하지 않고 적용할 경우 벤치마킹의 효과를 보지 못할 가능성이 높은 단점이 있다.

44

정답 ①

제품설명서의 설치관련 주의사항을 확인해보면, 책장이나 벽장 등 통풍이 안 되는 좁은 공간에 설치하지 말라고 안내하고 있으며, 이는 내부 온도 상승으로 인하여 화재가 발생할 수 있기 때문임을 설명하고 있다. 따라서 TV를 가구 안에 설치하게 되면 통풍이 원활하지 않아 화재가 발생할 가능성이 있다는 것을 알 수 있다.

오답분석

② 직사광선에 장기간 노출될 경우 패널 표면이 변색할 가능성이 있으나 제시된 그림에서 햇빛에 노출된다는 정보는 확인할 수 없다.
③ 그림에서 보면 평평한 가구 안에 설치되어 있음을 알 수 있다.
④ 그림에서 제품의 밑면(원형)이 밖으로 튀어나와 있지 않다는 것을 알 수 있다.

45

정답 ③

햇빛(직사광선)에 장시간 노출되는 것은 TV 패널 표면에 변색이 발생할 가능성이 있지만, 화재 위험이 있다는 것과는 거리가 멀다. 제품설명서에도 별도로 화재 위험이 있다고 설명하고 있지 않다.

오답분석

①·②·④ 제품설명서에서 화재 위험이 있다고 설명하고 있다.

46

정답 ②

새 건전지로 교체하는 것은 건전지 수명이 다하여 리모컨 동작이 안 될 때의 조치사항이다. 따라서 TV 화면이 전혀 나오지 않는 문제점의 조치사항으로는 적절하지 않다.

47

정답 ①

제품설명서에 따르면 장시간 사용 시 제품 상단이 뜨거워질 수 있으며, 이는 제품의 결함이나 동작 사용상의 문제가 아니므로 안심하고 사용하라고 설명하고 있다. 따라서 TV에서 열이 나는 문제는 장시간 사용에 따른 문제이므로 별다른 조치를 하지 않아도 된다.

오답분석

②·③ 제품의 결함이나 동작 사용상의 문제가 있는 것이 아니므로 적절하지 않다.
④ 제품설명서에 따르면 다습한 장소에는 설치하지 말라는 주의사항이 있으므로 적절하지 않다.

48

정답 ④

제품설명서에 따르면 문제해결에서 설명하고 있는 증상 또는 원인 이외에 다른 문제가 있으면 즉시 서비스센터에 문의하라고 안내하고 있다. 그러나 리모컨 동작과 관련된 것은 문제해결에서 확인 및 조치할 수 있는 사항이므로 서비스센터에 문의하여 수리를 받지 않아도 된다.

49

정답 ④

(D)의 경우 추측성 내용의 서술로 작성되었음을 알 수 있다. 매뉴얼에 따르면 추측성 내용의 서술은 금물이다. 추측성 설명은 문장을 애매모호하게 만들 뿐만 아니라 사용자에게 사고를 유발시켜 신체적 · 재산적 손실을 가져다 줄 수 있다.

50

정답 ①

벤치마킹 데이터를 수집하고 분석하는 과정에서는 여러 보고서를 동시에 보고, 붙이고 자르는 작업을 용이하게 해주는 문서 편집 시스템을 이용하는 것이 매우 유용하다.

국가철도공단 신입직원 필기전형

제2회 모의고사 정답 및 해설

01 공통

01	02	03	04	05	06	07	08	09	10
②	④	④	③	④	③	③	③	②	②
11	12	13	14	15	16	17	18	19	20
④	④	④	②	②	③	④	②	④	②
21	22	23	24	25	26	27	28	29	30
④	④	④	②	④	④	①	②	①	④
31	32	33	34	35	36	37	38	39	40
①	③	③	④	②	①	③	②	②	②

01 정답 ②

• 발원(發源) : 흐르는 물줄기가 처음 시작한 곳

오답분석

① 재원(財源) : 재화나 자금이 나올 원천
③ 어원(語源) : 어떤 단어의 근원적인 형태. 또는 어떤 말이 생겨난 근원
④ 연원(淵源) : 사물의 근원

02 정답 ④

성공적인 프레젠테이션을 위해서는 내용을 완전히 숙지해야 하며(㉠), 예행연습을 철저히 해야 한다(㉡). 또한, 다양한 시청각 기자재를 활용하여 프레젠테이션 효과를 극대화해야 한다(㉣).

오답분석

㉢ 성공적인 프레젠테이션을 위해서는 청중의 니즈를 파악해야 한다. A대리의 프레젠테이션 청중은 A대리에게 광고를 의뢰한 업체 관계자이므로 A대리는 팀원이 아닌 업체 관계자의 니즈를 파악해야 한다.
㉤ 성공적인 프레젠테이션을 위해서는 일관된 흐름을 가지고 요점을 간결・명확하게 전달해야 한다. 따라서 A대리는 요점을 간결하면서도 명확하게 전달할 수 있도록 연습해야 한다.

03 정답 ④

언어의 친교적 기능이란 어떤 정보를 요구하거나 전달하기보다는 언어를 통해 사람들 간의 친밀한 관계를 확인하거나 유지하는 기능으로, 대부분의 인사말이 이에 속한다. ㉠의 '밥은 먹었니?', ㉢의 '이따가 전화하자.', ㉤의 '조만간 밥 한번 먹자.', ㉥의 '너 요즘도 거기서 근무하니?' 등은 어떤 대답을 요구하거나 행동을 할 것을 요청하는 것이 아니라 특별한 의미 없이 친근함을 나타내고 있다.

오답분석

㉡과 ㉣의 경우 A가 대답을 요구하는 질문을 함으로써 B는 그에 대한 정보를 전달하고 있으므로 친교적 기능이 드러난 대화로 보기 어렵다.

04 정답 ③

조직 내에서 의사소통이 중요시되는 이유는 인간관계가 의사소통을 통해서 이루어지는 상호과정이고, 상호 간의 일반적 이해와 동의를 얻기 위한 유일한 수단이기 때문이다. 또한 의사소통은 제각기 다른 사람들의 서로에 대한 지각의 차이를 좁혀주며, 선입견을 줄이거나 제거해 줄 수 있는 수단이기 때문이다. 의사소통이란 무조건적인 정보의 전달이 아니라 두 사람 또는 그 이상의 사람들 사이에서 의사 전달과 상호교류가 이루어진다는 뜻이다.

05 정답 ④

'또한'은 '어떤 것을 전제로 하고 그것과 같게, 그 위에 더'를 뜻하는 부사로, 앞의 내용에 새로운 내용을 첨가할 때 사용한다. 그러나 ㉣의 앞 문장은 뒤 문장의 이유나 근거에 해당하므로 '또한'이 아닌 '그러므로'를 사용하는 것이 문맥상 자연스럽다.

06 정답 ③

헤겔은 국가를 사회 문제를 해결하고 공적 질서를 확립할 최종 주체로 설정했고, 뒤르켐은 사익을 조정하고 공익과 공동체적 연대를 실현할 도덕적 개인주의의 규범에 주목하면서, 이를 수행할 주체로서 직업 단체의 역할을 강조하였다. 즉, 직업 단체가 정치적 중간 집단으로서 구성원의 이해관계를 국가에 전달하는 한편 국가를 견제해야 한다고 보았다.

오답분석

① 뒤르켐이 주장하는 직업 단체는 정치적 중간 집단의 역할로 빈곤과 계급 갈등의 해결을 수행할 주체이다.

②·④ 헤겔의 주장이다.

07

정답 ③

기분조정 이론은 현재 시점에만 초점을 맞추고 있는 기분관리 이론을 보완한 이론으로, 기분조정 이론을 검증하기 위한 실험에서 피실험자들은 한 시간 후의 상황을 생각하며 미리 다른 음악을 선택하였다. 즉 기분조정 이론은 사람들이 현재 시점뿐만 아니라 다음에 올 상황을 고려하여 현재의 기분을 조정한다는 것이다. 따라서 빈칸에 들어갈 내용으로 ③이 가장 적절하다.

08

정답 ③

앞 문단에서 '그렇다고 남의 향락을 위하여 스스로 고난의 길을 일부러 걷는 것이 학자는 아니다.'라고 하였다. 따라서 (나) 학자가 학문을 하는 이유 → (가) 상아탑이 제구실을 못함 → (다) 학문의 목적은 진리 탐구임 → (마) 학문 악용의 폐단 → (라) 학문에 대한 의문 제기 순으로 나열해야 한다.

09

정답 ②

제시문에서는 노블레스 오블리주의 개념을 정의한 후, 이러한 지도층의 도덕적 의무감을 특히 중요시하는 이유가 지도층이 도덕적 지표가 되어 건전한 사회를 만드는 데 효과적으로 기여하기 때문이라고 설명하고 있다. 따라서 중심 내용으로 ②가 가장 적절하다.

10

정답 ②

물가 상승으로 인해 화폐가치는 급락하지만, 풍년으로 인해 쌀값이 하락하면 오히려 화폐가치가 상승하는 결과를 낳는다.

11

정답 ④

$\underline{A\ B\ C} \rightarrow C=A^B$

A	B	C
5	0	$1\,[=5^0]$
5	3	$125\,[=5^3]$
6	2	$36\,[=6^2]$

12

정답 ④

두 사람이 내릴 수 있는 층은 1 ~ 8층이므로 두 사람이 엘리베이터에서 내리는 경우의 수는 $8\times8=64$가지이고, 같은 층에서 내리는 경우의 수는 8가지이다.

따라서 두 사람이 같은 층에서 내릴 확률은 $\frac{8}{64}=\frac{1}{8}$이므로, 서로 다른 층에서 내릴 확률은 $1-\frac{1}{8}=\frac{7}{8}$이다.

13

정답 ④

철수가 출발하고 나서 영희를 따라잡은 시간을 x분이라고 하자. 철수와 영희는 5 : 3 비율의 속력으로 간다고 했으므로 철수의 속력을 $5a$m/분이라고 하면 영희의 속력은 $3a$m/분이다.

$5a$m/분$\times x$분$=3a$m/분$\times30$분$+3a$m/분$\times x$분

$\rightarrow 5ax=90a+3ax$

$\rightarrow 2ax=90a$

$\therefore x=45$

따라서 철수가 영희를 따라잡은 시간은 45분 만이다.

14

정답 ②

아이스크림을 x개 산다면, 과자는 $(17-x)$개를 사야 한다.

$600x+1,000(17-x)\le15,000$

$\rightarrow 400x\ge2,000$

$\therefore x\ge5$

따라서 아이스크림은 최소 5개를 사야 한다.

15

정답 ②

작년의 남학생, 여학생 수를 각각 x명, y명이라고 하면

$x+y=1,200$ ⋯ ㉠

$0.95x+1.07y=1,200$ ⋯ ㉡

㉠, ㉡을 연립하면 $x=700$, $y=500$이다.

따라서 작년 여학생 수는 500명이다.

16

정답 ③

- 2022년 대비 2023년 50대의 일자리 규모 증가 수
  : 5,310,000−5,160,000=150,000개
- 2022년 대비 2023년 60세 이상의 일자리 규모 증가 수
  : 2,880,000−2,600,000=280,000개

17

정답 ④

2023년 연령대별 전체 일자리 규모는 50대와 60세 이상의 연령대를 제외한 연령대에서 2022년보다 감소한 것을 확인할 수 있다.

오답분석

① 전체 일자리에서 20대가 차지하는 비중은 2022년에는 $\frac{332}{2,302}\times100≒14.4\%$, 2023년은 $\frac{331}{2,321}\times100≒14.3\%$이므로 약 $14.4-14.3=0.1\%p$ 감소했다.

② 2023년 전체 일자리 중 30대의 전체 일자리 비중은 $\frac{529}{2,321}\times100≒22.8\%$이므로 옳은 설명이다.

③ 2022년 40대의 지속일자리는 458만 개, 신규채용일자리는 165만 개이므로 $\frac{458만}{165만}≒2.8$배이다.

18

정답 ②

범죄유형별 체포 건수와 발생 건수의 비율이 전년 대비 가장 크게 증가한 것은 모두 2021년 절도죄로 각각 $76.0-57.3=18.7\%p$, $56.3-49.4=6.9\%p$ 증가했다.

$\therefore$ $18.7-6.9=11.8\%p$

19

정답 ④

생후 1주일 이내 사망자 수는 $1,162+910=2,072$명이고, 생후 셋째 날 사망자 수는 $166+114=280$명이므로 생후 1주일 내 신생아 사망률 중 셋째 날 신생아 사망률은 $\frac{280}{2,072}\times100≒13.5\%$이다.

오답분석

① 생후 첫째 날 신생아 사망률은 여아가 $3.8+27.4+8.6=39.8\%$이고, 남아가 $2.7+26.5+8.3=37.5\%$로 여아가 남아보다 높다.

② 신생아 사망률은 산모의 연령이 40세 이상일 때가 제일 높으나, 출생아 수는 40세 이상이 제일 적기 때문에, 신생아 사망자 수는 산모의 연령이 19세 미만인 경우를 제외하고는 40세 이상인 경우보다 더 많다.

③ 생후 1주일 이내 신생아 전체 사망자 중 첫째 날 신생아 사망률은 $\frac{31+308+97+35+249+78}{1,162+910}\times100≒38.5\%$이다.

20

정답 ②

저항기 부문의 공공외부자금 조달 비중 대비 민간외부자금 조달 비중은 $\frac{9.1}{11.0}\times100≒82.7\%$이므로 옳은 설명이다.

오답분석

① 모든 투자재원이 기업내부에서 조달되는 세부부문은 비산화물, 기타 분말원료, 도자기, 광학, 기타 전기 전자부품으로 5개이다.

③ 세라믹 1차 제품 부문 중 기업내부 조달 비중이 가장 작은 세부부문은 세라믹 코팅제인데, 공공외부자금 조달 비중은 31.1%로 가장 크다.

④ 민간외부자금 조달이 세라믹산업 전체에서 차지하는 비중보다 각 세부부문 항목에서 비중이 높은 것은 수산화물, 산화물, 세라믹섬유, 유리, 생체소재 및 제품, 회로기판 및 세라믹 패키지, 저항기, 세라믹센서 및 액추에이터, 전지용 부품으로 총 9개이다.

21

정답 ④

일반적인 문제해결절차는 문제 인식, 문제 도출, 원인 분석, 해결안 개발, 실행 및 평가의 5단계를 따른다. 먼저 해결해야 할 전체 문제를 파악하여 우선순위를 정하고, 선정 문제에 대한 목표를 명확히 한 후 선정된 문제를 분석하여 해결해야 할 것이 무엇인지를 명확히 한다. 다음으로 이 분석 결과를 토대로 근본 원인을 도출하고, 근본원인을 효과적으로 해결할 수 있는 최적의 해결책을 찾아 실행, 평가한다. 따라서 문제해결절차는 (다) → (마) → (가) → (라) → (나)의 순서로 진행된다.

22

정답 ④

(가) 하드 어프로치 : 하드 어프로치에 의한 문제해결 방법은 상이한 문화적 토양을 가지고 있는 구성원을 가정하고, 서로의 생각을 직설적으로 주장하고 논쟁이나 협상을 통해 서로의 의견을 조정해 가는 방법이다.

(나) 퍼실리테이션 : 퍼실리테이션이란 '촉진'을 의미하며, 어떤 그룹이나 집단이 의사결정을 잘 하도록 도와주는 일을 의미한다. 퍼실리테이션에 의한 문제해결 방법은 깊이 있는 커뮤니케이션을 통해 서로의 문제점을 이해하고 공감함으로써 창조적인 문제해결을 도모한다.

(다) 소프트 어프로치 : 소프트 어프로치에 의한 문제해결 방법은 대부분의 기업에서 볼 수 있는 전형적인 스타일로서 조직 구성원들을 같은 문화적 토양을 가지고 이심전심으로 서로를 이해하는 상황을 가정한다.

23

정답 ④

3C 분석에서 3C는 사업환경을 구성하고 있는 자사(Company), 경쟁사(Competitor), 고객(Customer)을 뜻한다.

24

정답 ②

다음의 논리 순서를 따라 주어진 조건을 정리하면 쉽게 접근할 수 있다.

- 첫 번째와 마지막 조건 : A는 반드시 F와 함께 외근을 나간다.
- 두 번째 조건 : F는 A와 외근을 나가므로 B는 반드시 D와 함께 외근을 나간다. 즉, C는 E와 함께 외근을 나간다.

따라서 A와 F, B와 D, C와 E가 함께 외근을 나간다.

25

정답 ④

A의 진술과 C의 진술이 서로 모순되므로 둘 중 한 명은 진실을 말하고 있다.

i) A가 참인 경우
범인은 B가 된다. 그러나 이 경우 B, C, D 모두 거짓을 말하는 것이나, D의 진술이 거짓일 경우 A와 B는 범인이 아니므로 모순이다.

ii) C가 참인 경우
B와 C는 범인이 아니며 A, B, D의 진술은 모두 거짓이다. A의 진술이 거짓이므로 B는 범인이 아니고, B의 진술이 거짓이므로 C와 D 두 명 중 범인이 있다. 마지막으로 D의 진술도 거짓이므로 A와 B는 범인이 아니다. 그러므로 물건을 훔친 범인은 D이다.

따라서 범인은 D이다.

26

정답 ④

먼저 갑의 진술을 기준으로 경우의 수를 나누어 보면 다음과 같다.

i) A의 근무지는 광주이다(○), D의 근무지는 서울이다(×).
병의 진술을 먼저 살펴보면, A의 근무지가 광주라는 것이 이미 고정되어 있으므로 앞 문장인 'C의 근무지는 광주이다.'는 거짓이 된다. 따라서 뒤 문장인 'D의 근무지는 부산이다.'가 참이 되어야 한다. 다음으로 을의 진술을 살펴보면, 앞 문장인 'B의 근무지는 광주이다.'는 거짓이며 뒤 문장인 'C의 근무지는 세종이다.'가 참이 되어야 한다. 이를 정리하면 다음과 같다.

A	B	C	D
광주	서울	세종	부산

ii) A의 근무지는 광주이다(×), D의 근무지는 서울이다(○).
병의 진술을 먼저 살펴보면, 뒤 문장인 'D의 근무지는 부산이다.'는 거짓이 되며, 앞 문장인 'C의 근무지는 광주이다.'는 참이 된다. 다음으로 을의 진술을 살펴보면 앞 문장인 'B의 근무지는 광주이다.'가 거짓이 되므로, 뒤 문장인 'C의 근무지는 세종이다.'는 참이 되어야 한다. 그러나 이미 C의 근무지는 광주로 확정되어 있기 때문에 모순이 발생한다. 따라서 ii)의 경우는 성립하지 않는다.

A	B	C	D
		광주 세종(모순)	서울

따라서 보기에서 반드시 참인 것은 ㄱ, ㄴ, ㄷ이다.

27

정답 ①

신규고객 : 01(∵ 처음 가는 동네)
야간 : 12(∵ 화요일 밤 10시)
개 : 10
치료 : 2

28

정답 ②

0111102	0211203	0113202	0312301	0313505
0212404	0111603	0111104	0213605	0313202
0113101	0312504	0311302	0111403	0212204
0312105	0212103	0213202	0311101	0111604

주말 진료와 상담 업무의 접수를 취소하면 총 9건이 남는다.

29

정답 ①

개 6건, 고양이 5건, 새 2건, 파충류 2건, 가축 2건, 기타 3건으로 가장 많이 접수된 동물은 개이다.

30

정답 ④

오답분석

① 0111001 → 품종에 00은 없다.
② 0214202 → 진료시간에 14는 없다.
③ 03133033 → 접수 코드는 7자리이다.

31

정답 ①

화상회의 진행 시각(한국 기준 오후 4시~오후 5시)을 각국 현지 시각으로 변환하면 다음과 같다.

- 파키스탄 지사(−4시간) : 오후 12시~오후 1시, 점심시간이므로 회의에 참석 불가능하다.
- 불가리아 지사 (−6시간) : 오전 10시~오전 11시이므로 회의에 참석 가능하다.
- 호주 지사(+1시간) : 오후 5시~오후 6시이므로 회의에 참석 가능하다.
- 영국 지사(−8시간) : 오전 8시~오전 9시이므로 회의에 참석 가능하다(시차는 −9시간이지만, 서머타임을 적용한다).

따라서 파키스탄 지사는 화상회의에 참석할 수 없다.

32

정답 ③

B부서는 전분기 부서표창으로 인한 혜택을 받으나, D부서는 '의도적 부정행위' 유형의 사고가 3건 이상이므로 혜택을 받지 못한다. 주어진 정보에 따라 부서별 당월 벌점을 계산하면 다음과 같다.

부서	당월 벌점(점)	전분기 부서표창 여부
A	$(20\times1)+(12\times2)+(6\times3)=62$	−
B	$(20\times1)+(12\times4)+(6\times2)-20=60$	○
C	$(12\times3)+(6\times6)=72$	−
D	$(20\times3)+(12\times2)=84$	○(혜택 못 받음)

따라서 두 번째로 높은 벌점을 받을 부서는 C부서이다.

33 정답 ③

배치의 3가지 유형

- 양적 배치 : 작업량과 조업도, 여유 또는 부족 인원을 감안하여 소요인원을 결정하고 배치하는 것
- 질적 배치 : 팀원의 능력 및 성격에 따라 배치하는 것
- 적성 배치 : 팀원의 적성 및 흥미에 따라 배치하는 것

34 정답 ④

(32,000−15,000)+(28,000−12,000)×2=49,000원

오답분석

① (40,000−15,000)+(46,000−12,000)=59,000원
② (32,000−15,000)×2=34,000원
③ (40,000−15,000)+(46,000−12,000)×2=93,000원

35 정답 ②

A씨의 업무시간은 점심시간 1시간을 제외하면 8시간이다. 주간업무계획 수립으로 $8\times\frac{1}{8}$=1시간을, 프로젝트 회의로 $8\times\frac{2}{5}=\frac{16}{5}$=3시간 12분을, 거래처 방문으로 $8\times\frac{1}{3}=\frac{8}{3}$=2시간 40분을 보냈다. 따라서 남은 시간은 8시간−(1시간+3시간 12분+2시간 40분)=1시간 8분이다.

36 정답 ①

수상, 자격증 획득, 징계에 대한 가점 및 벌점을 4분기에 이뤄진 것만 해당됨을 유의하여 성과급 지급 기준에 따라 직원들의 성과점수를 산정하면 다음과 같다.

직원	성과점수
A	(85×0.4)+(70×0.3)+(80×0.3)+4=83점
B	(80×0.4)+(80×0.3)+(70×0.3)−1=76점
C	(75×0.4)+(85×0.3)+(80×0.3)+2=81.5점
D	(70×0.4)+(70×0.3)+(90×0.3)−5=71점
E	(80×0.4)+(65×0.3)+(75×0.3)=74점

따라서 성과급을 가장 많이 받을 직원은 A와 C이다.

37 정답 ③

2025년 4월 7일을 기준으로 갑 ~ 정의 재직 기간을 구하여, 사용한 연차일수를 차감한 결과는 아래와 같다.

- 갑 : 6개월 이상 1년 미만 → 6−1=5일
- 을 : 3년 이상 4년 미만 → 14−9=5일
- 병 : 5년 이상 6년 미만 → 20−13=7일
- 정 : 1년 이상 2년 미만 → 9−3=6일

따라서 연차일수가 가장 많이 남은 사람은 '병'이다.

38 정답 ②

꼭 해야만 할 일을 끝내지 못했을 경우에는 다른 사람에게 부탁하기보다는 자신의 차기 계획에 반영하여 해결하는 것이 좋다. 따라서 야근을 해도 끝내지 못한 일은 다음 일일 업무 계획에 반영하여 자신이 해결하도록 해야 한다.

39 정답 ②

유사성의 원칙은 유사품은 인접한 장소에 보관한다는 것을 말한다. 같은 장소에 보관하는 것은 동일한 물품이다.

오답분석

① 물적자원관리 과정에서 첫 번째로 해야 할 일은 사용 물품과 보관 물품의 구분이며, 물품 활용의 편리성과 반복 작업 방지를 위해 필요한 작업이다.
③ 물품 분류가 끝났으면 적절하게 보관장소를 선정해야 하는데, 물품의 특성에 맞게 분류하여 보관하는 것이 바람직하다. 재질의 차이로 분류하는 방법도 옳은 방법이다.
④ 회전대응 보관 원칙에 대한 옳은 정의이다. 물품 보관 장소까지 선정이 끝나면 차례로 정리하면 된다. 여기서 회전대응 보관 원칙을 지켜야 물품활용도가 높아질 수 있다.

40 정답 ②

X산지와 Y산지의 배추의 재배원가에 대하여 각 유통 과정에 따른 판매가격을 계산하면 다음과 같다.

구분	X산지	Y산지
재배원가	1,000원	1,500원
산지 → 경매인	1,000원×(1+0.2) =1,200원	1,500원×(1+0.1) =1,650원
경매인 → 도매상인	1,200원×(1+0.25) =1,500원	1,650원×(1+0.1) =1,815원
도매상인 → 마트	1,500원×(1+0.3) =1,950원	1,815원×(1+0.1) =1,996.5≒1,997원

따라서 X산지에서 재배한 배추를 구매하는 것이 좋으며, 최종적으로 K마트에서 얻는 수익은 3,000−1,950=1,050원이다.

02 사무직

41	42	43	44	45	46	47	48	49	50
④	①	①	③	④	②	④	②	②	④

41

정답 ④

토요타 자동차는 소비자의 관점이 아닌 생산자의 관점에서 문제를 해결하려다 소비자들의 신뢰를 잃게 됐다. 따라서 기업은 생산자가 아닌 소비자의 관점에서 문제를 해결하기 위해 노력해야 한다.

42

정답 ①

공식적 집단의 목표와 임무는 비교적 명확하게 규정되어 있으며, 비공식적 집단의 경우 구성원들의 필요에 따라 광범위하고 유연하게 설정된다.

오답분석

② 공식적 집단은 조직의 필요에 따라 기능적 목표를 갖고 구성되지만, 비공식적 집단은 다양한 자발적 요구들에 의해 형성된다.
③ 사내 친목회, 스터디모임 등은 공식적 집단의 구성원 간의 단결력을 향상시켜 공식적 집단의 목표인 조직의 기능수행능력을 개선할 수 있다.
④ 비공식적 집단이 자발적으로 구성되는 것과 달리, 공식적 집단의 구성원의 경우 대개 조직의 필요에 따라 인위적으로 결정된다.

43

정답 ①

개인은 본인이 자란 문화에서 체득한 방식과 상이한 문화를 느끼게 되면 상대 문화에 이질감을 느끼게 되고, 의식적 혹은 무의식적으로 불일치, 위화감, 심리적 부적응 상태를 경험하게 되는데, 이를 문화충격이라고 한다.

오답분석

ㄱ. 문화충격은 개인이 자신이 속한 문화 내에서가 아닌 타 문화를 접하였을 때 느끼게 되는 심리적 충격을 가리킨다.
ㄷ. 문화충격에 대비하기 위해서 가장 중요한 것은 다른 문화에 대해 개방적인 태도를 가지는 것이다. 자신이 속한 문화의 기준으로 다른 문화를 평가하지 말고, 자신의 정체성은 유지하되, 새롭고 다른 것을 경험하는 데 즐거움을 느끼도록 적극적 자세를 취하는 것이 바람직하다.

44

정답 ③

경영활동은 조직의 효과성을 높이기 위해 총수입 극대화, 총비용 극소화를 통해 이윤을 창출하는 외부경영활동과 조직내부에서 인적, 물적 자원 및 생산기술을 관리하는 내부경영활동으로 구분할 수 있다. 인도네시아 현지 시장의 규율을 조사하는 것은 시장 진출을 준비하는 과정으로, 외부경영활동에 해당된다.

오답분석

① 추후 진출 예정인 인도네시아 시장 고객들의 성향을 미리 파악하는 것은 외부경영활동이다.
② 가동률이 급락한 중국 업체를 대신해 국내 업체들과의 협력안을 검토하는 것은 내부 생산공정 관리와 같이 내부경영활동에 해당된다.
④ 내부 엔진 조립 공정을 개선하면 생산성을 증가시킬 수 있다는 피드백에 따라 이를 위한 기술개발에 투자하는 것은 생산관리로서 내부경영활동에 해당된다.

45

정답 ④

주기적으로 한국산업인력공단, 산업자원부, 상공회의소 등의 사이트를 방문해 주기적으로 자료를 얻는 것이 필요하지만, 이는 국내동향이 아닌 국제동향에 대한 자료여야 한다.

오답분석

① 업무와 관련된 외국 어휘를 많이 알아야 원활한 협업이 가능하다.
② 신문의 국제면을 보며 시의성 있는 이슈를 파악하는 것이 필요하다.
③ 국제학술대회 혹은 세미나에 참석하도록 장려하기 위해 당일 공가를 제공하는 것도 국제감각 형성에 도움이 된다.

46

정답 ②

이노비즈(Innobiz)는 혁신(Innovation)과 기업(Business)의 합성어로, 뛰어난 기술을 바탕으로 경쟁력을 확보하는 기술혁신형 중소기업이다.

47

정답 ④

- A대리 : 조직 내 집단 간 경쟁의 원인은 조직 내 한정 자원을 차지하려는 목적에서 발생한다.
- B차장 : 한정 자원의 차지 외에도 집단들이 상반된 목표를 추구할 때에도 경쟁이 발생한다.
- D주임 : 경쟁이 지나치면 집단 간 경쟁에 지나치게 많은 자원을 투입하고 본질적 목표를 소홀히 하게 되어 비능률을 초래하게 된다.

오답분석

- C주임 : 경쟁을 통해 집단 내부의 결속력을 다지고, 집단의 활동이 더욱 조직화되어 효율성을 확보할 수 있다. 하지만 지나치게 되면 자원의 낭비, 비능률 등의 문제가 초래된다. 따라서 경쟁이 치열할수록 좋다는 C주임의 설명은 옳지 않다.

48

정답 ②

싱가포르는 중국계(74.1%), 말레이계(13.4%), 인도계(9.2%), 기타(3.3%)의 다민족 국가이므로 그에 맞는 비즈니스 에티켓을 지켜야 한다. 말레이계, 인도계 등은 이성끼리 악수를 하지 않는 편이며, 싱가포르 현지인은 시간관념이 매우 철저하므로 약속 시간을 엄수하고 일을 진행하기 전 먼저 약속을 잡는 것이 바람직하다.

49

정답 ②

각 빈칸에 들어갈 문화의 유형은 다음과 같다.

	유연성 · 자율성		
내부지향 · 통합	집단문화	개발문화	외부지향 · 차별
	계층문화	합리문화	
	안정 · 통제		

ㄱ. ㉠에 들어갈 조직문화의 유형은 개발문화이다.

ㄷ. 합리문화는 과업지향적인 조직문화로서, 조직구성원들의 방어적 태도, 개인주의적 성향이 드러나는 특징을 보인다. 반면 집단문화는 조직구성원 간 단결이 강조되는 조직문화이다.

오답분석

ㄴ. ㉡에 들어갈 조직문화의 유형은 합리문화이다.

ㄹ. 계층문화는 조직 계층의 공고화와 위계질서를 강조한다. 반면 합리문화는 조직의 목표달성을 위해 조직 구성원 간의 경쟁을 유도하므로 개인주의 성향이 강하다.

50

정답 ④

조직이나 개인의 업무지침 모두 환경의 변화에 따라 신속하게 수정되지 않으면 오히려 잘못된 결과를 낳을 수 있으므로 3개월에 한 번 정도 지속적인 개정이 필요하다.

| 03 | 기술직

41	42	43	44	45	46	47	48	49	50
②	④	③	②	④	③	②	④	①	①

41

정답 ②

기술선택을 위한 우선순위 결정요인

1. 제품의 성능이나 원가에 미치는 영향력이 큰 기술
2. 기술을 활용한 제품의 매출과 이익 창출 잠재력이 큰 기술
3. 쉽게 구할 수 없는 기술
4. 기업 간에 모방이 어려운 기술
5. 기업이 생산하는 제품 및 서비스에 보다 광범위하게 활용할 수 있는 기술
6. 최신 기술로 진부화될 가능성이 적은 기술

42

정답 ④

벤치마킹의 수행방식에 따른 분류

- 직접적 벤치마킹 : 벤치마킹 대상을 직접 방문하여 수행하는 방법이다. 이 방법은 필요로 하는 정확한 자료의 입수 및 조사가 가능하며 Contact Point의 확보로 벤치마킹 이후에도 계속적으로 자료의 입수 및 조사가 가능한 장점이 있는 반면, 벤치마킹 수행과 관련된 비용 및 시간이 많이 소요되며 적절한 벤치마킹 대상 선정에 한계가 있다는 단점이 있다.
- 간접적 벤치마킹 : 인터넷 및 문서형태의 자료를 통해서 수행하는 방법이다. 이 방법은 벤치마킹 대상의 수에 제한이 없고 다양하며, 비용 또는 시간적 측면에서 상대적으로 많이 절감할 수 있다는 장점이 있는 반면, 벤치마킹 결과가 피상적이며 정확한 자료의 확보가 어렵고, 특히 핵심자료의 수집이 상대적으로 어렵다는 단점이 있다.

43

정답 ③

기술경영자는 새로운 제품개발 시간을 연장하는 것이 아니라 단축할 수 있는 능력을 보유해야 한다.

기술경영자의 능력

1. 기술을 기업의 전반적인 전략 목표에 통합시키는 능력
2. 빠르고 효과적으로 새로운 기술을 습득하고 기존의 기술에서 탈피하는 능력
3. 기술을 효과적으로 평가할 수 있는 능력
4. 기술 이전을 효과적으로 할 수 있는 능력
5. 새로운 제품개발 시간을 단축할 수 있는 능력
6. 크고 복잡하고 서로 다른 분야에 걸쳐 있는 프로젝트를 수행할 수 있는 능력
7. 조직 내의 기술 이용을 수행할 수 있는 능력
8. 기술 전문 인력을 운용할 수 있는 능력

44

정답 ②

벤치마킹은 특정 분야에서 뛰어난 업체나 상품, 기술, 경영 방식 등을 배워 합법적으로 응용하는 것으로, 비교대상에 따라 내부·경쟁적·비경쟁적·글로벌 벤치마킹으로 분류되고, 수행 방식에 따라 직접적·간접적 벤치마킹으로 분류된다. 스타벅스코리아의 사례는 같은 기업 내의 다른 지역, 타 부서, 국가 간의 유사한 활용을 비교 대상으로 한 내부 벤치마킹이다.

오답분석

① 글로벌 벤치마킹 : 프로세스에 있어 최고로 우수한 성과를 보유한 동일업종의 비경쟁적 기업을 대상으로 하는 벤치마킹이다.
③ 비경쟁적 벤치마킹 : 제품, 서비스 및 프로세스의 단위 분야에 있어 가장 우수한 실무를 보이는 비경쟁적 기업 내의 유사 분야를 대상으로 하는 벤치마킹이다.
④ 직접적 벤치마킹 : 벤치마킹 대상을 직접 방문하여 자료를 입수하고 조사하는 벤치마킹이다.

45

정답 ④

에밀리의 수평이 맞지 않으면 제품의 진동에 의해 소음이 발생된다. 따라서 진동에 의한 소음이 발생하면 수평을 맞추어야 한다.

46

정답 ③

건조처리 전에 지저분하게 음식물 속에서 이물질을 골라낼 필요가 없으며, 완전 건조 후 이물질을 편하게 골라내면 된다.

47

정답 ②

사용 설명서를 통해 에밀리가 작동되지 않는 경우는 음식물이 건조기 상단의 'MAX'라고 표기된 선을 넘길 경우임을 알 수 있다. 따라서 음식물의 양을 줄이는 것이 적절하다.

오답분석

① 전원램프를 확인했으므로 전원코드에는 이상이 없다.

48

정답 ④

처리가 끝난 이후 냉각팬이 30분 정도 더 작동된다. 따라서 건조시간은 3시간+30분+6시간+30분=10시간이다.

49

정답 ①

제품 매뉴얼은 제품의 설계상 결함이나 위험 요소를 대변해서는 안 된다.

50

정답 ①

상향식 기술선택(Bottom – Up Approach)은 기술자들로 하여금 자율적으로 기술을 선택하게 함으로써 기술자들의 흥미를 유발할 수 있고, 이를 통해 그들의 창의적인 아이디어를 활용할 수 있는 장점이 있다.

오답분석

② 하향식 기술선택은 먼저 기업이 직면하고 있는 외부 환경과 기업의 보유 자원에 대한 분석을 통해 기업의 중장기적인 사업목표를 설정하고, 이를 달성하기 위해 확보해야 하는 핵심고객층과 그들에게 제공하고자 하는 제품과 서비스를 결정한다.
③ 상향식 기술선택은 기술자들이 자신의 과학기술 전문 분야에 대한 지식과 흥미만을 고려하여 기술을 선택하게 함으로써, 시장의 고객들이 요구하는 제품이나 서비스를 개발하는 데 부적합한 기술이 선택될 수 있다.
④ 하향식 기술선택은 기술에 대한 체계적인 분석을 한 후, 기업이 획득해야 하는 대상기술과 목표기술수준을 결정한다.

국가철도공단 신입직원 필기전형

제3회 모의고사 정답 및 해설

| 01 | 공통

01	02	03	04	05	06	07	08	09	10
④	①	④	④	③	④	④	③	③	①
11	12	13	14	15	16	17	18	19	20
①	③	①	③	①	②	③	①	②	④
21	22	23	24	25	26	27	28	29	30
③	②	②	②	①	③	③	②	④	③
31	32	33	34	35	36	37	38	39	40
④	③	③	④	④	①	②	①	④	①

01 정답 ④

㉣(토지공공임대제)은 ㉢(토지가치공유제)의 하위 제도로, 사용권은 민간이 갖고 수익권은 공공이 갖는다. 처분권의 경우 사용권을 가진 민간에게 한시적으로 맡기는 것일 뿐이며, 처분권도 공공이 갖는다.

02 정답 ①

제시문은 우리의 단일 민족에 대한 의문을 제기하며 이에 대한 근거를 들어 우리는 단일 민족이 아닐 수도 있다는 것을 주장하고 있다. 따라서 (나) 단일 민족에 대한 의문 제기 → (다) 단일 민족이 아닐 수도 있다는 근거 제시 → (가) 이것이 증명하는 사실 → (라) 단일 민족이 아닐 수도 있다는 또 다른 근거 제시 순서로 나열해야 한다.

03 정답 ④

제시문은 자기 과시의 사회적 현상을 통해 등장한 신조어 '있어빌리티'와 이를 활용한 마케팅 전략에 대해 설명하고 있다.

04 정답 ④

문서의 기능

1) 의사의 기록・구체화
   문서는 사람의 의사를 구체적으로 표현하는 기능을 갖는다. 사람이 가지고 있는 주관적인 의사는 문자・숫자・기호 등을 활용하여 종이나 다른 매체에 표시하여 문서화함으로써 그 내용이 구체화된다.
2) 의사의 전달
   문서는 자신의 의사를 타인에게 전달하는 기능을 갖는다. 문서에 의한 의사 전달은 전화나 구두로 전달하는 것보다 좀 더 정확하고 변함없는 내용을 전달할 수 있다.
3) 의사의 보존
   문서는 의사를 오랫동안 보존하는 기능을 갖는다. 문서로써 전달된 의사는 지속적으로 보존할 수 있고 역사자료로서 가치를 갖기도 한다.
4) 자료 제공
   보관・보존된 문서는 필요한 경우 언제든 참고자료 내지 증거자료로 제공되어 행정 활동을 지원・촉진시킨다.
5) 업무의 연결・조정
   문서의 기안・결재 및 협조 과정 등을 통해 조직 내외의 업무처리 및 정보 순환이 이루어져 업무의 연결・조정 기능을 수행하게 한다.

05 정답 ③

상대의 말을 중간에 끊거나, 위로를 하거나 비위를 맞추기 위해 너무 빨리 동의하기보다는 모든 말을 들은 후에 적절하게 대응하는 것이 바람직하다.

오답분석

① 상대가 말을 하는 동안 대답을 준비하면서 다른 생각을 하는 것은 바람직하지 못하다.
② 상대의 행동에 잘못이 드러나더라도, 말이 끝난 후 부드러운 투로 이야기하도록 한다. 적극적 경청을 위해서는 비판적, 충고적인 태도를 버리는 것이 필요하다.
④ 상대의 말을 미리 짐작하지 않고 귀기울여 들어야 정확한 내용을 파악할 수 있다.

06

정답 ④

비위 맞추기는 상대방을 위로하기 위해서 혹은 비위를 맞추기 위해서 너무 빨리 동의하는 것으로서 그 의도는 좋지만, 지지하고 동의하는 데 너무 치중함으로써 상대방에게 자신의 생각이나 감정을 충분히 표현할 시간을 주지 못하게 된다.

오답분석

① 걸러내기 : 듣고 싶지 않은 것들을 막아버리는 것을 말한다.
② 다른 생각하기 : 상대방이 말을 할 때 자꾸 다른 생각을 하는 것을 말한다.
③ 조언하기 : 다른 사람의 문제를 본인이 해결해 주고자 지나치게 조언하고 끼어드는 것을 말한다.

07

정답 ④

빈칸 바로 앞의 문장에서는 치매안심센터의 효과적인 운영을 위한 정부차원의 적극적인 지원의 필요성을 다루고, 빈칸 뒤의 문장에서는 치매케어의 전문적 수행을 위한 노력과 정책적 지원의 필요성을 다루므로 두 문장은 치매국가책임제를 효과적으로 추진하기 위해 필요한 것들로 볼 수 있다. 따라서 두 문장을 연결해 주는 접속어로 '그 위에 더, 또는 거기에다 더'를 뜻하는 '또한'이 가장 적절하다.

08

정답 ③

A씨는 안 좋은 일이 생겨도 자신을 탓하고, 사소한 실수에도 사과를 반복한다. 즉, A씨는 자기 자신을 낮은 자존감과 열등감으로 대하고 있다. 성공하는 사람의 이미지를 위해서는 자신을 너무 과소평가하지 말아야 한다. 특히, A씨와 같이 평소에 '죄송합니다.'나 '미안합니다.'를 입에 달고 사는 사람들의 경우 얼핏 보면 예의 바르게 보일 수 있으나, 꼭 필요한 경우가 아니라면 그렇게 해서 자신의 모습을 비하하지 않도록 해야 한다.

09

정답 ③

빈칸 앞의 접속어 '따라서'에 집중한다. 빈칸에는 '공공미술이 아무리 난해해도 대중과의 소통 가능성이 늘 열려 있다.'는 내용을 근거로 하여 추론할 수 있는 결론이 와야 문맥상 자연스럽다. 그러므로 공공미술에서 예술의 자율성은 소통의 가능성과 대립되지 않는다는 내용이 들어가는 것이 가장 적절하다.

10

정답 ①

미세먼지 측정기는 대기 중 미세먼지의 농도만 측정하는 것이지 미세먼지의 성분과는 아무런 관련이 없다.

11

정답 ①

[(앞의 항)−(뒤의 항)]×2=(다음 항)인 수열이다.

5
3
4 [=(5−3)×2]
−2 [=(3−4)×2]
12 [={4−(−2)}×2]
−28 [=(−2−12)×2]

12

정답 ③

x의 최댓값과 최솟값은 A와 B가 각각 다리의 양쪽 경계에 위치할 때이다. 즉, 최솟값은 A로부터 7.6km 떨어진 지점, 최댓값은 A로부터 8.0km 떨어진 지점이므로, 식을 세우면 다음과 같다.

- 최솟값 : $\frac{7.6}{6}=\frac{x}{60}+\frac{20-7.6}{12} \rightarrow \frac{x}{60}=\frac{15.2-12.4}{12}=\frac{2.8}{12}$

$\therefore x=14$

- 최댓값 : $\frac{8}{6}=\frac{x}{60}+\frac{20-8}{12} \rightarrow \frac{x}{60}=\frac{16-12}{12}=\frac{1}{3}$

$\therefore x=20$

즉, A와 B가 다리 위에서 마주치기 위한 x의 범위는 $14 \le x \le 20$이고, 최댓값과 최솟값의 차는 20−14=6이다.

13

정답 ①

평균점수가 8점 이상이 되려면 총점은 24점 이상이 되어야 한다. 따라서 A씨가 졸업하기 위해서는 24−(7.5+6.5)=24−14=10점(만점)을 받아야 한다.

14

정답 ③

작년 TV와 냉장고의 판매량을 각각 $3a$, $2a$대, 올해 TV와 냉장고의 판매량을 각각 $13b$, $9b$대라고 하자.
작년 TV와 냉장고의 총판매량은 $5a$대, 올해 TV와 냉장고의 총판매량은 $22b$대이다. 올해 총판매량이 작년보다 10% 증가했으므로

$5a\left(1+\frac{10}{100}\right)=22b$

$\rightarrow \frac{11}{2}a=22b$

$\therefore a=4b$

따라서 작년의 냉장고 판매량은 $2\times 4b=8b$대이고, 냉장고의 판매량은 작년보다 $\frac{9b-8b}{8b}\times 100=12.5\%$ 증가했다.

15

정답 ①

• n개월 후 형의 통장 잔액 : $2,000n$원
• n개월 후 동생의 통장 잔액 : $(10,000+1,500n)$원

따라서 형의 통장 잔액이 동생보다 많아질 때는 $2,000n>10,000+1,500n$ → $n>20$이므로 21개월 후이다.

16

정답 ②

5% 소금물의 양을 xg이라 하면 12% 소금물의 양은 $(300-x)$g이고, 이를 식으로 정리하면 다음과 같다.

$$\frac{12}{100}(300-x)+\frac{5}{100}x=\frac{10}{100}\times300$$

→ $3,600-7x=3,000$

→ $7x=600$

$\therefore\ x=\frac{600}{7}$

따라서 5%의 소금물의 양은 $\frac{600}{7}$g이다.

17

정답 ③

자기계발 과목에 따라 해당되는 지원 금액과 신청 인원은 다음과 같다.

구분	영어회화	컴퓨터 활용능력	세무회계
지원 금액	70,000×0.5 =35,000원	50,000×0.4 =20,000원	60,000×0.8 =48,000원
신청 인원	3명	3명	3명

교육프로그램마다 3명씩 지원했으므로 총지원비는 $(35,000+20,000+48,000)\times3=309,000$원이다.

18

정답 ①

2023년 50대, 60대, 70세 이상 연령의 전체 흡연율 합은 22.7+14.6+9.1=46.4%로, 2023년 19세 이상 성인의 전체 흡연율인 22.6%보다 높으므로 옳지 않다.

오답분석

② 2023년 연령대별 흡연율과 고위험 음주율 자료에서 여자의 고위험 음주율은 연령대가 높아질수록 낮아짐을 알 수 있다.

③ 2023년 연령대별 고위험 음주율에서 남자는 50 ~ 59세에서 26%, 여자는 19 ~ 29세에서 9.6%로 가장 높았다.

④ 우리나라 19세 이상 성인의 전체 흡연율 및 고위험 음주율은 2018년에 각각 26.3%, 13.6%이고, 2023년에는 22.6%, 13.2%로 2018년 대비 감소하였다.

19

정답 ②

금형 업종의 경우, 사무소 형태로 진출한 현지 자회사 법인의 비율이 가장 높다.

오답분석

① 단독법인 형태의 소성가공 업체의 수는 $30\times0.381=11.43$개로 10개 이상이다.

③ 표면처리 업체의 해외 현지 자회사 법인 중 유한회사의 형태인 업체는 $133\times0.024=3.192$곳으로, 2곳 이상이다.

④ 전체 업체 중 용접 업체의 해외 현지 자회사 법인의 비율은 $\frac{128}{387}\times100≒33$%로 30% 이상이다.

20

정답 ④

합격자 중 남성의 비율은 $\frac{1,699}{1,699+624}\times100=\frac{1,699}{2,323}\times100≒73.1$%이므로 80% 미만이다.

오답분석

① 총 입사지원자의 합격률은 $\frac{2,323}{10,891+3,984}\times100=\frac{2,323}{14,875}\times100≒15.6$%이므로 15% 이상이다.

② 여성 입사지원자 대비 여성 합격자의 비중은 $\frac{624}{3,984}\times100≒15.7$%이므로 20% 미만이다.

③ 총 입사지원자 중에서 여성의 비중은 $\frac{3,984}{14,875}\times100≒26.8$%이므로 30% 미만이다.

21

정답 ③

조직의 기능단위 수준에서 현 문제점을 분석하지 않고, 다른 문제와 해결방안을 연결하여 모색하는 전략적 사고를 해야 한다.

22

정답 ②

㉠ 강대리가 문제 인식을 하고 팀장님께 보고한 후 어떤 문제가 발생했는지 도출해 내는 단계이므로 문제를 명확히 하는 '문제 도출' 단계이다.

㉡ 최팀장에게 왜 그런 현상이 나타나는 것인지에 대해 대답할 차례이므로 문제가 나타나는 현상에 대한 원인을 분석하는 '원인 분석' 단계이다.

문제해결의 절차

문제 인식 → 문제 도출 → 원인 분석 → 해결안 개발 → 실행 및 평가

23

정답 ②

제시문에 따르면 '문제'는 목표와 현실의 차이이고, '문제점'은 목표가 어긋난 원인이다. 따라서 미란이의 이야기를 보면 교육훈련이 부족했다는 원인이 나와 있으므로 '문제점'을 말했다고 볼 수 있다.

오답분석

① 지혜는 매출액이 목표에 못 미쳤다는 '문제'를 말한 것이다.
③ 건우는 현재 상황을 말한 것이다.
④ 경현이의 말은 목표를 정정했다는 사실뿐이다.

24

정답 ②

첫 번째, 두 번째 조건에 따라 로봇은 '3번 – 1번 – 2번 – 4번' 또는 '3번 – 2번 – 1번 – 4번' 순서로 전시되어 있으며, 사용 언어는 세 번째, 네 번째, 다섯 번째 조건에 따라 '중국어 – 영어 – 한국어 – 일본어' 또는 '일본어 – 중국어 – 영어 – 한국어' 순서이다. 마지막 조건에 의해 3번 로봇의 자리가 정해지게 되는데, 3번 로봇은 일본어를 사용하지 않는다고 하였으므로, 사용 언어별 순서는 '중국어 – 영어 – 한국어 – 일본어' 순서이다. 또한, 2번 로봇은 한국어를 사용하지 않는다고 하였으므로, '3번 – 2번 – 1번 – 4번' 순서이다.

오답분석

① 1번 로봇은 한국어를 사용한다.
③ 4번 로봇은 일본어를 사용한다.
④ 중국어를 사용하는 3번 로봇은 영어를 사용하는 2번 로봇의 옆에 위치해 있다.

25

정답 ①

발표내용을 볼 때 W음료의 천연재료의 추출, 철저한 위생 관리와 같은 강점(Strength)을 통해 건강음료를 선호하고 식품의 위생을 중요시하는 오늘날의 트렌드와 같은 기회(Opportunity)를 포착하는 모습을 확인할 수 있으므로, SO전략(강점 – 기회 전략)이 가장 적절하다.

26

정답 ③

현재의 부정적인 평판은 약점(Weakness)으로, 소비자들을 위한 효과적인 마케팅은 강점(Strength)으로 볼 수 있다. 약점 – 강점 전략은 SWOT 분석에 의한 경영 전략에 포함되지 않는다.

오답분석

① '착한 기업' 이미지를 통해 부정적인 평판(약점)을 보완하여 경쟁시장(위협)에서 이길 수 있도록 하는 WT전략(약점 – 위협 전략)으로 볼 수 있다.
② 차별화된 광고(강점)를 통해 음료 소비의 성장세(기회)를 극대화하도록 함으로써 SO전략(강점 – 기회 전략)으로 볼 수 있다.
④ 탄산음료만(약점)이 아닌 건강음료를 개발하여 생수를 선호(기회)하는 건강시대에 발맞춰 생산함으로써 WO전략(약점 – 기회 전략)으로 볼 수 있다.

27

정답 ③

- CBP–<u>WK</u>4A–P31–B0803 : 배터리 형태 중 WK는 없는 형태이다.
- PBP–DK1E–<u>P21</u>–A8B12 : 고속충전 규격 중 P21은 없는 규격이다.
- NBP–LC3B–P31–B3<u>230</u> : 생산날짜의 2월은 30일이 없다.
- <u>CNP</u>–LW4E–P20–A7A29 : 제품분류 중 CNP는 없는 분류이다.

따라서 보기에서 시리얼넘버가 잘못 부여된 제품은 모두 4개이다.

28

정답 ②

고객이 설명한 제품정보를 정리하면 다음과 같다.

- 설치형 : PBP
- 도킹형 : DK
- 20,000mAH 이상 : 2
- 60W 이상 : B
- USB–PD3.0 : P30
- 2024년 10월 12일 : B4012

따라서 S주임이 데이터베이스에 검색할 시리얼넘버는 PBP– DK2B–P30–B4012이다.

29

정답 ④

2022년 K시 전체 회계 예산액에서 특별회계 예산액의 비중은 $\frac{325,007}{1,410,393} \times 100 \fallingdotseq 23.0\%$이므로 25% 미만이다.

오답분석

① 두 도시의 전체 회계 예산액은 매년 증가하고 있으므로 J시의 전체 회계 예산액이 증가한 시기에는 K시의 전체 회계 예산액도 증가했다.
② J시 일반회계의 연도별 증감추이는 계속 증가하고 있고, K시 일반회계의 연도별 증감추이는 '증가 – 증가 – 감소 – 증가'이므로 J시와 K시의 일반회계의 연도별 증감추이는 다르다.
③ 2021년 J시의 특별회계 예산액 대비 K시의 특별회계 예산액 비중은 $\frac{264,336}{486,577} \times 100 \fallingdotseq 54.3\%$이므로 옳은 설명이다.

30

정답 ③

청소년 관람객 수를 x명, 성인 관람객 수를 y명이라고 하면

$x+y=5,000 \cdots$ ㉠

$5,000x+8,000y=29,500,000 \cdots$ ㉡

㉡$-5,000\times$㉠을 하면 $y=1,500$이다.

y의 값을 ㉠에 대입하여 x의 값을 구하면 $x=3,500$이다. 따라서 청소년 관람객의 비율은 $\frac{3,500}{5,000}\times 100=70\%$이므로 C사원의 분석은 옳지 않다.

31

정답 ④

조건에서 크루즈 이용 시 A석 또는 S석으로 한다고 하였으므로 M크루즈는 제외되며, 나머지 교통편을 이용할 때 비용을 비교하면 다음과 같다.

교통편	비용
H항공사 비즈니스석	(310,000+10,000)×2=640,000원
H항공사 퍼스트 클래스	479,000×2×0.9=862,200원
P항공사 퍼스트 클래스	450,000×2=900,000원
N크루즈 S석	(25,000+292,000+9,000)×2=652,000원

따라서 김대리는 가장 저렴한 교통편인 H항공사의 비즈니스석을 선택할 것이며, 비용은 640,000원이다.

32

정답 ③

제시된 직원 투표 결과를 정리하면 다음과 같다.

(단위 : 표)

여행상품	1인당 비용(원)	총무팀	영업팀	개발팀	홍보팀	공장1	공장2	합계
A	500,000	2	1	2	0	15	6	26
B	750,000	1	2	1	1	20	5	30
C	600,000	3	1	0	1	10	4	19
D	1,000,000	3	4	2	1	30	10	50
E	850,000	1	2	0	2	5	5	15
합계		10	10	5	5	80	30	140

㉠ 가장 인기가 많은 여행상품은 D이다. 그러나 공장1의 고려사항은 회사에 손해를 줄 수 있으므로, 2박 3일 여행상품이 아닌 1박 2일 여행상품 중 가장 인기가 많은 B가 선정된다. 따라서 750,000×140=105,000,000원이 필요하다.

㉢ 공장1의 A, B 투표 결과가 바뀐다면 여행상품 A, B의 투표 수가 각각 31, 25표가 되어 선택되는 여행상품이 A로 변경된다.

오답분석

㉡ 가장 인기가 많은 여행상품은 D이므로 옳지 않다.

33

정답 ③

A ~ D직원의 성과급 점수를 계산하면

- A대리 : 85×0.5+90×0.5=87.5점
- B과장 : 100×0.3+85×0.1+80×0.6=86.5점
- C사원 : 95×0.6+85×0.4=91점
- D차장 : 80×0.2+90×0.3+85×0.5=85.5점

따라서 성과급 점수가 90점 이상인 S등급에 해당되는 직원은 C사원이다.

34

정답 ④

물적자원을 효과적으로 관리하기 위해서는 먼저 사용 물품과 보관 물품으로 구분하고, 동일 및 유사 물품으로 분류한 뒤 물품을 적절하게 보관할 수 있는 장소를 선정해야 한다. 따라서 효과적인 물적자원관리 과정은 (다) – (나) – (가)의 순서로 이루어져야 한다.

35

정답 ④

물품은 일괄적으로 같은 장소에 보관하는 것이 아니라 개별 물품의 재질, 부피, 무게 등 특성을 고려하여 보관 장소를 선정해야 한다. 물품에 따라 재질, 부피, 무게 등을 기준으로 물품을 분류하기도 하지만, 모든 물품의 분류 기준이 되는 것은 아니므로 재질, 부피, 무게 등을 모두 포함하는 물품의 특성이 기준이 된다.

36

정답 ①

- 치과 진료 : 수요일 3주 연속 받는다고 하였으므로 13일, 20일은 무조건 치과 진료가 있다.
- 신혼여행 : 8박 9일간 신혼여행을 가고 휴가는 5일 사용할 수 있으므로 주말 4일을 포함해야 한다.

주어진 조건을 종합하면, 2일(토요일)부터 10일(일요일)까지 주말 4일을 포함하여 9일 동안 신혼여행을 다녀오게 되고 치과는 6일이 아닌 27일에 예약되어 있다. 신혼여행은 결혼식 다음 날 간다고 하였으므로 주어진 일정을 달력에 표시하면 다음과 같다.

일	월	화	수	목	금	토
					1 결혼식	2 신혼여행
3 신혼여행	4 신혼여행/휴가	5 신혼여행/휴가	6 신혼여행/휴가	7 신혼여행/휴가	8 신혼여행/휴가	9 신혼여행
10 신혼여행	11	12	13 치과	14	15	16
17	18	19	20 치과	21	22	23
24	25	26	27 치과	28 회의	29	30 추석연휴

따라서 A대리의 결혼날짜는 9월 1일이다.

37

정답 ②

창의적 사고를 개발하는 방법

1. 자유 연상법 : 어떤 생각에서 다른 생각을 계속해서 떠올리는 작용을 통해 어떤 주제에서 생각나는 것을 계속해서 열거해 나가는 방법 예 브레인스토밍
2. 강제 연상법 : 각종 힌트에서 강제적으로 연결지어서 발상하는 방법 예 체크리스트
3. 비교 발상법 : 주제와 본질적으로 닮은 것을 힌트로 하여 새로운 아이디어를 얻는 방법 예 NM법, Synetics

38

정답 ①

업체별 선정점수를 구하면 다음과 같다.

(단위 : 점)

구분	경제성	신속성	안정성	유연성	선정점수
A 업체	4×0.3 =1.2	3×0.2 =0.6	9×0.4 =3.6	3×0.1 =0.3	5.7
B 업체	2×0.3 =0.6	4×0.2 =0.8	7×0.4 =2.8	3×0.1 =0.3	4.5
C 업체	8×0.3 =2.4	7×0.2 =1.4	4×0.4 =1.6	2×0.1 =0.2	5.6
D 업체	7×0.3 =2.1	6×0.2 =1.2	2×0.4 =0.8	6×0.1 =0.6	4.7

따라서 산정점수가 5.7점으로 가장 높은 A업체가 선정된다.

39

정답 ④

시간관리를 통해 스트레스 감소, 균형적인 삶, 생산성 향상, 목표 성취 등의 효과를 얻을 수 있다.

시간관리를 통해 얻을 수 있는 효과

- 스트레스 감소 : 사람들은 시간이 부족하면 스트레스를 받기 때문에 모든 시간 낭비 요인은 잠재적인 스트레스 유발 요인이라 할 수 있다. 따라서 시간관리를 통해 시간을 제대로 활용한다면 스트레스 감소 효과를 얻을 수 있다.
- 균형적인 삶 : 시간관리를 통해 일을 수행하는 시간을 줄인다면, 일 외에 다양한 여가를 즐길 수 있다. 또한, 시간관리는 삶에 있어서 수행해야 할 다양한 역할들의 균형을 잡는 것을 도와준다.
- 생산성 향상 : 한정된 자원인 시간을 적절히 관리하여 효율적으로 일을 하게 된다면 생산성 향상에 큰 도움이 될 수 있다.
- 목표 성취 : 목표를 성취하기 위해서는 시간이 필요하고, 시간은 시간관리를 통해 얻을 수 있다.

40

정답 ①

W사원이 영국 출장 중에 받는 해외여비는 50×5=250파운드이고, 스페인은 60×4=240유로이다. 항공권은 편도 금액이므로 왕복으로 계산하면 영국은 380×2=760파운드, 스페인 870×2=1,740유로이며, 영국과 스페인의 비행시간 추가비용은 각각 20×(12−10)×2=80파운드, 15×(14−10)×2=120유로이다. 따라서 영국 출장 시 드는 비용은 250+760+80=1,090파운드, 스페인 출장은 240+1,740+120=2,100유로이다.

은행별 환율을 이용하여 출장비를 원화로 계산하면 다음과 같다.

구분	영국	스페인	총비용
A은행	1,090×1,470 =1,602,300원	2,100×1,320 =2,772,000원	4,374,300원
B은행	1,090×1,450 =1,580,500원	2,100×1,330 =2,793,000원	4,373,500원
C은행	1,090×1,460 =1,591,400원	2,100×1,310 =2,751,000원	4,342,400원

따라서 A은행의 비용이 가장 많이 들고, C은행이 비용의 가장 적으므로 두 은행의 총비용 차이는 4,374,300−4,342,400=31,900원이다.

02 사무직

41	42	43	44	45	46	47	48	49	50
①	③	②	①	③	③	④	④	②	③

41

정답 ①

사무인수인계는 문서에 의함을 원칙으로 하나, 기밀에 속하는 사항은 구두 또는 별책으로 인수인계할 수 있도록 한다.

42

정답 ③

조직문화는 구성원들의 행동지침으로 작용하여 구성원의 사고방식과 행동양식을 규정하여, 구성원들은 조직에서 해오던 방식대로 업무를 처리하게 된다. 이는 조직문화가 구성원을 조직에 적응하도록 사회화하고 일탈적 행동을 통제하는 기능을 한다.

조직문화의 기능

- 조직구성원들에게 일체감 · 정체성 부여
- 조직몰입 향상
- 조직구성원들의 행동지침 : 사회화 및 일탈행동 통제
- 조직의 안정성 유지

43

정답 ②

영업부장이 실수할 수도 있으므로 바로 생산계획을 변경하는 것보다는 이중 확인 후 생산라인에 통보하는 것이 좋다.

44

정답 ①

우선순위를 파악하기 위해서는 먼저 중요도와 긴급성을 파악해야 한다. 즉, 중요도와 긴급성이 높은 일부터 처리해야 하는 것이다. 그러므로 업무 리스트 중에서 가장 먼저 해야 할 일은 내일 있을 당직 근무자 명단 확인이다. 그다음 영업1팀의 비품 주문, 신입사원 면접 날짜 확인, 인사총무팀 회식 장소 예약 확인, 회사 창립 기념일 행사 준비 순서로 진행하면 된다.

45

정답 ③

빽다방은 경쟁사에 비해 비교적 저렴한 가격과 소비자들에게 인정받을 수 있는 맛을 통해 경쟁이 치열한 레드오션의 카페 시장에서 성공할 수 있었다.

오답분석

㉠ 카카오는 문자메시지(SMS)가 시장을 독점하고 있을 때, 데이터 기반의 메신저 카카오톡 앱을 제공하며 새로운 시장을 개척하였다. 따라서 레드오션 전략을 사용한 사례로는 적절하지 않다.

㉡ 위니아는 국내 가전제품 시장에서 김치냉장고 딤채의 개발을 통해 새로운 냉장고 시장을 개척하였다. 따라서 레드오션 전략을 사용한 사례로는 적절하지 않다.

㉣ 해태제과는 기존의 과자 시장에서 맛볼 수 없었던 새로운 맛의 허니버터칩을 개발하여 새로운 과자 시장을 개척하였다. 따라서 레드오션 전략을 사용한 사례로는 적절하지 않다.

경영 전략

- 레드오션 전략 : 이미 잘 알려져 있어서 경쟁이 매우 치열한 특정 산업 내의 기존 시장에서 경쟁을 통해 이익을 창출하는 경영 전략이다.
- 블루오션 전략 : 경쟁이 없는 새로운 시장을 창출하려는 경영 전략이다.
- 퍼플오션 전략 : 완전히 새로운 분야를 개척하는 블루오션 상품보다 기존의 익숙한 레드오션 상품에서 발상의 전환을 통해 조금 다른 상품을 만드는 경영 전략이다.

46

정답 ③

아프리카 사람들과 이야기할 때 눈을 바라보는 것은 실례이므로 코 끝 정도를 보면서 대화하는 것이 예의이다.

47

정답 ④

필리핀에서 한국인을 대상으로 범죄가 이루어지고 있다는 것은 심각하게 고민해야 할 사회문제이지만, 그렇다고 우리나라로 취업하기 위해 들어오려는 필리핀 사람들을 막는 것은 적절하지 않은 행동이다.

48

정답 ④

ㄱ. 세계화는 조직 구성원들의 근무환경 등 개인의 삶에도 직 · 간접적으로 영향을 주므로 구성원들은 의식 및 태도, 지식습득에 있어서 적응이 필요하다. 따라서 기업의 대외적 경영 측면뿐 아니라 대내적 관리에도 영향을 준다.

ㄷ. 이문화 이해는 언어적 소통 및 비언어적 소통, 문화, 정서의 이해를 모두 포괄하는 개념이다. 따라서 이문화 이해가 곧 언어적 소통이 되는 것은 아니다.

ㄹ. 문화란 장시간에 걸쳐 무의식적으로 형성되는 영역으로, 단기간에 외국문화를 이해하는 것은 한계가 있기 때문에 지속적인 학습과 노력이 요구된다.

오답분석

ㄴ. 대상국가의 법규 및 제도 역시 기업이 적응해야 할 경영환경이다.

49

정답 ②

우선 박비서에게 회의 자료를 받아와야 하므로 비서실을 들러야 한다. 다음으로 기자단 간담회는 대회 홍보 및 기자단 상대 업무를 맡은 홍보팀에서 기자단 간담회 자료를 정리할 것이므로 홍보팀을 거쳐야 하며, 승진자 인사 발표 소관 업무는 인사팀이 담당하며, 회사의 차량 배차에 대한 업무는 총무팀과 같은 지원부서의 업무에 해당한다. 따라서 오대리가 거쳐야 할 부서명을 순서대로 나열하면 '비서실 – 홍보팀 – 인사팀 – 총무팀'이다.

50

정답 ③

조직은 목적을 가지고 있어야 하고, 구조가 있으며, 목적을 달성하기 위해 구성원들은 서로 협동적인 노력을 하고, 외부 환경과 긴밀한 관계를 가지고 있어야 한다. 그러나 야구장에 모인 관중들은 동일한 목적만 가지고 있을 뿐 구조를 갖춘 조직으로 볼 수 없다.

| 03 | 기술직

41	42	43	44	45	46	47	48	49	50
②	④	②	②	③	①	④	④	③	③

41

정답 ②

임펠러 날개깃이 피로 현상으로 인해 결함을 일으킬 수 있다고 하였기 때문에 기술적 원인에 해당된다. 기술적 원인에는 기계 설계 불량, 재료의 부적합, 생산 공정의 부적당, 정비·보존 불량 등이 해당된다.

오답분석

① 작업 관리상 원인 : 안전 관리 조직의 결함, 안전 수칙 미제정, 작업 준비 불충분, 인원 배치 및 작업 지시 부적당 등

③ 교육적 원인 : 안전 지식의 불충분, 안전 수칙의 오해, 경험이나 훈련의 불충분과 작업관리자의 작업 방법의 교육 불충분, 유해 위험 작업 교육 불충분 등

42

정답 ④

④는 성과차이 분석에 대한 설명이다. 개선계획 수립은 성과차이에 대한 원인 분석을 진행하고 개선을 위한 성과목표를 결정하며, 성과목표를 달성하기 위한 개선계획을 수립하는 것이다.

벤치마킹의 주요 단계

1. 범위 결정 : 벤치마킹이 필요한 상세 분야를 정의하고 목표와 범위를 결정하며 벤치마킹을 수행할 인력들을 결정
2. 측정범위 결정 : 상세분야에 대한 측정항목을 결정하고, 측정항목이 벤치마킹의 목표를 달성하는 데 적정한가를 검토
3. 대상 결정 : 비교분석의 대상이 되는 기업·기관들을 결정하고, 대상 후보별 벤치마킹 수행의 타당성을 검토하여 최종적인 대상 및 대상별 수행방식을 결정
4. 벤치마킹 : 직접 또는 간접적인 벤치마킹을 진행
5. 성과차이 분석 : 벤치마킹 결과를 바탕으로 성과차이를 측정항목별로 분석
6. 개선계획 수립 : 성과차이에 대한 원인 분석을 진행하고 개선을 위한 성과목표를 결정하며, 성과목표를 달성하기 위한 개선계획을 수립
7. 변화 관리 : 개선목표 달성을 위한 변화사항을 지속적으로 관리하고, 개선 후 변화사항과 예상했던 변화사항을 비교

43

정답 ②

제시문은 기술의 S곡선에 대한 설명이다. 이는 기술이 등장하고 처음에는 완만히 향상되다가 일정 수준이 되면 급격히 향상되고, 한계가 오면서 다시 완만해지다가 이후 다시 발전할 수 없는 상태가 되는 모양이 S모양과 닮아 붙여진 용어이다.

오답분석

① 바그너 법칙 : 경제가 성장할수록 국민총생산(GNP)에서 공공지출의 비중이 높아진다는 법칙이다.
③ 빅3 법칙 : 분야별 빅3 기업들이 시장의 70 ~ 90%를 장악한다는 경험 법칙이다.
④ 생산비의 법칙 : 완전경쟁하에서 가격 · 한계비용 · 평균비용이 일치함으로써 균형상태에 도달한다는 법칙이다.

44

정답 ②

전기산업기사, 건축산업기사, 정보처리산업기사 등의 자격 기술은 구체적 직무수행능력 형태를 의미하는 기술의 협의의 개념으로 볼 수 있다.

오답분석

① 컴퓨터의 발전으로 개인이 정보를 효율적으로 활용 · 관리하게 됨으로써 현명한 의사결정이 가능해졌음을 알 수 있다.
③ 사회는 기술 개발에 영향을 준다는 점을 볼 때, 산업혁명과 같은 사회적 요인은 기술 개발에 영향을 주었다고 볼 수 있다.
④ 기술은 하드웨어를 생산하는 과정이며, 하드웨어는 소프트웨어에 대비되는 용어로, 건물, 도로, 교량, 전자장비 등 인간이 만들어 낸 모든 물질적 창조물을 뜻한다.

45

정답 ③

A씨는 3번을 눌러 은행 잔액을 조회한 후, 6번을 눌러 거래내역을 확인하고 송금 내역을 알았다. 그리고 0번을 눌러 상담사에게 문의한 후에 1번을 눌러 보이스 피싱 피해 신고를 접수하였다.

46

정답 ①

경영연구팀 사무실에는 침구류가 없다. 따라서 '살균 브러시'와 '침구싹싹 브러시'가 필요 없다. 또한 물걸레 청소는 기존에 비치된 대걸레를 이용하므로 '물걸레 브러시'도 필요 없다. 따라서 C대리가 구입할 청소기는 'AC3F7LHAR'이다.

47

정답 ④

필터가 더러워졌는지 확인할 때는 흡입력이 약해지고 떨리는 소리가 날 때이다.

48

정답 ④

먼지통이 가득 차거나 흡입구가 막힌 상태로 청소기를 작동하는 경우, 작동이 멈출 수 있다.

49

정답 ③

흡입구가 막힌 상태로 청소기를 작동하는 경우, 흡입력이 갑자기 약해지고 떨리는 소리가 날 수 있다.

50

정답 ③

흡입구가 막힌 상태로 청소기를 작동하는 경우, 모터과열방지 장치가 있어 제품이 일시적으로 멈춘다. 이때 막힌 곳을 뚫어 주고 2시간 정도 기다렸다가 다시 사용하면 된다.

국가철도공단 신입직원 필기전형

제4회 모의고사 정답 및 해설

| 01 | 공통

01	02	03	04	05	06	07	08	09	10
④	④	④	④	②	④	③	④	②	③
11	12	13	14	15	16	17	18	19	20
④	①	④	②	④	④	②	④	②	③
21	22	23	24	25	26	27	28	29	30
③	③	②	④	④	④	③	④	④	③
31	32	33	34	35	36	37	38	39	40
④	①	③	②	③	②	①	③	④	①

01

정답 ④

- 나는 바다 깊숙이 가라앉는 듯 점점 깊은 (상상) 속에 빠져 들어 갔다.
- 그런 일이 일어나리라고는 (상상)도 못 했다.
- 난 지금 그런 쓸데없는 (공상)이나 하고 있을 만큼 한가하지 않다.
- 헛된 (망상)에 사로잡히다.

• 진상(眞相) : 사물이나 현상의 거짓 없는 모습이나 내용

오답분석

① 망상(妄想) : 이치에 맞지 아니한 망령된 생각을 함. 또는 그 생각
② 공상(空想) : 현실적이지 못하거나 실현될 가망이 없는 것을 막연히 그리어 봄
③ 상상(想像) : 실제로 경험하지 않은 현상이나 사물에 대하여 마음속으로 그려 봄

02

정답 ④

L씨는 기사문을 통해 자식들을 훌륭하게 키운 K씨의 교육 방법을 파악하고, 가족들과 함께 시간을 보낼 수 있는 '가족의 밤'을 진행하기로 하였으므로 문서에서 이해한 목적 달성을 위해 취해야 할 행동을 생각하고 결정하는 단계에 해당한다.

문서이해의 구체적인 절차

1. 문서의 목적을 이해하기
2. 이러한 문서가 작성되게 된 배경과 주제를 파악하기
3. 문서에 쓰인 정보를 밝혀내고, 문서가 제시하고 있는 현안을 파악하기
4. 문서를 통해 상대방의 욕구와 의도 및 내게 요구되는 행동에 관한 내용을 분석하기
5. 문서에서 이해한 목적 달성을 위해 취해야 할 행동을 생각하고 결정하기

03

정답 ④

피드백은 상대방이 원하는 경우 대인관계에 있어서 그의 행동을 개선할 수 있는 기회를 제공해줄 수 있다. 하지만 부정적이고 비판적인 피드백만을 계속적으로 주는 경우에는 오히려 역효과가 나타날 수 있으므로 피드백을 줄 때 상대방의 긍정적인 면과 부정적인 면을 균형 있게 전달하도록 유의해야 한다.

04

정답 ④

문서적 의사소통능력은 언어적 의사소통능력에 비해 권위감이 있고, 정확성을 기하기 쉬우며, 전달성이 높고, 보존성이 크다.

05

정답 ②

ㄱ. 정보의 양이 과다한 경우 의사소통에 혼선을 줄 수 있다.
ㄹ. 실시간 의사교환이 필요한 경우에는 전화가 메일보다 효과적인 소통 수단이다.

오답분석

ㄴ. 지나치게 과업에 집중한 대화는 과업이 아닌 다른 부분에 소홀하게 하며 원활한 의사소통을 저해할 수 있다.
ㄷ. 상호 신뢰가 부족하면 업무상이라도 하지 못할 말들이 있기 때문에 효율성이 낮을 수 있다.

06

정답 ④

빈칸의 문단에서 '보존 입자는 페르미온과 달리 파울리의 배타원리를 따르지 않는다. 따라서 같은 에너지 상태를 지닌 입자라도 서로 겹쳐서 존재할 수 있다. 만져지지 않는 에너지 덩어리인 셈이다.'라고 하였고, 빈칸 다음 문장에서 '빛은 실험을 해보면 입자의 특성을 보이지만, 질량이 없고 물질을 투과하며 만져지지 않는다.'라고 하였다. 또한 마지막 문장에서 '포논은 광자와 마찬가지로 스핀이 0인 보존 입자다.'라고 하였으므로 광자는 스핀이 0인 보존 입자라는 것을 알 수 있다. 따라서 빈칸에 들어갈 내용으로는 ④가 가장 적절하다.

오답분석

① 광자가 파울리의 배타원리를 따른다면, 파울리의 배타원리에 따라 페르미온 입자로 이뤄진 물질은 우리가 손으로 만질 수 있어야 한다. 그러나 광자는 질량이 없고 물질을 투과하며 만져지지 않는다고 하였으므로 적절하지 않은 내용이다.
② '포논은 광자와 마찬가지로 스핀이 0인 보존 입자다.'라는 문장에서 광자는 스핀 상태에 따라 분류할 수 있는 입자임을 알 수 있다.
③ 스핀이 1/2의 홀수배인 입자들은 페르미온이라고 하였고, 광자는 스핀이 0인 보존 입자이므로 적절하지 않은 내용이다.

07

정답 ③

정부의 4차 산업혁명에 대비한 인력 양성 정책 중 하나인 '4차 산업혁명 선도 인력양성훈련'은 기업과 협약을 맺어 현장성 높은 훈련을 제공할 뿐, 훈련과 관계된 기업에 취업할 수 있게 직접적으로 알선하지는 않는다. 따라서 ㉠에 해당하는 내용으로 ③은 적절하지 않다.

08

정답 ④

정부의 규제 장치나 법률 제정은 장벽을 만들어, 특정 산업의 로비스트들이 지대추구 행위를 계속할 수 있도록 도와준다.

오답분석

①·②·③ 첫 번째 문단에서 알 수 있다.

09

정답 ②

제시문은 화성의 운하를 사례로 들어 과학적 진실이란 무엇인지를 설명하고 있다. 존재하지 않는 화성의 운하 사례를 들어 사회적인 영향 때문에 오류를 사실로 착각해 진실을 왜곡하는 경우가 있음을 소개함으로써 사실을 추구해야 하는 과학자들에게는 객관적인 증거와 연구 태도가 필요함을 강조하였다. 따라서 ②가 글의 제목으로 가장 적절하다.

10

정답 ③

(나) 입시 준비를 잘하기 위해서는 체력이 관건임 → (가) 좋은 체력을 위해서는 규칙적인 생활관리와 알맞은 영양공급이 필수적이며, 특히 청소년기에는 좋은 영양상태를 유지하는 것이 중요함 → (다) 그러나 우리나라 학생들의 식습관을 살펴보면 충분한 영양섭취가 이루어지지 못하고 있음의 순으로 나열해야 한다.

11

정답 ④

2학년 학생의 평균 점수를 a점이라 가정하면, 3학년 학생 평균점수는 $(3a+2)$점이다. 전체 평균점수에 대한 관계식을 구하면 $200\times0.51\times(3a+2)+200\times0.49\times a=200\times59.6$이다.

이 방정식에서 각 항에 공통인 200을 약분하면 다음과 같다.

$0.51\times(3a+2)+0.49a=59.6$

$\rightarrow 1.53a+1.02+0.49a=59.6$

$\rightarrow 2.02a=58.58$

$\therefore a=29$

따라서 2학년 학생의 평균점수는 29점이며, 3학년 학생의 평균점수는 89점이다.

12

정답 ①

수진이가 1층부터 6층까지 쉬지 않고 올라갈 때 35초가 걸린다고 하였으므로, 한 층을 올라가는 데 걸리는 시간은 $\frac{35}{5}=7$초이다.

따라서 6층부터 12층까지 올라가는 데 $7\times6=42$초가 걸리고, 6층부터는 한 층을 올라갈 때마다 5초씩 쉰다고 했으므로, 쉬는 시간은 $5\times5=25$초이다($\because$ 7, 8, 9, 10, 11층에서 쉰다).

따라서 수진이가 1층부터 12층까지 올라가는 데 걸린 시간은 $35+42+25=102$초이다.

13

정답 ④

처음 A그릇에 들어 있는 소금의 양은 $\frac{6}{100}\times300=18$g이고, 처음 B그릇에 들어 있는 소금의 양은 $\frac{8}{100}\times300=24$g이다.

A그릇에서 소금물 100g을 퍼서 B그릇에 옮겨 담았으므로 옮겨진 소금의 양은 $\frac{6}{100}\times100=6$g이고, A그릇에 남아 있는 소금의 양은 12g이다. 따라서 B그릇에 들어 있는 소금물은 400g이고, 소금의 양은 $24+6=30$g이다.

다시 B그릇에서 소금물 80g을 퍼서 A그릇에 옮겨 담았으므로 옮겨진 소금의 양은 $30\times\frac{1}{5}=6$g이다. 따라서 A그릇의 소금물은 280g이 되고, 소금의 양은 $12+6=18$g이 되므로 농도는 $\frac{18}{280}\times100\fallingdotseq6.4$%가 된다.

14

정답 ②

작년에 구입한 식물 중 16%가 시들었다고 했으므로, 작년에 구입한 식물은 $\frac{20}{0.16}=125$그루이다.

올해 구입할 실내공기 정화식물은 작년의 $\frac{1}{2.5}$ 배이므로 $\frac{125}{2.5}=$ 50그루이다.

15

정답 ④

참여율이 4번째로 높은 해는 2020년이고, 2020년 참여율의 전년 대비 증가율은 $\frac{14.6-12.9}{12.9}\times100≒13.2\%$이다.

16

정답 ④

- 2018년 서부지역을 여행한 남부지역 출신 : 510,000명
- 2023년 동부지역을 여행한 서부지역 출신 : 400,000명

따라서 2023년 동부지역을 여행한 서부지역 출신 대비 2018년 서부지역을 여행한 남부지역 출신의 비율은 $\frac{510,000}{400,000}\times100≒128\%$이다.

17

정답 ②

- 2018년 남부지역 관광객 중 서부지역 출신의 비율
: $\frac{300}{980}\times100≒30.6\%$
- 2023년 남부지역 관광객 중 서부지역 출신의 비율
: $\frac{400}{1,200}\times100≒33.3\%$

따라서 남부지역 관광객 중 서부지역 출신이 차지하는 비율은 5년 동안 증가했다.

오답분석

① 전체 관광객은 증가하였으나, 동부·북부지역의 관광객은 줄어들었으므로 옳지 않은 설명이다.

③ • 2018년 본인의 출신지를 여행하는 관광객이 차지하는 비율
: $\frac{(550+400+830+420)}{4,970}=\frac{2,200}{4,970}\times100≒44.3\%$

• 2023년 본인의 출신지를 여행하는 관광객이 차지하는 비율
: $\frac{(500+300+800+300)}{5,200}=\frac{1,900}{5,200}\times100≒36.5\%$

따라서 본인의 출신지를 여행하는 관광객이 차지하는 비율은 2018년에 비해 2023년에 감소하였다.

④ 모든 관광객이 동일한 지출을 한다고 가정하면, 여행지별 관광수지는 (여행지 관광객 합계)>(출신지 관광객 합계)일 경우 흑자이고, (여행지 관광객 합계)<(출신지 관광객 합계)일 경우 적자이다.

18

정답 ④

경제성장률이 2%p씩 상승한다고 가정하고, 기댓값을 구하면 $7\times0.2+17\times0.4+22\times0.4=17\%$이다.

따라서 경제성장률의 기댓값은 17%이다.

19

정답 ②

월간 용돈을 5만 원 미만으로 받는 비율은 중학생 89.4%, 고등학생 60%로 중학생이 고등학생보다 높다.

오답분석

① 용돈을 받는 남학생과 여학생의 비율은 각각 82.9%, 85.4%이다. 따라서 여학생이 더 높다.

③ 고등학교 전체 인원을 100명이라 한다면 그중에 용돈을 받는 학생은 약 80.8명이다. 80.8명 중에 용돈을 5만 원 이상 받는 학생의 비율은 40%이므로 $80.8\times0.4≒32.3$명이다.

④ 전체에서 금전출납부의 기록, 미기록 비율은 각각 30%, 70%이다. 따라서 기록하는 비율이 더 낮다.

20

정답 ③

$\underline{A\ B\ C}\rightarrow C=-\frac{1}{2}(A+B)$

A	B	C
−7	3	$2\left[=-\frac{1}{2}(-7+3)\right]$
30	−4	$-13\left[=-\frac{1}{2}\{30+(-4)\}\right]$
27	5	$-16\left[=-\frac{1}{2}(27+5)\right]$

21

정답 ③

문제 인식 단계에서는 환경 분석, 주요 과제 도출, 과제 선정의 절차를 통해 해결해야 할 문제를 파악한다.

㉠ 환경 분석 : 문제가 발생하였을 경우 가장 먼저 해야 하는 일로, 주로 3C 분석이나 SWOT 분석 방법을 사용한다.

㉡ 주요 과제 도출 : 환경 분석을 통해 현상을 파악한 후에는 주요 과제 도출의 단계를 거친다. 과제 도출을 위해서는 다양한 과제 후보안을 도출해내는 일이 선행되어야 한다.

㉢ 과제 선정 : 과제안 중 효과 및 실행 가능성 측면을 평가하여 우선순위를 부여한 후 가장 우선순위가 높은 안을 선정한다.

22

정답 ③

원가 절감을 위해 해외에 공장을 설립하여 가격 경쟁력을 확보하는 것은 약점을 보완하여 위협을 회피하는 WT전략이다.

23

정답 ②

세 번째 조건에 따라 파란색을 각각 왼쪽에서 두 번째, 세 번째, 네 번째에 칠할 때로 나눈다.

i) 파란색을 왼쪽에서 두 번째에 칠할 때
- 노랑 – 파랑 – 초록 – 주황 – 빨강

ii) 파란색을 왼쪽에서 세 번째에 칠할 때
- 주황 – 초록 – 파랑 – 노랑 – 빨강
- 초록 – 주황 – 파랑 – 노랑 – 빨강

iii) 파란색을 왼쪽에서 네 번째에 칠할 때
- 빨강 – 주황 – 초록 – 파랑 – 노랑

따라서 칠할 수 있는 경우의 수 중에 한 가지는 주황 – 초록 – 파랑 – 노랑 – 빨강이다.

오답분석

① 노란색을 왼쪽에서 첫 번째에 칠할 때, 주황색은 오른쪽에서 두 번째에 칠하게 된다.
③ 파란색을 오른쪽에서 두 번째에 칠할 때, 주황색은 왼쪽에서 두 번째에 칠하게 된다.
④ 주황색은 왼쪽에서 첫 번째에 칠할 수 있다.

24

정답 ④

HS1245는 2019년 9월에 생산된 엔진의 시리얼 번호를 의미한다.

오답분석

① QQ3258 → 첫째 자리 수(제조년)에 Q는 없다.
② LI2316 → 둘째 자리 수(제조월)에 I는 없다.
③ SU3216 → 첫째 자리 수(제조년)에 S는 없다.

25

정답 ④

DU6548 → 2015년 10월에 생산된 엔진이다.

오답분석

① FN4568 → 2017년 7월에 생산된 엔진이다.
② HH2314 → 2019년 4월에 생산된 엔진이다.
③ WS2356 → 2000년 9월에 생산된 엔진이다.

26

정답 ④

전문가용 카메라가 일반화됨에 따라 사람들은 사진관을 이용하지 않고도 고화질의 사진을 촬영할 수 있게 되었다. 따라서 전문가용 카메라의 일반화는 사진관을 위협하는 외부환경에 해당한다.

27

정답 ③

선택지별 부품 구성에 따른 총가격 및 총소요시간을 계산하면 다음과 같으며, 총소요시간에서 30초는 0.5분으로 환산한다.

구분	부품	총가격	총소요시간
①	A, B, E	(20×3)+(35×5)+(80×1)=315원	6+7+8.5=21.5분
②	A, C, D	(20×3)+(33×2)+(50×2)=226원	6+5.5+11.5=23분
③	B, C, E	(35×5)+(33×2)+(80×1)=321원	7+5.5+8.5=21분
④	B, D, F	(35×5)+(50×2)+(90×2)=455원	7+11.5+10=28.5분

세 번째 조건에 따라 ④의 부품 구성은 총소요시간이 25분 이상이므로 제외된다. 마지막 조건에 따라 ①, ②, ③의 부품 구성의 총가격 차액이 서로 100원 미만 차이가 나므로 총소요시간이 가장 짧은 것을 택한다. 따라서 총소요시간이 21분으로 가장 짧은 B, C, E부품으로 마우스를 조립한다.

28

정답 ④

IT 기기에 친숙하고 새로운 것을 좋아한다는 내용과 높은 저연령층 구성비로 미루어볼 때, D가 언급한 유형은 Digital Lifestyles, Evolving Landscapes에 해당한다.

29

정답 ④

수호는 주스를 좋아하므로 디자인 담당이 아니다. 또한, 편집 담당과 이웃해 있으므로 기획 담당이다. 편집 담당은 콜라를 좋아하고, 검은색 책상에 앉아 있다. 그런데 종대는 갈색 책상에 앉아 있으므로 종대는 디자인 담당이며, 민석이는 검은색 책상에 앉아 있고, 수호는 흰색 책상에 앉아 있다. 이를 정리하면 다음과 같다.

수호	민석	종대
흰색 책상	검은색 책상	갈색 책상
기획	편집	디자인
주스	콜라	커피

오답분석

ㄷ. 수호는 기획을 하고, 민석이는 콜라를 좋아한다.
ㄹ. 민석이는 편집 담당이므로 검은색 책상에 앉아 있다.

30

정답 ③

먼저 10+117+6=133명의 전체 참여인원을 수용할 수 있어야 하므로 최대 수용인원이 124명인 세미나실은 제외한다. 다음으로 마이크와 프로젝터가 모두 있어야 하므로 한빛관은 제외한다. 마지막으로 발대식 전날 정오인 11월 16일 12시부터 1박 2일의 발대식이 진행되는 18일까지 예약이 가능해야 하므로 16일 오후 3 ~ 5시에 예약이 있는 비전홀은 제외한다. 따라서 모든 조건을 만족하는 대회의실이 예약할 시설로 가장 적절하다.

31

정답 ④

전 직원이 이미 확정된 스케줄의 변동 없이 1시간을 사용할 수 있는 시간은 10:00 ~ 11:00와 14:00 ~ 15:00의 두 시간대이다. 부서장은 가능한 한 빨리 완료할 것을 지시하였으므로 10:00 ~ 11:00가 가장 적절하다.

32

정답 ①

인맥을 활용하면 각종 정보와 정보의 소스를 주변 사람으로부터 획득할 수 있다. 또한, '나' 자신의 인간관계나 생활에 대해서 알 수 있으며, 이로 인해 자신의 인생에 탄력을 불어넣을 수 있다. 그리고 주변 사람들의 참신한 아이디어를 통해 자신만의 사업을 시작할 수도 있다. 따라서 A사원의 메모는 모두 옳은 내용이다.

33

정답 ③

영(Zero)기준 예산관리는 프로그램의 효과성과 효율성, 시급성을 강조하므로 프로그램의 심리적인 요인을 무시하는 경향이 있으며, 장기적인 프로그램의 예산계획으로도 적절하지 않다.

34

정답 ②

편리성 추구는 너무 편한 방향으로 자원을 활용하는 것을 의미한다. 일회용품을 사용하는 것, 늦잠을 자는 것, 주위 사람들에게 멋대로 대하는 것 등이 이에 포함된다. 지나친 편리성 추구는 물적 자원뿐만 아니라 시간과 돈의 낭비를 초래할 수 있으며, 주위의 인맥도 줄어들게 될 수 있다.

오답분석

① 비계획적 행동 : 자원을 어떻게 활용하는 것인가에 대한 계획이 없는 것으로, 계획 없이 충동적이고 즉흥적으로 행동하여 자원을 낭비하게 된다.

③ 자원에 대한 인식 부재 : 자신이 가지고 있는 중요한 자원을 인식하지 못하는 것으로, 무의식적으로 중요한 자원을 낭비하게 된다.

④ 노하우 부족 : 자원관리의 중요성을 인식하면서도 자원관리에 대한 경험이나 노하우가 부족하여 자원을 효과적으로 활용할 줄 모르는 경우를 말한다.

35

정답 ③

각 교통편에 대한 결정조건계수를 계산하면 다음과 같다.

- A : $\frac{5\times700}{10\times1,000+50,000\times0.5}=\frac{3,500}{35,000}=0.1$
- B : $\frac{5\times700}{8\times1,000+60,000\times0.5}=\frac{3,500}{38,000}\fallingdotseq0.09$
- C : $\frac{7\times700}{6\times1,000+80,000\times0.5}=\frac{4,900}{46,000}\fallingdotseq0.11$
- D : $\frac{7\times700}{5\times1,000+100,000\times0.5}=\frac{4,900}{55,000}\fallingdotseq0.09$

따라서 K씨가 선택할 교통편은 C이다.

36

정답 ②

제주 출장 시 항공사별 5명(부장 3명, 대리 2명)의 왕복항공권에 대한 총액을 구하면 다음과 같다.

구분	비즈니스석	이코노미석	총액
A항공사	12×3×2 =72만 원	8.5×2×2 =34만 원	72+34 =106만 원
B항공사	15×3×2 =90만 원	9.5×2×2 =38만 원	(90+38)×0.8 =102.4만 원
C항공사	15×3×2 =90만 원	8×2×2 =32만 원	(90+32)×0.9 =109.8만 원
D항공사	13×3×2 =78만 원	7.5×2×2 =30만 원	78+30 =108만 원

따라서 B항공사가 가장 저렴하다.

37

정답 ①

승진대상자별 승진점수를 계산하면 다음과 같다.

구분	업무실적 점수	사고 점수	근무태도 점수	가점 및 벌점		승진 점수
				점수	사유	
갑	20점	7점	7점	+2	수상 1회	36점
을	17점	9점	10점	+4	수상 2회	40점
병	13점	8점	7점	−	−	28점
정	20점	6점	4점	−	−	30점
무	10점	10점	10점	+4	수상 1회, 무사고	34점

따라서 승진점수가 가장 높은 직원은 갑(36점)과 을(40점)이므로, 갑과 을이 승진하게 된다.

38

정답 ③

경품별 인원과 단가를 곱하여 총액을 구한 뒤 더하면 필요한 총예산을 도출할 수 있다.

구분	총액(원)
상품권	100,000×2=200,000
쌀	30,000×5=150,000
김치	20,000×10=200,000
라면	20,000×15=300,000
김	15,000×26=390,000
밀폐용기 세트	10,000×42=420,000
주방세제 세트	10,000×100=1,000,000
합계	2,660,000

따라서 필요한 총예산은 2,660,000원이다.

39

정답 ④

항목별 조건 범위에 따라 지역별 점수를 구하면 다음과 같다.

구분	외국인 인구	지역 지원예산	선호도
A지역	40점	30점	48점
B지역	50점	40점	40점
C지역	30점	30점	45점
D지역	50점	50점	32점

가중치를 적용하면 총점은 다음과 같다.

- A지역 : $40\times0.5+30\times0.3+48\times0.2=38.6$점
- B지역 : $50\times0.5+40\times0.3+40\times0.2=45$점
- C지역 : $30\times0.5+30\times0.3+45\times0.2=33$점
- D지역 : $50\times0.5+50\times0.3+32\times0.2=46.4$점

따라서 총점이 가장 높은 D지역이 가장 적절하다.

40

정답 ①

맑은 날에는 김갑돌 씨가 정상적으로 알아들으므로, 11월 1일과 11월 5일에는 각각 1101호, 301호에 천 묶음과 천백 원 봉투를 제대로 전달하였다. 이을동 씨는 날씨에 관계없이 제대로 알아들으므로, 11월 6일에는 301호에 삼백 원 봉투를 전달하였다. 11월 2일은 비가 온 날이므로, "삼 묶음을 1101호에 내일 전달해 주세요."라고 말하는 것을 김갑돌 씨는 "천 묶음을 301호에 내일 전달해 주세요."로 들었을 것이다. 따라서 7일간 301호에는 천 묶음, 천백 원 봉투, 삼백 원 봉투가 전달되었고, 1101호에는 천 묶음이 전달되었다.

| 02 | 사무직

41	42	43	44	45	46	47	48	49	50
③	②	④	③	②	①	①	③	④	①

41

정답 ③

시간 순서대로 나열해 보면 '회의실 예약 – PPT 작성 – 메일 전송 – 수정사항 반영 – B주임에게 조언 구하기 – 브로슈어에 최종본 입력 – D대리에게 파일 전달 – 인쇄소 방문' 순서이다.

42

정답 ②

제시문은 기업 간 수직적 통합의 사례이다. 수직적 통합은 제품의 전체적인 공급 과정에서 기업이 일정 부분을 통제하는 전략으로, 사업을 다각화하고 확대한다. 수직적 통합은 원자재, 부품 공급, 유통망을 통합하여 시장 지배력을 강화할 수 있다. 또한 외부 공급자 및 중간업자가 없기 때문에 생산비용 및 시장비용을 절감할 수 있다.

오답분석

① 수평적 통합에 해당하는 사례이다.
③ 수평적 통합의 특징이다.
④ 수직적 통합은 환경 변화에 대한 대응이 느리고, 유연성이 떨어질 수 있다는 단점이 있다.

43

정답 ④

미국인들과 악수를 할 때에는 손끝만 살짝 잡아서는 안 되며 오른손으로 상대방의 오른손을 잠시 힘주어서 잡아야 한다.

44

정답 ③

스캠퍼 기법의 어느 유형에도 해당되지 않는다.

오답분석

① Eliminate(삭제) 유형에 해당한다.
② Minify(축소) 유형에 해당한다.
④ Substitute(대체) 유형에 해당한다.

45

정답 ②

식물의 씨앗이 옷에 붙는 원리를 적용한 것으로, Adapt(적용) 유형에 해당한다.

오답분석

① Substitute(대체) 유형에 해당한다.
③ Magnify(확대) 유형에 해당한다.
④ Put to Other Use(다른 용도) 유형에 해당한다.

46

정답 ①

조직의 목표에 어긋나거나 정해준 범위 외의 업무를 성취하게 되면, 오히려 조직에 불이익을 미치게 된다.

47

정답 ①

㉠ 원가우위 : 원가절감을 통해 해당 산업에서 우위를 점하는 전략
㉡ 차별화 : 조직이 생산품이나 서비스를 차별화하여 고객에게 가치가 있고 독특하게 인식되도록 하는 전략
㉢ 집중화 : 한정된 시장을 원가우위나 차별화 전략을 사용하여 집중적으로 공략하는 전략

48

정답 ③

제시문은 총무부에서 주문서 메일을 보낼 때 꼼꼼히 확인하지 않아서 수정 전의 파일이 첨부되어 발송되었기 때문에 발생한 일이다.

49

정답 ④

목표의 층위·내용 등에 따라 우선순위가 있을 수는 있지만 하나씩 순차적으로 처리해야 하는 것은 아니다. 즉, 조직의 목표는 동시에 여러 개가 추구될 수 있다.

50

정답 ①

조직도를 살펴보면 조직 내적인 구조는 확인할 수 없지만, 구성원들의 임무, 수행하는 과업, 일하는 장소 등과 같은 일하는 방식과 관련된 체계를 알 수 있으므로 조직을 이해하는 데 유용하다.

03 기술직

41	42	43	44	45	46	47	48	49	50
②	①	④	③	①	④	②	③	②	③

41

정답 ②

공기청정기를 약하고 기울어진 바닥에 두면 이상 소음 및 진동이 생길 수 있으므로 단단하고 평평한 바닥에 두어야 한다. 따라서 부드러운 매트 위에 놓는 것은 적절하지 않다.

42

정답 ①

프리필터는 청소주기에 따라 1개월에 2회 이상 청소해야 한다.

오답분석

②·③ 탈취필터와 헤파필터의 교체주기는 6개월 ~ 1년이나 사용 환경에 따라 차이가 날 수 있으며, 필터 교체 표시등을 확인하여 교체해야 한다.
④ 프리필터는 반영구적으로 사용하는 것이므로 교체할 필요가 없다.

43

정답 ④

스마트에어 서비스 기기 등록 시 스마트폰의 Wi-Fi 고급설정 모드에서 '개방형 Wi-Fi' 관련 항목이 아닌 '신호가 약한 Wi-Fi 끊기' 및 '신호 세기'와 관련된 기능을 확인해야 한다.

44

정답 ③

체온 측정을 위한 주의사항에 따르면 체온을 측정할 때는 정확한 측정을 위해 과다한 귀지가 없도록 해야 한다.

오답분석

① 체온을 측정하기 전 새 렌즈필터를 부착하여야 한다.
② 오른쪽 귀에서 측정한 체온과 왼쪽 귀에서 측정한 체온이 다를 수 있으므로 항상 같은 귀에서 체온을 측정해야 한다.
④ 영점조정에 대한 사항은 제시문에서 확인할 수 없는 내용이다.

45

정답 ①

'POE' 에러 메시지는 체온계가 렌즈의 정확한 위치를 감지할 수 없어 정확한 측정이 어렵다는 메시지이다. 따라서 〈ON〉 버튼을 3초간 길게 눌러 화면을 지운 다음 정확한 위치에 체온계를 넣어 다시 측정해야 한다.

오답분석

② '--' 에러 메시지가 떴을 때의 해결방법에 해당한다.
③ 제시문에서 확인할 수 없는 내용이다.
④ '---' 에러 메시지가 떴을 때의 해결방법에 해당한다.

46

정답 ④

기술 시스템의 발전 단계를 보면 먼저 기술 시스템이 탄생하고 성장하며(발명, 개발, 혁신의 단계), 이후 성공적인 기술이 다른 지역으로 이동하고(기술 이전의 단계), 기술 시스템 사이의 경쟁이 발생하며(기술 경쟁의 단계), 경쟁에서 승리한 기술 시스템의 관성화(기술 공고화 단계)로 나타난다.

47

정답 ②

근로자가 업무에 관계되는 건설물, 설비, 원재료, 가스, 증기, 분진 등에 의하거나, 직업과 관련된 기타 업무에 의하여 사망 또는 부상하거나 질병에 걸리게 되는 것을 산업재해로 정의하고 있다. 따라서 휴가 중 일어난 사고는 업무와 무관하므로 산업재해가 아니다.

48

정답 ③

당직근무 배치가 원활하지 않아 일어난 사고는 배치의 불충분으로 일어난 산업 재해의 경우로, 4M 중 Management(관리)에 해당한다.

오답분석

① 작업 공간 불량으로 4M 중 Media에 해당한다.
② 점검, 정비의 결함으로 4M 중 Machine에 해당한다.
④ 안전보건교육 부족으로 4M 중 Management에 해당한다.

49

정답 ②

네트워크 혁명의 역기능은 인터넷 보급 전에도 정보 격차, 기술이 야기하는 실업 문제, TV 중독, 범죄자들 간의 네트워크 악용 등이 있었기 때문에 반드시 인터넷 때문에 생겼다고 보기는 어렵다.

50

정답 ③

조직외부의 정보를 내부 구성원들에게 전달하는 것은 정보 수문장(Gate Keeping)의 혁신 활동으로 볼 수 있다. (C)에 들어갈 내용으로는 '프로젝트의 효과적인 진행을 감독한다.' 등이 적절하다.

국가철도공단 직업기초능력평가 답안카드

성 명

지원 분야

문제지 형별기재란	
(　　)형	Ⓐ Ⓑ

수 험 번 호						
⓪	⓪	⓪	⓪	⓪	⓪	⓪
①	①	①	①	①	①	①
②	②	②	②	②	②	②
③	③	③	③	③	③	③
④	④	④	④	④	④	④
⑤	⑤	⑤	⑤	⑤	⑤	⑤
⑥	⑥	⑥	⑥	⑥	⑥	⑥
⑦	⑦	⑦	⑦	⑦	⑦	⑦
⑧	⑧	⑧	⑧	⑧	⑧	⑧
⑨	⑨	⑨	⑨	⑨	⑨	⑨

감독위원 확인
㉺

번호	답	번호	답	번호	답
1	① ② ③ ④	21	① ② ③ ④	41	① ② ③ ④
2	① ② ③ ④	22	① ② ③ ④	42	① ② ③ ④
3	① ② ③ ④	23	① ② ③ ④	43	① ② ③ ④
4	① ② ③ ④	24	① ② ③ ④	44	① ② ③ ④
5	① ② ③ ④	25	① ② ③ ④	45	① ② ③ ④
6	① ② ③ ④	26	① ② ③ ④	46	① ② ③ ④
7	① ② ③ ④	27	① ② ③ ④	47	① ② ③ ④
8	① ② ③ ④	28	① ② ③ ④	48	① ② ③ ④
9	① ② ③ ④	29	① ② ③ ④	49	① ② ③ ④
10	① ② ③ ④	30	① ② ③ ④	50	① ② ③ ④
11	① ② ③ ④	31	① ② ③ ④		
12	① ② ③ ④	32	① ② ③ ④		
13	① ② ③ ④	33	① ② ③ ④		
14	① ② ③ ④	34	① ② ③ ④		
15	① ② ③ ④	35	① ② ③ ④		
16	① ② ③ ④	36	① ② ③ ④		
17	① ② ③ ④	37	① ② ③ ④		
18	① ② ③ ④	38	① ② ③ ④		
19	① ② ③ ④	39	① ② ③ ④		
20	① ② ③ ④	40	① ② ③ ④		

※ 본 답안지는 마킹연습용 모의 답안지입니다.

〈절취선〉

국가철도공단 직업기초능력평가 답안카드

성 명

지원 분야

문제지 형별기재란	
( )형	Ⓐ Ⓑ

수 험 번 호						
⓪	⓪	⓪	⓪	⓪	⓪	⓪
①	①	①	①	①	①	①
②	②	②	②	②	②	②
③	③	③	③	③	③	③
④	④	④	④	④	④	④
⑤	⑤	⑤	⑤	⑤	⑤	⑤
⑥	⑥	⑥	⑥	⑥	⑥	⑥
⑦	⑦	⑦	⑦	⑦	⑦	⑦
⑧	⑧	⑧	⑧	⑧	⑧	⑧
⑨	⑨	⑨	⑨	⑨	⑨	⑨

감독위원 확인
ⓘ인

번호					번호					번호				
1	①	②	③	④	21	①	②	③	④	41	①	②	③	④
2	①	②	③	④	22	①	②	③	④	42	①	②	③	④
3	①	②	③	④	23	①	②	③	④	43	①	②	③	④
4	①	②	③	④	24	①	②	③	④	44	①	②	③	④
5	①	②	③	④	25	①	②	③	④	45	①	②	③	④
6	①	②	③	④	26	①	②	③	④	46	①	②	③	④
7	①	②	③	④	27	①	②	③	④	47	①	②	③	④
8	①	②	③	④	28	①	②	③	④	48	①	②	③	④
9	①	②	③	④	29	①	②	③	④	49	①	②	③	④
10	①	②	③	④	30	①	②	③	④	50	①	②	③	④
11	①	②	③	④	31	①	②	③	④					
12	①	②	③	④	32	①	②	③	④					
13	①	②	③	④	33	①	②	③	④					
14	①	②	③	④	34	①	②	③	④					
15	①	②	③	④	35	①	②	③	④					
16	①	②	③	④	36	①	②	③	④					
17	①	②	③	④	37	①	②	③	④					
18	①	②	③	④	38	①	②	③	④					
19	①	②	③	④	39	①	②	③	④					
20	①	②	③	④	40	①	②	③	④					

※ 본 답안지는 마킹연습용 모의 답안지입니다.

국가철도공단 직업기초능력평가 답안카드

성 명

지원 분야

문제지 형별기재란	
(　　)형	Ⓐ Ⓑ

수 험 번 호						
⓪	⓪	⓪	⓪	⓪	⓪	⓪
①	①	①	①	①	①	①
②	②	②	②	②	②	②
③	③	③	③	③	③	③
④	④	④	④	④	④	④
⑤	⑤	⑤	⑤	⑤	⑤	⑤
⑥	⑥	⑥	⑥	⑥	⑥	⑥
⑦	⑦	⑦	⑦	⑦	⑦	⑦
⑧	⑧	⑧	⑧	⑧	⑧	⑧
⑨	⑨	⑨	⑨	⑨	⑨	⑨

감독위원 확인
㊞ 인

번호	답	번호	답	번호	답
1	① ② ③ ④	21	① ② ③ ④	41	① ② ③ ④
2	① ② ③ ④	22	① ② ③ ④	42	① ② ③ ④
3	① ② ③ ④	23	① ② ③ ④	43	① ② ③ ④
4	① ② ③ ④	24	① ② ③ ④	44	① ② ③ ④
5	① ② ③ ④	25	① ② ③ ④	45	① ② ③ ④
6	① ② ③ ④	26	① ② ③ ④	46	① ② ③ ④
7	① ② ③ ④	27	① ② ③ ④	47	① ② ③ ④
8	① ② ③ ④	28	① ② ③ ④	48	① ② ③ ④
9	① ② ③ ④	29	① ② ③ ④	49	① ② ③ ④
10	① ② ③ ④	30	① ② ③ ④	50	① ② ③ ④
11	① ② ③ ④	31	① ② ③ ④		
12	① ② ③ ④	32	① ② ③ ④		
13	① ② ③ ④	33	① ② ③ ④		
14	① ② ③ ④	34	① ② ③ ④		
15	① ② ③ ④	35	① ② ③ ④		
16	① ② ③ ④	36	① ② ③ ④		
17	① ② ③ ④	37	① ② ③ ④		
18	① ② ③ ④	38	① ② ③ ④		
19	① ② ③ ④	39	① ② ③ ④		
20	① ② ③ ④	40	① ② ③ ④		

※ 본 답안지는 마킹연습용 모의 답안지입니다.

〈절취선〉

국가철도공단 직업기초능력평가 답안카드

성 명

지원 분야

문제지 형별기재란	
(　　　)형	Ⓐ Ⓑ

수 험 번 호						
⓪	⓪	⓪	⓪	⓪	⓪	⓪
①	①	①	①	①	①	①
②	②	②	②	②	②	②
③	③	③	③	③	③	③
④	④	④	④	④	④	④
⑤	⑤	⑤	⑤	⑤	⑤	⑤
⑥	⑥	⑥	⑥	⑥	⑥	⑥
⑦	⑦	⑦	⑦	⑦	⑦	⑦
⑧	⑧	⑧	⑧	⑧	⑧	⑧
⑨	⑨	⑨	⑨	⑨	⑨	⑨

감독위원 확인
ⓘ 인

번호	답	번호	답	번호	답
1	① ② ③ ④	21	① ② ③ ④	41	① ② ③ ④
2	① ② ③ ④	22	① ② ③ ④	42	① ② ③ ④
3	① ② ③ ④	23	① ② ③ ④	43	① ② ③ ④
4	① ② ③ ④	24	① ② ③ ④	44	① ② ③ ④
5	① ② ③ ④	25	① ② ③ ④	45	① ② ③ ④
6	① ② ③ ④	26	① ② ③ ④	46	① ② ③ ④
7	① ② ③ ④	27	① ② ③ ④	47	① ② ③ ④
8	① ② ③ ④	28	① ② ③ ④	48	① ② ③ ④
9	① ② ③ ④	29	① ② ③ ④	49	① ② ③ ④
10	① ② ③ ④	30	① ② ③ ④	50	① ② ③ ④
11	① ② ③ ④	31	① ② ③ ④		
12	① ② ③ ④	32	① ② ③ ④		
13	① ② ③ ④	33	① ② ③ ④		
14	① ② ③ ④	34	① ② ③ ④		
15	① ② ③ ④	35	① ② ③ ④		
16	① ② ③ ④	36	① ② ③ ④		
17	① ② ③ ④	37	① ② ③ ④		
18	① ② ③ ④	38	① ② ③ ④		
19	① ② ③ ④	39	① ② ③ ④		
20	① ② ③ ④	40	① ② ③ ④		

※ 본 답안지는 마킹연습용 모의 답안지입니다.

2025 최신판 시대에듀 All-New 국가철도공단 NCS 최종모의고사 7회분 + 무료NCS특강

개정11판1쇄 발행	2025년 02월 20일 (인쇄 2024년 11월 26일)
초 판 발 행	2018년 10월 25일 (인쇄 2018년 10월 02일)
발 행 인	박영일
책 임 편 집	이해욱
편 저	SDC(Sidae Data Center)
편 집 진 행	김재희 · 윤소빈
표지디자인	하연주
편집디자인	김경원 · 장성복
발 행 처	(주)시대고시기획
출 판 등 록	제10-1521호
주 소	서울시 마포구 큰우물로 75 [도화동 538 성지 B/D] 9F
전 화	1600-3600
팩 스	02-701-8823
홈 페 이 지	www.sdedu.co.kr

I S B N	979-11-383-8264-9 (13320)
정 가	18,000원

합격의공식
시대
에듀

현재 나의 실력을 객관적으로 파악해 보자!

모바일 OMR

답안채점 / 성적분석 서비스

도서에 수록된 모의고사에 대한 객관적인 결과(정답률, 순위)를 종합적으로 분석하여 제공합니다.

OMR 입력

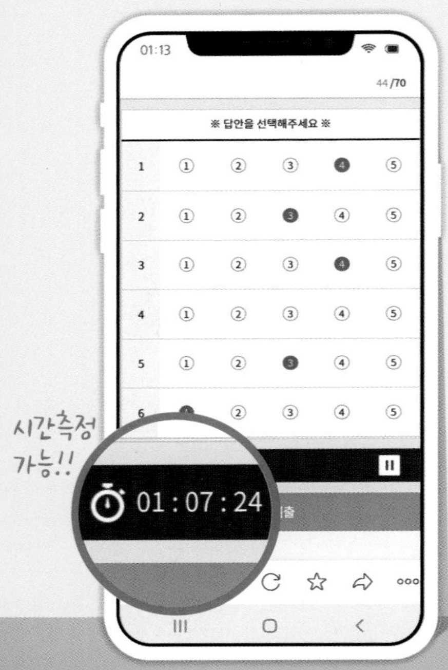

성적분석

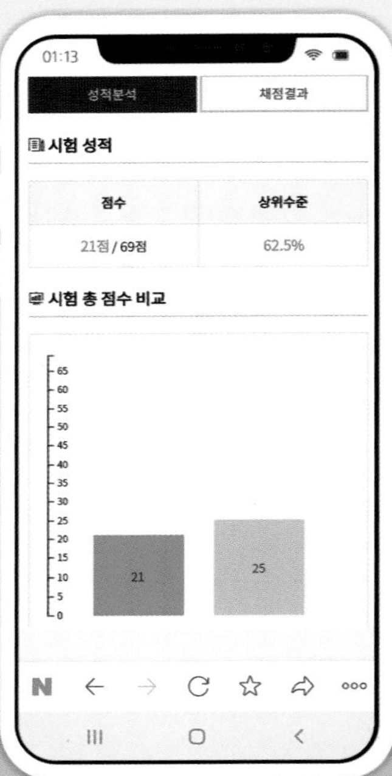

채점결과

※ OMR 답안채점 / 성적분석 서비스는 등록 후 30일간 사용 가능합니다.

도서 내 모의고사 우측 상단에 위치한 QR코드 찍기 → LOG IN 로그인 하기 → '시작하기' 클릭 → '응시하기' 클릭 → 나의 답안을 모바일 OMR 카드에 입력 → '성적분석&채점결과' 클릭 → 현재 내 실력 확인하기